新经济时代企业的新潮管理丛书

创造第三利润源泉

企业的物流管理

CHUANGZAO DISAN LIRUN YUANQUAN

主编⊙李 健 侯书生
本册主编⊙李 钢

四川大学出版社

责任编辑:梁　平
责任校对:喻　震
封面设计:刘建波
责任印制:王　炜

图书在版编目(CIP)数据

创造第三利润源泉：企业的物流管理 / 李健，侯书生主编. —成都：四川大学出版社，2015.4（2025.4重印）
（新经济时代企业的新潮管理）
ISBN 978-7-5614-8452-4

Ⅰ.①创…　Ⅱ.①李…　②侯…　Ⅲ.①企业管理－物流－物资管理　Ⅳ.①F273.4

中国版本图书馆CIP数据核字（2015）第071029号

书名　**创造第三利润源泉——企业的物流管理**

主　　编　李　健　侯书生
出　　版　四川大学出版社
地　　址　成都市一环路南一段24号(610065)
发　　行　四川大学出版社
书　　号　ISBN 978-7-5614-8452-4
印　　刷　三河市天润建兴印务有限公司
成品尺寸　170 mm×240 mm
印　　张　16
字　　数　271千字
版　　次　2016年 1 月第 1 版
印　　次　2025年4月第3次印刷
定　　价　42.00元

◆读者邮购本书,请与本社发行科联系。
电话:(028)85408408/(028)85401670/
(028)85408023　邮政编码:610065
◆本社图书如有印装质量问题,请寄回出版社调换。
◆网址:http://www.scup.cn

前言

新世纪将世界带入了前所未有的全球化、网络化时代，而市场化改革则使全球性竞争更加激烈，给企业的发展带来了全方位的挑战。网络化时代，企业要在竞争中取胜，必须进行以管理创新为主导的“二次创业”，使自身向知识化、集约化、全球化、网络化的方向发展。

物流管理作为20世纪末发展起来的综合性管理，在提高企业经营管理水平的过程中显得越来越重要。综观当今世界，凡是人才和科技水平较高的国家，物流的发展速度快，物流水平高，物流业获得的经济效益也较高。众所周知，社会经济活动主要由三大部分组成，即生产、流通和消费。其中流通是联系生产和消费的必要环节。没有流通，商品的价值和使用价值都无法实现。物流管理的进步直接影响农业、工业、建筑业、交通运输业、商贸以及公用事业等各个领域的管理、生产技术和经济效益。推动物流业、物流管理、物流技术进步已经成为当今知识经济和全球经济一体化的重要内容。

管理专家们认为，物流是企业的“第三利润源泉”。因此，任何一个谋求发展、意欲增强竞争力的企业都必须给予其高度重视。物流管理已经成为企业管理不可分割的一部分，是企业在市场上获得竞争优势、获取最大利润的有效手段。物流管理和物流技术的重要性日益为我国的企业家及理论工作者所认识。

21世纪是国际物流业大发展的时代，物流业将呈现出信息化、网络化、智能化、柔性化、标准化和社会化的特征，我国的物流业、物流管理、物流技术也将有飞跃性发展，逐步实现现代化、市场化和与国际接轨。因此，我国的物流企业和企业家，以及其他从事物流工作的人员，应当加强对物流管理、物流技术的学习研究和实践，以适应时代发展的要求。

为了满足广大物流工作者掌握物流管理知识的需要，我们在总结多年物流管理经验的基础上，编写了这本书。书中引进了国外先进的物流管理思想和管理理论，探讨了我国物流管理的现状，指出了物流管理在我国企业中存在的问题及解决的方法。书中除归纳了最新的物流管理思想外，还对物流概念、物流学原理做了较为全面、系统、科学的阐述，逻辑结构、体例编排力求准确、清晰、完善、精要。全书内容共分十章：21世纪的物流与物流管理，物流系统与物流系统工程，物流管理与供应链管理，物流中心与信息管理，物流服务管理，物流输送管理，现代库存管理，物流成本管理，第三方物流管理，物流企业的经营战略。

由于水平有限，书中难免有不妥之处，真诚地希望得到广大读者的批评、指正。

编　者

2014年8月

目 录

第一章

21 世纪的物流与物流管理

第二章

物流系统与物流系统工程

第四章

物流中心与信息管理

第六章

物流输送管理

第七章

现代库存管理

第八章

物流成本管理

第九章

第三方物流管理

第十章

物流企业的经营战略

第一章

21世纪的物流与物流管理

物流学是研究物料流、人员流、信息流和能量流的计划、调节和控制的科学。它以物的动态流转过程为主要研究对象，揭示了包括运输、库存、包装、装卸搬运、流通加工、物流信息等物流活动的内在联系。物流管理作为企业管理的一个重要部分，在现代企业发展中起着越来越大的作用。

一、物流：企业的第三利润源泉

物流是一种物的实体流通活动。物流管理是指对供应、保管、运输、发送等物流过程进行系统、全面的计划和安排等管理活动，其目的是将物品在适当的时候，以最低的费用送到规定地点。对于企业来说，如同生产过程能够创造价值一样，物流活动和物流管理也能创造价值，即在流通过程中，企业通过一定的管理程序，进行运输、装卸、仓储、包装、流通加工以及提供资讯等一系列活动，以此创造价值，满足顾客需要。因此，物流被称为企业的第三利润源泉。

1. 物流的产生与发展

(1) 物流的由来

说起物流，也许人们还不一定完全了解它的确切含义，但如果说起中国人的古语“兵马未动，粮草先行”，人们就会马上想起军队中的后勤工作。我们所说的物流，其来源就是军队中的后勤工作——“军事装备物资、设施与人员的获取、供给和运输”。就像后勤工作是部队打胜仗所不可或缺的条件一样，搞好物流管理工作对一个现代企业的良好发展来说，也是一个极其重要的先决条件。

在我国，物流这个概念是20世纪70年代末由日本引进的，它来源于美国的“实物配送”（physical distribution，也称实物分配），是指物质资料从供给者到需求者之间的物理性运动。现在，与之内容相近的还有物资供应、物料管理、配送工程、市场供应、商业后勤、后勤管理等。

一般来说，社会的基本经济活动由三大部分组成，即生产、流通和消费。对一个具体的企业来说，按照其物流活动发生的先后次序，可将物流活动划分为四部分：一是供应物流。包括原材料等一切生产资料的采购、进货、运输、仓储、库存管理和用料管理。二是生产物流。包括生产计划与控制、厂内运输（搬运）、在制品仓储与管理等活动。三是销售物流。包括产成品的库存管理、仓储发货运输、订货处理与顾客服务等活动。四是回收、废弃物流。包括废旧物资和边角余料等的回收利用以及各种废弃物（废料、废气、废水等）的处理等活动。

（2）现代物流概念的演变与发展

对于物流的理解和认识，是一个不断深化和日益丰富的历史进程。

物流活动具有悠久的历史，从人类社会开始有产品的交换行为时就存在物流活动。关于物流的认识，是社会生产力发展状况在人们头脑中的必然反映。最初的物流认识就来自于生产过程的组织实践和产品销售的实际需要。早在1935年，美国销售协会认为："物流是包含于销售之中的物质资料和服务，以及从生产地到消费地点流动过程伴随的种种活动。"在第二次世界大战期间，美国战时供应中采取后勤管理，随后引入商业部门，并将其定义为"包括原材料的流通、产品分配、运输、购买与库存控制、库存、用户服务等业务活动"。

第二次世界大战以后，西方经济进入大量生产、大量销售的时期，降低流通成本的矛盾引人注目，实物分配（PD）的概念更为系统化。20世纪50年代PD在日本被译为"物的流通"，日本著名学者、被称为物流之父的平原直就用"物流"这一更为简捷的表达方式代替"物的流通"，"物流"从而被广泛使用。

1981年日本综合研究所编著《物流手册》，把"物流"表述为："物质资料从供给者向需要者的物理性移动，是创造时间性、场所性价值的经济活动。**从物流的范畴来看，包括包装、装卸、保管、库存管理、流通加工、运输、配送等多种活动。**"

1986年美国物流协会所做的物流定义是："以适合于顾客的要求为目的，对原材料、在制品、制成品与其关联的信息，从产出地点到消费地点之间的流通与保管，为求有效率且最大的'对费用的相对效果'而进行计划、执行、控制。"

20世纪90年代以来，现代高新技术发展迅速，这对企业生产经营活动产生了积极推动作用。随着信息经济、知识经济时代的来临，正是由于多种因素的共同影响，人们对于物流的认识更为深刻。

1997年我国国家技术监督局编制完成《物流术语国家标准（征订意见稿）》，并将物流定义为："以最小的总费用，按用户要求，将物质资料

（注：包括原材料、半成品、产成品、商品等）从供给地向需要地转移的过程。主要包括运输、库存、包装、装卸、配送、流通加工、信息处理等活动。”

1998 年，美国物流管理协会为了适应物流的发展，重新修订了物流的定义，指出：“物流是供应链过程的一部分，是以满足客户需求为目的的，为提高产品、服务和相关信息从起始点到消费点的流动库存效率和效益，而对其进行计划、执行和控制的过程。”

不同时期对物流的不同理解和认识，都反映了不同时期的社会生产力发展状况。用发展的观念来思考，物流就是对人们为满足某种需要而组织社会物质运动的系统活动的总称。可以从以下四个方面来理解：

其一，物流是有目的的活动。物流是人们有意识、有目的的活动，是为满足人们某种需要而展开的活动。物流是建立在自然运动基础之上的高级运动形式，是政治、经济、社会和实物运动的统一。

其二，物流是社会物质的运动。物流活动是物质实体的物理性移动，离开了社会物质的运动，物流就不再存在。

其三，物流是一种系统的活动。物流是一个完整的活动过程，包含了为满足需要而实现社会物质运动的全部活动。对物流的理解应以系统的观念全面把握各个物流环节以及物流要素的相互关系。

其四，物流是一种有组织的活动。社会物质都是借助一定载体，通过一定的劳动组织实现物理性移动的。为此，**物流活动不能离开相应的技术工具、设施设备和劳动组织而独立运动。**

从产业角度来看，物流是一个蓬勃兴起的行业，是以物流为基本生产方式，并通过市场为生产和流通提供专业化物流服务的经营者，在发展中逐渐从生产和流通中分离出来的新兴产业。在这个意义上，物流具有产业发展的基本特征，需要从物流产业发展的高度来认识和理解物流。

2. 物流活动的分类

根据物流所起的作用，我们可以把物流分成以下几类。

（1）供应物流

生产企业、流通企业或消费者购入原材料、零部件或商品的物流过程称为供应物流，也就是物资生产者、持有者至使用者之间的物流。对于工厂而言，是指对生产活动所需要的原材料、备品备件等物资的采购、供应活动所产生的物流；对于流通领域而言，是指在交易活动中从买方角度出发的交易行为所产生的物流。

（2）销售物流

生产企业、流通企业售出产品或商品的物流过程称为销售物流，是指物资从生产者或持有者至用户或消费者之间的物流。对于工厂，是指售出产品；而对于流通领域是指交易活动中，从卖方角度出发的交易行为中的物流。

（3）生产物流

从工厂的原材料购进入库起，到工厂成品库的成品发送为止，这一全过程的物流活动称为生产物流。它是制造产品的工厂企业所特有的，它和生产流程同步。原材料、半成品等按照工艺流程在各个加工点之间不停顿地移动、流转形成了生产物流。如果生产中断，生产过程也将随之停顿。

（4）回收物流

在生产和流通活动中有一些资材是要回收并再加以利用的。如作为包装容器的纸箱、塑料、酒瓶，以及建筑行业的脚手架等，均属于这一类物资。还有可用杂物的回收分类和再加工。例如，旧报纸、书籍可以通过回收、分类再制成纸浆加以利用，特别是金属及其废弃物，由于其良好的再生性，可以回收重新熔炼成有用的原材料。目前，我国冶金行业每年有30公吨废钢铁作为炼钢原料使用，也就是说我国钢产品中有30%以上是由回收的废钢铁重新熔化冶炼而成的。

（5）废弃物流

生产和流通系统中所产生的无用的废弃物，如开采矿山时产生的土石，炼钢生产中的钢渣、工业废水，以及其他一些无机物垃圾等，已没有再利用的价值。**但如果不妥善处理，会造成环境污染，就地堆放则会占用生产用地以致妨碍生产，在对这类物资的处理过程中产生了废弃物流。**它虽然没有经济效益，但是具有不可忽视的社会效益。对减少资金消耗，提高效率，更好地保障生活和生产的正常秩序，具有重要的影响作用。

3. 物流在现代经济生活中的作用

(1) 物流是生产与消费的桥梁

企业要销售产品、获取收入，没有流通是不行的；我们消费者为了生活下去，需要购买必要的物品，物品到消费者手中的过程，流通也是必不可少的。所以毋庸置疑，物流也是经济要素之一。

因此，我们说，经济是由三大领域构成的，即“生产”“流通”和“消费”。

但是，流通与制造、栽培是有本质区别的。现代流通的规模日趋庞大，这是经济规模、范围扩大的缘故。在日本，工业原材料、新鲜食品从全世界选购，而日本生产的商品销往世界各地。因此有必要把“制造物品”与“运送物品”分开来考虑。

流通由两个功能——“商流”(交易流通)和“物流”(物的流通)——构成。不过，这两个功能并不像生产—流通—消费那样属于不同的领域，只是把同一个东西用不同的观点加以区别而已。

所谓商流，是就“财”(商品)的所有权的转移而言，即所有权从厂家、农家、渔家转移到商家的手里，最终再转移到消费者手中的过程。另一方面，物流是从物资的物理性活动来看待其流动的。

除上述两个功能外，流通中还有辅助性功能，那就是信息、金融及其他服务。物流从其活动面可分为“运输”“配送”“保管”“装卸”“包装”“流通加工”“在库管理”“物流信息处理”等，这些活动还可以继续细分。

如上所述，经济是构成人类社会的一个重要组成部分，流通是经济中的一个重要组成部分，物流是流通的重要组成部分……它们之间有着如此密切的关联。因此，**物流变化会给整个经济带来影响，经济发生变化，物流也不得不发生变化**。总之，要从整个社会的角度来看待物流。

(2) 物流是生产系统的一个支柱

任何生产系统都是为了适应社会对某种产品的需求而形成的。也就是说，向社会提供一定的产品是生产系统存在的必要条件。生产系统为了制造产品，必须占据一定的生产空间，拥有一定数量的加工设备，这样才能有条件按照制造工序逐步将原材料加工成半成品，甚至是成品。

产品的制造过程也就是加工过程，每经过一道工序，被加工对象物的形状、尺寸或性质将发生一次变化。以机械制造厂为例，为了生产某种机械设备，要购进各种原材料，如钢板、圆钢等，经过锻压、切削加工、热处理等工序，将钢材加工成各种零件，经过装配工序组装成机器，作为成品出厂。完成这些工序的设备有锻压机、金属切削机床、热处理加热炉等，这些设备都是为了改变对象物的尺寸、形状或性质而设置的，统称为加工设备。加工活动的直接目的就是制造产品，所以它是生产系统中最主要的环节。

加工设备或加工单元（如车间）的位置一般是固定的，在工厂所占有的生产空间内呈孤岛状分布。为了保证加工活动的连续进行，被加工的物料必须依赖于运输车辆、起重机械、搬运机械或人力，才能被运送到各个加工孤岛；加工以后的半成品也必须用同样的方式送到下一个加工点。物料在加工点的运动就是物流活动。和流通领域中的物流活动一样，在物流系统中，“物”不改变本身的形状、尺寸和性质，只有时间或空间位置的状态变化。

由上述可知，加工活动和物流活动是生产系统的两个支柱。企业生产通过物流活动把原材料运进生产系统，并使其依次在加工点之间流动，逐步形成半成品、成品直至出厂。没有加工，生产系统就失去存在的意义；没有物流，生产系统将失去生命，也会失去继续存在的必要条件。

物流在现代化企业生产系统中起着不可替代的重要作用。这主要表现在以下三个方面。

其一，物流为生产的连续性提供了保障。如前所述，原材料的供应、半成品在加工点之间的流转、成品的运出，只有依赖物流系统才能不间断地进行，使生产活动得以继续。

其二，物流是企业的第三利润源泉。生产系统为了自身的生存，除了产品要适应社会的需要之外，还应考虑从社会得到必要的回报，以作为生产过程所消耗费用的补偿，其盈余部分即是企业的利润。从社会得到补偿和利润是企业再生产和发展的必要条件。由于产品价格受到市场竞争机制的限制，从企业内部挖掘潜力降低成本是企业面临的最重要的课题之一。物流费用在生产成本中往往占有很大比重，而物流合理化对许多企业来说还是未曾开发的研究领域。因此，**通过改善物流系统能带来难以预料的效益，物流也就被人们称为“企业的第三利润源泉”“企业脚下的金矿”**。这就表明，生产系统必须向物流要效益才能改善自身的发展条件。

其三，物流状况对生产环境和生产秩序起着决定性的影响。在生产空间里，加工点处于固定位置，只要加工设备能正常运转，就不会对系统产生干扰；而物流在生产空间中始终是处于运动的状态，物流路线纵横交叉，上下升降，形成了遍布生产空间的立体动态网络。物流路线不合理，运行节奏不协调，都会造成生产秩序的混乱。物流活动不正常，物流系统中物料堆放不规则，也将对生产环境造成影响。因此，**有的企业家认为，一个企业的物流状况是最能体现其管理水平高低的标志。**

(3) 现代化生产力对物流的要求

在生产力水平很低的时代，产品数量少，生产节奏慢，物流量小，生产对物流系统没有严格要求，物流只是作为生产加工的附属活动而存在。但随着技术的发展，物流活动的水平也在逐步提高，各种物流机械，如起重机、运输车辆等也在不断地改进和发展。

20 世纪 50 年代进入了大批量生产时代，加工设备专用化加强，普遍采用了自动化程度较高的流水生产线。由于产品数量急剧上升，生产规模越来越大，对物流系统也提出了更高的要求，现代物流科学在新的背景下诞生了，物流系统化、现代化被提到日程上，物流技术也得到进一步的发展。

社会需求的特点是多样化、个性化，生产类型向多品种、小批量方向发展，生产加工设备也从专用加工设备的流水生产线，转向采用具有多功能的加工中心的柔性加工系统（FMS），只要调整控制系统的计算机软件就可以达到更换产品品种的要求。**为了适应这种变化，生产中的物流系统也趋向柔性化，计算机控制软件的研究开发成了物流技术发展的新标志。**

(4) 物流是企业市场竞争的重要手段

为什么说物流是市场竞争的重要手段呢？如果切实地按照顾客的愿

望，以物流作为竞争力，为货主提供全方位的优良服务，使货主企业在市场竞争中稳定发展，那么，物流企业也就有了可以长期进行稳定合作的伙伴。物流企业和为其服务的货主所建立起来的合作伙伴关系，使货主企业感到自身的发展始终离不开物流企业的良好配合，而物流企业就可确保作为顾客的货主为自己长期合作的伙伴。对于物流企业来说，在市场中究竟有多大的竞争力，就看其究竟有多少可以长期进行合作的伙伴；失去一个合作伙伴，就是失去一份竞争力，也就失去了一份企业资源。

二、物流活动的构成要素

物流活动的构成要素有六个：实现物质、商品空间移动的运输以及时间移动的保管是两个中心要素，还有为使物流顺利进行而开展的搬运、包装、流通加工、信息等四个要素。

1. 构成要素之一：包装

包装是生产过程的终点，同时也是物流过程的始点。

物流活动的理想状态，必须首先考虑包装设计。包装的方法是受物流方式限制的。例如，在出口杂货时，过去采取混装在货船上的运输方式，要求必须用符合标准的木箱包装。但是，现在如果选择集装箱运输，用瓦楞纸板箱包装就可以了。另外，包装的状态还会受到物流方式的限制，如用瓦楞纸板箱包装的出口商品，必须使用集装箱运输。仓库的高度虽然有余裕，但堆高也不能超过10层。

包装与物流领域有直接的关系，这种包装称工业包装，也称运输包装或外包装；与商品零售有关的包装称商品包装或零售包装、消费者包装。这里主要讲运输包装的问题。

(1) 包装的功能

包装主要有以下四个功能。

一是保护功能。包装最重要的功能就是保护物流途中包装内的物品不受损伤。

在物流途中，包装要受到货物装卸时的冲击，受到运输途中车辆行驶产生的振动和冲击；在仓库保管时，包装要承受堆积在它上面的货物的重量。因此，运输包装必须能承受这些外力，保护包装内的货物不受损伤。

保护的功能是包装最重要的功能。如易生锈的物品，必须防止湿气、雨水进入包装，浸入商品。有些商品要防止紫外线的透过，有些商品应防止微生物在包装内繁殖，不让虫子钻入，防止老鼠吃掉或咬坏包装内的物品。

二是定量功能。将商品整理成为适合搬动、运输的单元，整理成适合使用托盘、集装箱、货架载重汽车、货运列车等运载的单元。

三是便利功能。包装形状便于运输、搬动或保管，便于实施运输、搬动或保管等物流作业，便于生产，便于废弃物的处理。

四是效率功能。有利于提高生产、搬运、销售、输配送、保管等效率。

（2）包装的技法

为了适当地发挥包装的功能，各种包装技法发展起来了。包装技法主要有以下几种。

①缓冲包装技法。物品在物流途中破损主要是由于运输途中受到振动、冲击和装卸时落体冲击而造成的。因物品品种不同，当物品受到某种程度以上的外力时就要产生破坏。因此，为了不使外力损坏物品，应采用某些方法制作柔软、能缓冲的包装，使物品所受的外力在致使物品产生破坏的限度以下，这种方法称缓冲包装法。

②防湿包装技法。防湿包装主要是采用不通湿气的包装材料，采用完全密封的方法操作。

③防锈包装技法。机械类金属制品，在物流途中常常会发生锈蚀的现象。防锈包装主要是防止助长生锈的氧气、湿气等与金属接触，也可以应用防湿包装技法。防锈包装原则上是采用防锈剂。

因为金属表面的各种污垢会助长生锈，所以在包装前应预先进行清洁。如果使用缓冲包装材料，则缓冲包装材料应是不助长生锈的材料。

④防水包装。防水包装是有特殊用途的。例如，在军需包装中，遇到野外装卸货物时，包装货物不能进水；有些货物可能经常被放置在露天码

头上，雨淋水浸，防水包装也是十分必要的。

（3）运输包装的设计要素

设计运输包装时，必须考虑以下几个要素。

①商品的形态。由于货物有液体、带有黏性的流体、粉状体、颗粒体、固体、气体等不同状态，所以，容器的种类也应不同。

②商品的特性。对容易损坏的商品，必须利用适当的缓冲固定技法；对易生锈、易被腐蚀的货物，必须利用防锈包装技法；对容易变质的商品，应采用防湿包装技法及其他防止货物变质的有效措施；对具有毒性及易燃等物品，必须根据国家有关法规，采取与法规相一致的包装技法。

③流通的特性。由于采用物流的方法不同，包装的形态和技法也应有所区别。机械装卸和人工装卸的包装单位和包装强度也是不一样的。

交易单位的大小是决定包装单位大小的要素之一。如果交易单位大，又不能进行人工装卸作业的，就应该汇集成大的包装单位，另外也可以采用变更商流的方法。

④包装材料和包装形态的选择。根据以上要素来决定包装材料的选择和包装形态的选择，同时必须考虑整体的作业性和经济性。

另外，还有一些附加的要素，如标记之类的符号应符合出口时对方国家的有关规定，也应考虑收货货主的特殊要求，按照以上的种种要素来进行包装设计。

2. 构成要素之二：搬运

搬运是指在物流过程中，对货物进行装卸、搬运、堆垛、取货、理货分类等，或与之相关的作业。

物品由生产到消费的流动过程中，搬运作业是不可缺少的。搬运的好坏影响着物流成本，搬运不好会把物品弄脏或造成破损进而增加包装成本。因此，合理搬运是提高物流效率的重要手段之一。

需要注意的是，由于物流中心的出现，与保管功能相比，发货和配送功能更加受到重视，因而搬运在物流系统中有日益成为主角之势。

（1）搬运作业的内容

搬运作业主要有如下内容。

①装卸：将物品装上运输机具或由运输机具卸下。

②搬运：使物品在较短的距离内移动。

③堆码：将物品或包装货物进行码放、堆垛等的有关作业。

④取出：从保管场所将物品取出。

⑤分类：将物品按品种、发货方向、顾客需求等进行分类。

⑥理货：将物品备齐，以便随时装货。

（2）搬运作业的划分

①搬运形态按场所分，可分为自用物流设施中的搬运，如工厂、仓库、配送中心等；营业用设施中的搬运，如港口、终点站、机场等。

②按运输机具分类，有卡车、货物列车、船只、飞机等的搬运。

③按货物的包装形式、形状、式样分类有以下三种。

第一种是个别搬运，指将包装货物一个一个地单个搬运。

第二种是单元货载搬运，指将货物装上托盘或装进集装箱搬运。

第三种是散货搬运，指对于类似于石油一类的液体货物或小麦一类的颗粒状货物的搬运。如果以使用的搬运机械进行分类，有输送机搬运、起重机搬运、叉车搬运和装料器、输入器搬运等。

（3）搬运合理化问题

为使搬运合理化，必须注意以下几方面的问题。

①不要做多余的作业。搬运本身就有可能成为玷污、破损等影响物品价值的原因，如无必要，尽量不要搬运。

②提高搬运活性。放在仓库的物品都是待运物品，因此应使之处在易于移动的状态。这种易于移动的状态，我们把它叫作“搬运活性”。为提高搬运活性，应当把它们整理归堆，或是包装成单件放在托盘上，或是装在车上，放在输送机上。

③利用重力。利用重力由高处向低处移动，有利于节省能源，减轻劳力，如利用滑槽。**当重力作为阻力发生作用时，应把物品装在滚轮输送机上。**

④机械化。由于劳动力不足，应尽可能地使搬运机械化。使用机械可以把作业人员或司机从重体力劳动中解放出来，并提高劳动生产率。

⑤务必使流程不受阻滞。应当进行不停的连续作业，最为理想的是使

物品不间断地流动。

⑥单元货载。大力推行使用托盘和集装箱，将一定数量的货物汇集起来成为一个大件货物，以有利于机械搬运、运输、保管，形成单元货载系统。

⑦系统化。物流活动由运输、保管、搬运、包装、流通加工等活动组成，应把这些活动当成一个系统处理，以求其合理化。

3. 构成要素之三：运输

运输就是通过运输手段使货物在物流据点之间流动。

运输具有扩大市场、稳定价格、促进社会分工、扩大流通范围等社会经济功能。因此，运输对发展经济，提高国民生活水平有着十分巨大的影响，现代的生产和消费，就是靠运输事业的发展来实现的。

（1）确定运输机具的因素

运输机具的确定受很多因素制约，主要包括以下几个方面：

- 运费，即运输费用的高低；
- 运输时间，即到货时间长短；
- 频度，即可以运配送的次数；
- 运输能力，即运量大小；
- 货物的安全性，即运输途中的破损及污染程度；
- 时间的准确性，即到货时间的准确性；
- 适用性，即是否适合大型货物运输；
- 网络性，即和其他运输机具的衔接；
- 信息，即货物所在位置的信息。

在这些因素中以哪种因素作为重点，必须根据不同的运输需要来确定，一般认为运费和运输时间是最为重要的选择因素，具体进行选择时则应从运输需要的不同角度加以综合权衡。**这里必须注意的是，运输服务与运输成本之间，运输成本与其他物流成本之间存在“效益背反关系”**。若要保证运输的安全、可靠、迅速，成本就会增多；若要减少仓储费用而频繁地使用航空运输，成本也会增多。因为运输成本与其他物流成本之间也存在“效益背反”关系，所以在选择运输机具时，应当以总体成本作为依据，而不是只考虑运输成本。

当根据运输需要决定运输机具时，应对各种运输机具的特点和所存在的问题有所了解。

(2) 各种运输手段的利弊分析

不同的运输手段有不同的特点，因此也各有利弊，具体分析如下。

①铁路货运的优点、缺点。

铁路货运具有如下优点：

- 不受天气影响，稳定、安全；
- 具有定时性；
- 中长距离运货运费低廉；
- 可以大批量运输；
- 可以高速运输；
- 可以按计划运行；
- 网络遍布全国，可以运往各地；
- 节能。

铁路货运存在如下缺点：

- 短距离货运，运费昂贵；
- 货车编组、转轨需要时间；
- 运费没有伸缩性；
- 不能采取门对门服务；
- 车站固定，不能随处停车；
- 货物滞留时间长；
- 不适宜紧急运输。

除此之外，铁路运输还存在没有自营的货运专线，不能随意修改车次、增加行车，卸货站设施不完备，铁路投资不足，不能实现满意的运输服务，运费缺乏伸缩性等问题。

铁路运输竞争不过公路运输，有其自身的问题。**但从成本、环保等方面考虑，今后铁路货运有望占有重要地位**。为此，铁路货运应在提高运输服务，采用具有伸缩性的运费措施，提高运送能力和运送效率，向综合物流服务业转轨，并向扩充货运车站机能，增加货运车站、货运专用新线，大规模进行车站设施建设等方面发展。

②卡车运输的增长。卡车的货运量吨单位年平均增长3.5%；吨千米单位年平均增长6.4%；运输承运率也大幅度增长，吨单位由83.5%增长到90.3%；吨千米由26.0%增长到51.3%。

卡车运货得以大幅度增长，是由于如下原因：

- 汽车普及，高速公路开通，汽车可以直接开展门对门服务，送货到家非常方便；
- 具有价格竞争优势；
- 汽车性能提高；
- 大型货车增多。

③航空运输的优点、缺点。

航空运输具有如下优点：

- 运送速度快；
- 适用于运费承担能力大的商品和需要中、长距离运输的商品；
- 包装简单；
- 破损少；
- 安全。

航空运输存在如下缺点：

- 运费偏高；
- 受重量限制；
- 货物到达目的地不能离机场太远。

空运虽然运费较高，但从总成本考虑，有它的经济、便捷之处。随着世界经济一体化、高级化、信息化，空运的作用将日益增大。

4. 构成要素之四：保管

物品流通活动中的保管行为，是为了调整生产和消费之间的时间差而进行的。例如我们的主食大米集中在秋天收获，而消费者是每天平均食用的。为了调整集中生产、平均消费的时间性就要将物品放在仓库里保管。

因此，在生产和消费（或销售）之间，多多少少总有这样的一些时间差。在供需之间，时间方面的调整就是保管活动的主要功能。其他方面的表现，如提高商品时间效用的功能，也是保管的功能。反之，提高商品的场所效用的功能是运输，这就是说，**提高商品的场所效用和时间效用功能的运输和保管是物流活动的支柱**。

保管活动通常是在仓库中进行的，在仓库以外的各种场所，例如公司的驻外机构、营业所等也可以进行保管。仓库也可以进行保管以外的业务，如包装、分拣等。保管活动和仓库活动不一定一致，但却是同等看待的。

经营仓库业，必须按照仓库业管理条例取得运输管理部门的许可，有关仓库的结构、设备等必须与保管物品的种类所规定的标准（仓库业管理条例施行规则）相一致；而且，仓库的收费标准也应按申报制申报，不能任意改变。

5. 构成要素之五：流通加工

(1) 流通加工的内涵

在流通过程中辅助性的加工活动称为流通加工。流通与加工的概念本属于不同范畴。加工是改变物质的形状和性质，形成一定产品的活动；而流通则是改变物质的空间状态与时间状态。流通加工是为了弥补生产过程加工不足，更有效地满足用户或本企业的需要，使产、需双方更好地衔接，将这些加工活动放在物流过程中完成，而成为物流的一个组成部分。**流通加工是生产加工在流通领域中的延伸，也可以看成是流通领域为了更好地服务，在职能方面的扩大**。

(2) 流通加工的形式

流通加工的形式有三种。

第一种，为了运输方便，如铝制门窗框架、自行车、缝纫机等在制造厂装配成完整的产品，在运输时将耗费很高的运输费用。一般都是把它们的零部件，如铝制门窗框架的杆材、自行车车架和车轮分别集中捆扎或装箱，到达销售地点或使用地点以后，再分别组装成成品，这样不仅使运输方便而且经济。而作为加工活动的组装环节是在流通过程中完成的。

第二种，由于用户需要的多样化，必须在流通部门按照顾客的要求进行加工，如平板玻璃以及铁丝等商品，然后再在商店根据顾客所需要的尺寸临时配置。

第三种，为了综合利用，在流通中将货物分解，分类处理。例如，猪肉和牛肉等在食品中心进行加工，将肉、骨分离，其中肉只占65%左右，这样向零售店输送时就能大大提高输送效率。骨头则送往饲料加工厂，制成骨粉加以利用。

因此，流通加工这一环节的发展，使流通与加工总体过程更加合理化。流通加工的内容一般包括袋装、定量化小包装、拴牌子、贴标签、配货、拣选、分类、混装、刷标记等。生产的外延流通加工包括剪断、打孔、折弯、拉拔、挑扣、组装、改装、配套以及混凝土搅拌等。

对流通加工的属性目前尚有不同看法。但是它既属于加工范畴，也属于物流活动的一部分，这一点也是不容置疑的。

6. 构成要素之六：信息

（1）物流信息的含义

所谓信息是指能够反映事物内涵的知识、资料、信函、情报、图像、数据、文件、语言、声音等。信息是事物的内容、形状及其发展变化的反映。**物流信息是物流活动过程中必需的信息。物流信息和运输、仓储等各个环节都有密切关系，在物流活动中起着神经系统的作用。**在物流活动过程中进行计划预测、动态分析时，还要及时提供物流费用、生产情况、市场动态等有关信息。只有及时收集和传输有关信息，才能使物流通畅化、定量化。

物流信息已经向系统化发展，信息流和物流分离是其发展的一个特征。在信息流和物流一致的情况下，比如发货票随货物发送，货物发了后无论发货单位或收货单位都可能对货物的中间状况不了解。而在信息流和物流分离的情况下，通过统一的信息系统，发货单位或收货单位及中转单位均可及时了解货物的运输状况。鉴于电子计算机存储信息量大，处理速度快等优点，现代化物流信息系统普遍采用电子计算机网络系统来管理物流信息。一些部门、公司、企业还设立了先进的物流信息中心，用以全面管理、传递和交换物流信息。

(2) 物流信息的结构

按垂直方向，物流信息可以划分为三个层次，即管理层、控制层和作业层；而从水平方面，物流信息贯穿供应物流、生产物流、销售物流、回收物流、回收与废弃物流的运输、仓储、搬运、装卸、流通加工等各个环节。可见物流信息是物流活动的神经网络，遍布物流活动的各个层次、各个方面。

(3) 物流信息的内容

物流信息在批发业主要是指销售物流的信息，包括接受订货、订货、收货、库存管理、发货和配送。

①接受订货。办理接受订货手续是交易活动的始发点，所有物流活动均从接受订货开始。为了迅速准确地将商品送到，必须准确迅速地办理接受订货的各种手续。

接受订货系统是办理从零售商处接受订单、准备货物、明确交货时间、交货期限、剩余货物管理等的系统。

②订货。订货系统是与接受订货系统、库存管理系统互动，在库存不足时防止缺货；在库存过多或库存不合理时，可根据订货劝告适时适量地调整订货的系统。

③收货。收货系统是指根据收货预定信息，对收到的货物进行检验，与订货要求核对无误之后，计入库存、指定货位等的收货管理系统。

④库存管理。批发业应正确把握商品库存，这对于制订恰当的采购计划、接受订货计划、收货计划和发货计划是必不可缺的，所以说库存管理系统是物流信息的中心。

对保存在物流中心内的商品进行实际管理、指定货位和调整库存的系统叫库存管理系统。

⑤发货。如何通过迅速、准确的发货安排，将商品送到顾客手中，是物流系统需要解决的主要课题。发货系统是一种与接受订货系统、库存管理系统互动，向保管场所发出拣选指令或根据不同的配送方向进行分类的系统。

⑥配送。降低成本对于高效率的配送计划来说是非常重要的。配送系统是将商品按配送方向进行分类，制订车辆调配计划和配送路线计划的系统。

（4）物流信息的目的

为了提高对顾客的服务水准和降低物流总成本，物流信息的目的就是要处理好以下问题：

- 缩短从接受订货到发货的时间；
- 库存适量化（压缩库存并防止脱销）；
- 提高搬运作业效率；
- 提高运输效率；
- 使接受订货和发出订货更为省力；
- 提高接受订货和发出订货的精度；
- 防止发货、配送出现差错；
- 调整需求和供给；
- 回答信息咨询。

需要注意的是，提高服务和降低物流总成本之间存在“效益背反”关系。物流信息起着控制物流的各种机能并加以协调的作用。

（5）物流信息的发展方向

物流信息今后将越来越具有战略意义，并将向社会系统化方向发展。

首先，目前在企业日益重视经营战略的情况下，建立物流信息是必要的、不可缺少的。具体地说，为确保物流竞争优势，建立将企业内部的销售信息、物流信息、生产、供应综合起来的信息势在必行。

其次，由于信息化的发展，各企业之间的关系日益紧密。如何与企业外销售渠道的信息情报、采购中的信息情报以及运输信息联结起来，将成为今后重点研究解决的课题。**亦即建立不仅限于本企业，还包括社会上多**

个企业之间的信息情报的重要性将日趋增加。

最后，企业的物流已经不只是一个企业的问题，被编组进入社会系统的部分将日益增多。在这种形势下，物流信息情报将日益成为社会信息情报的一个组成部分。

三、物流管理的内容和组织

1. 物流管理的基本内容

物流管理是指通过物流管理组织，对整个物流活动进行计划、实施、评价的工作，以不断提高物流的经济效果。物流管理对物流活动的计划—实施—评价过程是反复进行的。物流管理的内容十分广泛，根据物流管理的特点，大体可分为物流业务管理和物流技术管理两大方面。

（1）物流业务管理

物流业务管理是指对有关物流的业务活动进行的管理。它主要包括以下四个方面。

①物流的计划管理。具体说来，有以下几种形式：

- 物流长远计划：在较长的时间内对物流未来发展的规划。
- 物流年度计划：在对物流活动的各种业务活动预测的基础上，在一个年度内所要达到的物流目标。
- 物流季、月、旬生产计划：物流部门具体执行的年度计划，用以指导和组织物流活动的一种计划形式。

②物流经济活动管理。对物流各种经济活动进行管理，是物流管理中的一项重要内容。物流管理的目的，就是为了使人、财、物得到合理的运用，以取得最佳的经济效果。物流经济活动管理包括物流成本管理、物流费用分析、物流成果预测等。

③物流的系统管理。**物流的系统管理主要通过物流情报系统和物流作业系统两方面的管理来实现。**物流情报是组织、调整物流活动的眼睛。通过对订货、发货、库存等一系列情报的管理，掌握生产、销售、物流信

息，是物流情报系统管理的目的。物流情报为物流活动提供了科学的依据，物流情报管理又给物流情报的准确性、及时性、可靠性提供了必要的保证。物流的作业系统分别由包装、装卸、运输、保管等子系统所组成。对上述这些子系统进行合理的组织、安排、调度是物流作业系统的管理内容。上述各子系统除了它们自身的活动规律以外，各个系统间也存在相互联系。对物流作业系统的管理不但要注意每一个系统的合理组织和正常运转，而且更要强调各系统间的协调、统一。

④物流的人才管理。物流管理同其他经济管理一样需要大量的人才，这些物流管理人才对物流管理水平的高低起着决定性的作用。

其一，物流人才的合理运用。选用合理的、理想的人选在各个物流岗位、物流部门任职或工作，以发挥他们的聪明才智，调动他们的积极性，对物流管理起着重要的作用。人才是天下第一可贵的。合理的物流系统的建立，物流新技术的发明和推广，科学的物流方案的设计与选定，物流经济效果的提高，全要依靠合格的物流人才来完成。

其二，物流人才的培养。物流需要人才，人才需要培养。根据物流发展的要求，培养和造就大量的物流人才已成为当前我国经济发展的一个迫切的任务。除此之外，对物流在职人员进行在职教育和培训提高，也是物流人才培养的重要途径。在急剧发展变动的新的经济形势下，旧的专业人才大部分不适应新的物流特点的要求，也有待于进一步更新知识。

（2）物流技术管理

物流技术管理是指对物流活动中的技术问题进行科学研究、技术服务的管理。物流技术在发展过程中形成了物流硬技术和物流软技术这样互相关联、互相区别的两大技术领域。

①物流硬技术及其管理。物流硬技术是物流管理发展初期起主导作用的一门技术。它是指组织物资实物运动所涉及的各种机械设备、运输工具、仓库建筑、站场设施以及服务于物流的电子计算机、通信网络设备等。20 世纪 70 年代中期以前，物流活动是以硬技术为主导的，之后硬技术又得到迅速发展，如专门从事原油、矿石运转的专用船，集装箱车、船，自动化立体仓库等。

组织物流管理人员研究、试制、开发新的物流硬技术，使之在物流活

动中发挥更大的效用，一向被认为是提高物流水平的强有力手段。

②物流软技术及其管理。物流软技术是指为组成高效率的物流系统而使用的应用技术。具体地说，是旨在实现各种物流设备的最合理的调配和使用。物流软技术能够在不改变物流硬技术即装备的情况下，充分地发挥现有设备的能力，获取较好的经济效果。

对于物流软技术的管理集中体现在用先进的科学技术，如电子计算机等，使用系统工程、价值工程技术，求取物流的最佳技术方案。近些年来，我国在仓库、运输等领域中开发和应用了电子计算机软技术，使我国的物流组织取得了十分可喜的成果。

（3）物流管理的三个阶段

物流管理按管理进行的顺序可以划分为三个阶段，即计划阶段、实施阶段和评价阶段。

①物流计划阶段的管理。计划是作为行动基础的某些事先的考虑。物流计划是为了实现物流预想达到的目标所做的准备性工作。物流计划第一要确定物流所要达到的目标，以及为实现这个目标所进行的各项工作的先后次序。第二，要分析研究在物流目标实现的过程中可能发生的任何外界影响，尤其是不利因素，并确定应对这些不利因素的对策。第三，要做出贯彻和指导实现物流目标的人力、物力、财力的具体措施。

②物流实施阶段的管理。物流计划确定以后，为实现物流目标，最终要把物流计划付诸实施。物流的实施管理就是对正在进行的各项物流活动进行管理。它在物流各阶段的管理中具有突出的地位。这是因为在这个阶段中各项计划将通过具体的执行而受到检验。同时，它也将物流管理与物流各项具体活动紧密结合在一起。

③物流评价阶段的管理。**在一定时期内，人们对物流实施后的结果与原计划的物流目标进行对照、分析，这便是物流的评价**。通过对物流活动的全面剖析，人们可以确定物流计划的科学性、合理性程度，确认物流实施阶段的成果与不足，从而为今后制订新的计划、组织新的物流提供宝贵的经验和资料。

按照对物流评价的范围不同，物流评价可分为专门性评价和综合性评价。专门性评价是指对物流活动中的某一方面或某一具体活动做出的分析，如仓储中的物资吞吐量完成情况，运输中的吨公里完成情况，物流中的设备完好情况等。物流的综合性评价是对物流活动在某一物流管理部门或机构全面衡量物流管理水平的综合性分析，如某仓库的全员劳动生产率，某运输部门的运输成本，某部门对物流各环节的综合性分析等。

按照物流各部门之间的关系，物流评价又可分为物流纵向评价和横向评价。所谓纵向评价是指上一级物流部门对下一级部门和机构的物流活动进行分析的结果。这种分析通常表现为本期完成情况与上期或历史完成情况的对比。所谓物流的横向评价，是指执行某一相同物流业务的部门之间的各种物流结果的对比。它通常能体现某物流部门在社会上所处的水平的高低。

应当指出，无论采取什么样的评价方法，其评价手段都要借助于具体的评价指标。这种指标通常表示为实物指标和价值指标。

(4) 物流管理中的网络设计

古典主义的经济学家往往忽视物流设施的地理位置和整个网络设计的重要性。当经济学家最初在讨论供给与需求的关系时，假定物流设施的地理位置和运输成本的差异是不存在的或者在竞争对手之间是相等的。然而，被直接用于进行物流作业的设施的数量、规模，以及地理关系等实际上却影响着向顾客提供服务的能力和成本。既然一个厂商的设施结构是被用来向顾客提供产品和材料的，那么，网络设计便是物流管理部门的一个最基本的责任。典型的物流设施是制造工厂、仓库、码头之间的作业条件以及零售商店。确定每一种设施需要多少数量，其地理位置，以及各自承担的工作等，是网络设计的一个十分重要的组成部分。在具体的情况下，物流设施作业可以获得有关专业服务公司的外援。不管是谁承担实际的工作，都必须把所有的设施看作厂商的物流网络的一个整体组成部分来进行管理。

物流网络的设计需要确定承担物流工作所需的各类设施的数量和地点。**它还必须确定每一种设施怎样进行存货作业和储备多少存货，以及安排在哪里对顾客订货进行交付。**物流设施的网络形成了一种据以进行物流作业的结构，于是，这种网络中便融合进了信息和运输能力，还包括了与订货处理、维持存货以及材料搬运等有关的具体工作。

市场之间在地理上存在大量差异的事实是很容易说明的，因此一个网络的设计必须考虑地理上的变化。在人口方面，美国最大的50家市场占所有产品销售量的55%以上，因此，在全国范围内进行营销的企业，必须将物流能力确立在为这些最基本的市场服务上。类似的地理上的差异存在于材料和零部件来源的地点。当一家厂商涉及全球物流时，有关网络设计的问题就会变得更为复杂。

因为在动态的、竞争性的环境中，产品的分类、顾客的供应量，以及制造需求等都在不停地变化，所以对于不断地修正设施网络以适应供求基本结构变化的重要性怎么强调也不过分。物流效率直接依赖和受限于物流的网络结构。尽管选择了具有地理优势的网络，能够向竞争优势迈出第一步，为此，人们可以想象得到如何对所有的物流设施进行一次性的重新定位。可是，重新定位或重新设计具体的设施仍有很大的余地，随着时间的推移，还应该对所有的设施重新进行评估。所以网络设计的定位决策是一个相当复杂的问题。

2. 物流管理组织

(1) 物流组织的分类

根据不同的目标，可以对物流组织进行不同的划分。通常而言，有以下三种分类方法。

①根据物流组织所处的领域不同，可划分为生产领域的物流组织和流通领域的物流组织。

各生产企业的物流管理机构即是生产领域的物流组织。它的主要职责是组织生产所需的各种生产资料的进货物流、产品的出厂物流以及生产工序间的物流。

流通领域的物流组织是指那些专门从事使产品实现空间位移的工作的组织机构，因此也可称之为专业性的物流组织。**专业性物流组织的特点是，各项机构的设置，完全以实现物流的各项活动为目的。**

②根据物流组织在物流管理中的任务不同，可以划分为物流管理的行政机构和物流管理的业务机构。

物流管理的行政机构是指那些负责制定物流管理的制度和办法，对物流的计划进行管理以及编制物流计划并组织实施的组织。

物流管理的业务机构是指那些负责执行物流计划，具体进行各项物流活动的组织，如运输管理组织、仓储管理组织等。

③根据物流组织的管理系统，物流组织可划分为国家物流管理机构、地区物流管理机构和企业物流管理机构。

国家物流管理机构是指国民经济各主管部门所设立的物流组织。

地区物流管理组织机构是指由各省、自治区、直辖市以至区、县一级的专门从事物流活动的专业公司、站、库等机构。

企业物流管理机构是指工业企业、流通企业以及其他各类型企业所属的物流管理机构。

（2）物流管理组织的类型

①分散管理型。分散管理型的物流管理组织的特点表现为与物流有关的职责分散于各个不同部门之中。这就是说，不管哪个部门都不负责管理全部的物流活动。

②直接管理型。直接管理型物流管理组织的组织机构形式是按物流环节或职能设立机构，由物流管理部门直接领导这些具体的行动机构。

③综合管理型。综合管理型物流管理组织的特点是利用原有的物流组织，把物流的生产活动和物流方面的管理活动相结合。这种管理组织类型没有采用特殊的组织措施，但能把物流生产与物流管理紧密地结合起来。

上述三种物流管理类型中，分散管理型是比较落后的管理组织类型。这种管理组织类型由于没有设立专门的管理部门，物流的各种因素包含在销售、财务、供应以及制造之中，各部门在组织物流时又都有各自的工作内容和目的，因此往往发生这样或那样的矛盾，故物流管理成效较差。直接管理型有权力集中、层次少、工作效率高、速度快等优点，但由于缺乏横向联系，不利于提高这些部门的管理水平。**综合管理型将物流生产和物流管理变成一个整体，物流管理水平较高。**上述三种类型，分散管理型一般在工、矿企业中采用，直接管理型和综合管理型是比较适合流通部门采用的物流管理组织形式。

四、21 世纪物流的发展趋势

1. 影响现代物流发展的主要因素

现代企业组织物流活动需要把物流作为一个完整的系统，协调外部环境和内部各个环节之间的联系，实现低成本、高效率的物流目标。现代企业物流的发展必定会受到多种因素的影响，主要表现在以下四个方面。

（1）经济因素

经济发展水平决定了物流发展的水平，是影响企业物流发展的基本因素。首先，不同经济发展基础会有不同的物流发展状况。我国改革开放几十年来经济发展的过程，就深刻证明了物流发展总是以经济发展为基础的，没有一定的经济基础，就不会有物流的相应发展。其次，经济发展导致市场结构发生改变。市场规模扩大，市场供求关系和交易方式呈现新的形态，市场交易的商品在品种、结构、性质上都趋向多元化和个性化，呈现小批量、多品种和大批量、多品种的新格局。这决定了商品物流活动形式的复杂程度，为企业物流发展创造了新的领域和机会，促进了企业物流的发展。最后，随着经济发展，国内外贸易迅速扩大，不仅为企业物流发展提供了更为广阔的空间，而且既有助于国内物流发展引用国外先进的物流技术和物流管理方法，借鉴国外企业物流发展的宝贵经验，又能够为企业物流发展创造坚实的物质基础。

（2）科技因素

科学技术发展速度越来越快，对整个社会生活和经济发展的影响也越来越突出，是影响企业物流发展的关键因素。物流技术、物流设施的现代化，离不开科学技术的创新发展。首先，科学技术决定了企业物流发展的力量。企业物流发展就在于各种物流技术、物流设备的发展，无论是在商品实体运动过程中对商品使用价值的维护，还是相关物流设备和物流手段水平的提高，都依赖科学技术的发展。其次，科学技术的发展导致物流活动的创新和变化。**每一次重大的科学技术发展，都会在不同程度上带来企**

业物流发展的变化。只要有新的技术产品、新的技术手段、新的管理手段出现，都会导致物流活动的新变化。最后，科学技术也构成了企业物流发展的物质基础。

(3) 社会因素

社会环境制约物流发展，是影响企业物流发展的重要因素。首先，对物流活动的认识水平，导致物流活动不同的发展力度。建立在计划经济基础上与建立在市场经济基础上对卖方市场和买方市场物流活动的不同认识，会导致物流活动运作方式的不同、投入力量的不同，并直接导致企业物流发展的不同。其次，物流发展过程中，参与物流活动的各种组织和经营者的信誉形象以及创造的品牌，都在一定时期形成相对稳定的信用关系，形成一定利益关系格局，企业物流的发展也就必定会受到社会环境中各方利益关系的影响。最后，在现代信息技术革命的影响下，物流发展必定会在信息化、虚拟化思想的引导下，重新思考物流活动，形成新物流的发展。

(4) 管理因素

第一，现代管理思想和管理手段能更好地优化物流资源配置。第二，企业物流发展需要合适的管理体制、有效的管理协调机制和方法。第三，优秀管理人才的培育机制和激励机制也能对企业物流发展产生重要影响。

2. 物流发展的三大走向

(1) 物流的社会化、专业化趋势

首先，物流社会化、专业化是社会分工在流通领域中的必然趋势。

人类社会分工专业化有一个形成和发展的过程，每一次新的专业化分工的产生既是社会生产力发展的结果，又是促进社会生产力进一步发展的条件。世界经济的发展历史证明，一切生产要素、生产过程只有纳入商品生产、市场经济的轨道才能获得蓬勃生机。而商品生产和市场经济的一大特征，就是资本对在流通规模扩大中带来超额利润的追求刺激生产分工专业化的深入。

在商品交换中，交换的双方必然要实现既相互联系又互相区别的三种交换过程：以等价交换为基础的商品所有权的转移，即商流；以商品实体转移为条件的使用价值的交换，即物流；伴随着商流、物流而产生的有关商品供求状况、价格水平、运输方式各种信息的交换，即信息的流动。**商流牵涉交换双方的经济利益，物流涉及双方进一步参与交换的经济技术水平，信息流则关系到双方进一步参与交换的深度和广度。**在“一手交钱，一手交货”的简单商品交换条件下，商流、物流、信息流“三流合一”；而在发达的商品经济条件下，人们的交换手段产生变革，比如，期货贸易产生了“三流分立”现象，即商流、物流、信息流成为各自独立的经济运行过程。这样，物流的社会化、专业化就成为社会分工在流通领域中的一种必然趋势。

其次，物流社会化、专业化是社会大生产强化物流功能的必然结果。

社会再生产能否持续顺畅进行，不仅取决于生产状况，而且取决于流通状况、物流状况。快速安全的运输物流可以弥合生产与需求的空间距离；保质保量的仓储物流可以弥合时间的差异；及时完备的配送物流能消除大批量集装干线运输不能小批量、多品种且进行到户服务的不足；多功能的流通加工可以消除单品种、少规模生产与多品种、多规模需求的矛盾。物流的发展不仅使原有在空间、时间上统一的生产过程解体为独立的生产过程，而且又使原有空间、时间上分离的生产过程再获得新的统一。社会化大生产使物流的功能不断得到强化，物流不仅要具备完备的功能还要提供高质量的服务。但是，随着物流空间的扩展，由于社会政治、经济、技术的因素，物流也日益复杂化。正如美国物流专家亨利·格彻所言：“国际物流就像一条章鱼，它触及多方面，受到多方面的影响。”在国际货物运输中，典型的出口产品运输要填制100多种单据。靠过去那种小生产者的物流思想、物流组织、物流行为，很难承担起沟通、协调和保证社会化大生产庞大、复杂的生产活动的任务。只有实现物流的社会化、专业化，才能开展优质高效、功能齐全的服务。**由此可见，物流的社会化、专业化不是人们意志的产物，而是社会化大生产的必然规律。**

再次，物流社会化、专业化是社会生产追求经济效益的必然选择。

社会化大生产中，生产单一化与需求多样化矛盾的加剧，使产品的制造时间越来越短，制造费用不断下降，而流通时间越来越多，物流费用不断上升。发达资本主义国家有人把生产中降低物资消耗称为第一利润源泉，把节约活劳动消耗称作第二利润源泉，把降低流通费用称作第三利润源泉；并且认为，随着技术的普遍进步，第一、第二两个利润源泉的潜力已越来越小，但第三利润源泉——物流还是尚待开发的“新大陆”，“是降低成本的最后边界”。自此以后，物流研究获得广泛重视和长足发展。因此，要提高经济效益，必须重视物流，要开垦这块处女地。物流的浪费不仅仅是个认识问题，如果在现代大生产条件下还沿袭小生产者的生产方式，停留在各自为政、物流自我服务的落后状态，只能造成更大的浪费。因此，要开发物流这第三个利润源泉，必然的选择就是走物流社会化、专业化的道路。

最后，物流技术的现代化为物流社会化、专业化创造了条件。

随着科学技术的进步，物流技术得到极大的提高。物流技术现代化为物流提供高质量、高水平的服务创造了条件和可能。同时也预示着，那些分散、小生产型的物流行为不可能运用这些先进的技术，即使采用这些先进技术，带来的也不是利润，而是更大的浪费。物流技术的发展必将淘汰落后的物流模式，促使物流走向社会化、专业化，这是不可逆转的趋势。

（2）物资储备量相对下降趋势

物资储备具有两面性。生产企业物资储备可以保证生产的正常供给，实现稳定、均衡生产，有利于提高产品质量。商业企业的正常储备可以保证连续销售，提高企业信誉，增加利润。但是，物资储备是社会生产能力的一种扣除，即物资在储备过程中要占用资金，支付利息，开支必要的保管费用，还可能造成一定使用价值的丧失。特别是不合理的储备，还会造成库存积压，积压的物资会降低甚至完全失去价值，成为分文不值的垃圾。物资储备的两面性决定了社会产品生产及流转环节都尽一切可能使库存物资数量降低到极限，以节约库存费用，降低生产成本，这种努力必然导致社会物资储备量相对于总产量不断下降，如马克思所预示的那样：趋于零或等于零。总体来讲，造成物资储备量下降的因素有以下几个。

第一，库存相对下降趋势是物资流通速度加快的必然结果。随着社会生产力的发展、科学技术的进步，物资的流通速度必然越来越快。促使物资流通速度加快的因素主要有以下几点：一是随着社会生产力的发展，社会生产力的布局不断优化。**社会产品的生产要么靠近资源，要么靠近消费，以减少生产与消费之间的空间距离**。空间距离的缩短必然导致周转时间的缩短，从而加快物资供给补充速度，使减少库存成为可能。二是科学技术的提高与运用。三是市场经济体制的完善和发展。统一规范的大市场体系破除了部门所有、地区人为分割的旧框架，流通障碍的减少使商品流通、物流的流向和流动方式完全遵循客观规律进行，这必然会加快商品的流转速度，库存数量就会随之不断降低。

第二，库存相对下降趋势是库存技术不断提高和应用的必然结果。由于库存从经济角度看是一种“损失和付出的代价”。如何使这种损失和代价减少到最小，以提高经济效益，这种追求使几十年来库存控制方法和技术日趋完善。在各种经济条件下经济批量的确定、订货点的确定、订货间隔期的计算数量模型化、ABC 管理方法、定期库存管理、定时库存管理方法等，为消除不合理库存提供了技术上的保证。利益的动力驱动和可行的操作技术，使库存下降成为必然的趋势。

第三，物流的现代化、社会化、专业化服务为库存下降趋势提供了可靠的保障。物流社会化、专业化趋势打破了物流库存的部门和隶属关系界限，功能齐备的物流中心配送服务可以调剂余缺，使货畅其流，物尽其用，大大提高了储备物资的利用价值，为企业减少储备创造了条件。在现代航空技术条件下，货物 24 小时内可抵达世界各个角落；通信手段的现代化使采购订货在瞬息之间完成；装卸、包装的现代化技术使货物流转速度成倍提高；纵横交错、四通八达的流通网络配送服务可以使企业实现“无隔夜库存”。**现代物流技术的发展，高水平的物流服务为企业库存的下降，直至“零库存”的实现提供了坚实可靠的保障**。我们相信“零库存”的时代必将到来。

（3）物流的一体化趋势

随着世界经济一体化的发展，“一体化物流”已成为 21 世纪世界物流发展的一大趋势。公共仓储协会国际联合会总裁、美国仓储协会总裁兼行政主管麦克·詹金斯指出：“今天的市场将由相互竞争的供应链构成，而不是相互竞争的组织。通过全球化和电子信息的利用，物流业本身正面临着一体化。”“一体化成为一种有效成本方式对市场需求和供应伙伴做出应对的方法……全球一体化可能是必要的。”所谓“一体化物流”，是指物流的发展已同企业的生产，产品的销售，人们生活的消费，废品、垃圾的回收处理等人类生产、生活的方方面面联结在一起，出现了“生产、物流一体化”“供应、物流一体化”“商流、物流、信息流一体化”和“国内物流国际物流全球一体化”的新趋势。物流一体化发展趋势使未来的物流呈现如下一些特征：

- 物流反应快速化；
- 物流功能集体化；
- 物流服务系列化；
- 物流作业规范化；
- 物流手段现代化；
- 物流结构、流向及载体发生极大的变化。

3. 发展我国物流产业的基本途径

(1) 积极创造企业物流发展的政策条件，营造宽松的市场环境

我国现代企业物流正处于发展起步阶段，迫切需要政府部门的大力支持和推动。各有关部门应认真研究并制定支持、促进我国现代企业物流发展的政策和措施。努力创造公平竞争、规范有序的市场环境，坚决制止行业保护、地区封锁和有碍公平竞争的垄断行为，为物流发展创造良好的市场环境。

第一，政府部门应根据各地实际情况在税收、贷款利率等方面给予优惠和扶持，尤其是在涉及整个物流体系的发展与完善的重大项目上要从长计议，给予必要的财政支持。

第二，在宏观管理体制上应努力建设规范的物流市场竞争机制，采取有效措施努力改变系统内的部门条块分割状况，调整宏观管理方式，促进物流产业化，重视物流法制、法规建设，约束和规范物流市场；适当开放物流市场，开展物流合资合作试点，选准时机，引进国际惯例培养物流市场竞争机制。

第三，要加强物流行业协会建设，发挥其桥梁纽带作用，推动物流产

业化进程。参照其他国家如日本、美国、英国等国的物流行业协会可以看出，在市场经济条件下，行业协会之类的社会组织在社会经济生活中扮演着重要角色，发挥着无论政府还是企业都无法替代的作用。他们所进行的一系列活动，能协调本行业的服务标准、服务质量，维系同业之间、行业内外以及企业与政府的联系，从而推动本行业的技术进步和产业发展。因此，在经济体制改革深入的大环境下，物流行业协会如何改变传统的工作方式，以适应市场经济发展的需要，充分发挥其桥梁与纽带作用这一议题应提到议事日程上来。

（2）完善企业物流管理体系，实行管理创新

传统的企业管理体系突出企业各部门管理、层次管理和各工作环节的线性衔接，但由于消费需求变化愈来愈快，生产产品和服务过程变得更加复杂，企业的发展战略常常难以体现消费者意愿，因而也就不能反映市场的变化。而这与物流业的“快速反应”要求不相适应，因此，需要对原管理体制予以创新，实行多功能的一体化管理，寻求企业各工作环节的协同动作；提高企业管理系统的集成化程度，将企业发展战略、生产过程、组织与市场环境统一起来考虑，强调对过程和活动的优化管理、对物流流程的高效集成，进而达到快速响应的目的。

现代企业要积极引导和改变传统的物流管理观念和方式，以降低物流成本和提高售后服务质量为目标，用系统的方法分析、重组企业物流业务，优化企业供应链管理，实现企业物流系统整体成本最小、效益最大。通过推行企业物流管理创新，提高企业物流认识和物流管理水平，促进企业物流健康发展，增加对社会物流服务的有效需求。

（3）发展科学技术，完善物流设施建设，提高各物流环节的技术含量

科学技术是企业物流发展的基本力量和关键因素。推动企业物流的科学化、信息化、现代化发展不仅要引进和开发现代化的物流设施和配送技术，而且要着力体现现代化的管理思想和管理手段，不断提高物流服务质量和配送能力。物流技术在国际社会已得到广泛的开发和应用，如及时制（JIT）生产方式、供应链管理（SCM）、自动分拣系统（ASS）、弹性制造系统（FMS）、计算机集成制造系统（CIMS）、制造资源系统（MRP-Ⅱ）、

自动存储系统（AS/KS）、全球卫星定位系统等。这些概念和技术的实质是将生产、流通进行集成，根据需求端的需求组织生产，安排物流活动。企业应根据消费需求的特征和趋势进行改造和创新，按照“多品种、小批量、多批次、短周期”的要求，推进我国企业物流尽快摆脱传统观念、体制和技术的限制，走上现代物流的发展轨道。

企业物流发展必须紧紧依靠技术进步，积极配合有关部门抓紧制定既适合我国特点，又与国际接轨的物流技术标准，为提高企业物流系统的效率创造技术条件。积极研制开发运输、装卸、仓储、包装、条码及标志印刷、信息管理等物流技术装备，提高企业各物流环节的技术含量。

（4）拓宽渠道，积极培养企业物流人才

企业物流的竞争最终归结为人才的竞争。如何构建全社会物流学习与培养体系，满足企业物流需求，为物流企业输送大量既熟悉物流环节和业务流程，又熟知财务、市场营销和管理工作的全方位人才，将成为企业物流发展的关键。发展现代企业物流，必须加强宣传引导，使人们认识物流，接受物流的理念；必须加强理论研究和实践探索，使物流的理论知识与社会的实践活动有机地结合起来；**必须加强人才培养，造就一大批既熟悉物流运作规律，又有开拓精神的管理人员和技术专家**。政府部门、广大企业应加强与科研院校、咨询机构、社团组织的联系，充分发挥他们在理论研究和人才培养方面的优势，共同推动我国企业物流的发展。

具体来讲，培训物流人才的途径主要包括：在高等院校开办物流管理与物流技术相关专业，培养专门人才，与之相配套的是必须具有一批拥有一定社会物流实践经验和理论研究成果的专家、学者；通过物流协会举办高水平的物流人才培训班，通过较严格的培训、考核程序培养一批高级物流技术人才；企业应自行加强物流人才培养，如建立物流操作示范区，培养技术骨干，并努力在物流方向建立人员竞争机制，优胜劣汰；由各级政府或有关部门、团体举办各种物流研讨会、经验交流会、讲习会，组织出国考察等，开辟独立的科研课题，并提供相应的基金支持，提高科研水平，培养科研人才，为物流的发展提供更强的理论支撑。

4. 未来物流管理的新趋势

(1) 目标系统化

物流系统、物流方案的制订和执行不求单个活动的最优化，而是在于追求物流过程、公司整体利益的最优化。

(2) 组织网络化

为保证对产品促销提供快速、全方位的支持，物流管理注重于物流网络的组织与布局，使物流网络上点与点之间的物流活动保持系统性、一致性。

(3) 经营市场营销导向化

未来物流的经营管理将采用市场机制，无论是企业自己组织物流，还是委托社会物流组织来承担物流任务，都要以“服务－成本”的最佳配合为总目标，注重市场调研、善于寻找新的市场机会将成为物流经营管理中的重点。

(4) 评价经营效益化

由于未来的物流管理终将实现从传统的工程作业控制式管理向现代的市场经营、过程运作一体化管理的转变，因此，对物流管理效益的评价也应由单纯的数量指标考核，转变为既有量化的指标又有定性化的主观指标考核相统一的综合评价，即要把企业战略的执行情况、物流体制的合理性、物流效率对企业整体的贡献程度（因差错、缺货、服务质量低劣等原因造成的积压订单、市场缩小和声誉降低折算为损失成本）作为评价的重要内容。

第二章

物流系统与物流系统工程

物流系统是由运输、库存、包装、装卸、搬运、配送、流通加工、信息处理等各环节组成的，它们也称为物流的子系统。在对物流系统的研究、分析中，人们把系统工程的思想和技术方法引进来，用系统工程的观点来研究物流活动已成为现代物流学的重要方法。本章主要阐述有效达成物流目的的机制——物流系统的构成、特征及“5S”目标，物流系统中存在的制约关系，物流系统化的原则、方法，物流系统分析的基本要素及分析要点，促进物流系统整体最优化的物流系统工程的管理理念、常用技术等。

一、物流系统：有效达成物流目的的机制

1. 物流系统的含义和构成

（1）物流系统的含义

物流系统是指在一定的时间和空间里，由需要位移的物资、包装设备、装卸搬运机械、运输工具、仓储设施、人员和通信联系等若干相互制约的动态要素所构成的具有特定功能的有机整体。物流系统的目的是实现物资的空间效益和时间效益，在保证社会再生产顺利进行的前提条件下，实现各种物流环节的合理衔接，并取得最佳的经济效益——“以低物流成本向顾客提供优质物流服务”。**所以，也可以认为物流系统是“有效达成物流目的的机制**”。

（2）物流系统的构成

物流系统大体可由作业系统和信息系统两个分系统构成。

作业系统就是在运输（配送）、保管、装卸、包装等作业中，引入各种技术，以求省力化和效率化，同时，使各功能之间能完满地连接起来的系统。

信息系统也称“物流信息系统”。在企业活动中信息系统通常和其他的功能——采购、生产、销售系统有机地联系起来，同时，使从订货到发货的信息活动更为完满化，从而提高物流作业系统的效率。

2. 物流系统的特征

要深入认识物流系统，必须做综合性的考察，即分析其特征。物流系统具有一般系统所共有的特征，同时还具有区别于其他系统的特征。

（1）物流系统是一个“人－机系统”

物流系统是由人和形成劳动手段的设备、工具所组成。它表现为物流劳动者运用运输设备、装卸搬运机械、货物、仓库、港口、车站等设施，

作用于物资的一系列生产活动。在这一系列的物流活动中，人是系统中的主体。因此，在研究物流系统的各方面问题时，应把人和物有机地结合起来，作为不可分割的整体来加以考察和分析，而且始终把如何发挥人的主观能动作用放在首位。

(2) 物流系统的可分性

作为物流系统，无论其规模多么庞大，都是由若干个相互联系的子系统组成的。这些子系统的多少、层次的阶数，是随着人们对物流的认识和研究的深入而不断扩充的。系统与子系统之间、子系统与子系统之间，存在着时间、空间和资源利用方面的联系，也存在总的目标、总的费用以及总的运行结果等方面的相互联系。

(3) 物流系统的跨度性

物流系统的跨度性反映在两个方面：一是地域跨度大，二是时间跨度大。在现代经济社会中，企业间物流经常跨越不同地域，国际物流的地域跨度更大；**同时还经常采取库存的方式解决产需之间的时间矛盾，这样时间跨度往往也很大**。大跨度系统带来的问题主要是管理难度较大，对信息的依赖程度较高。

(4) 物流系统的可变性

一般的物流系统总是联结多个生产企业和用户，随需求、供应、渠道、价格的变化，系统内的要素及系统的运行经常发生变化。这就是说，社会物资的生产状况、社会物资的需求变化、资源变化、企业间的合作关系，都随时随地地影响着物流，物流受到社会生产和社会需求的广泛制约。物流系统是一个具有满足社会需要、适应环境能力的动态系统。为适应经常变化的社会环境，人们必须经常对物流系统的各组成部分进行修改、完善，这就要求物流系统具有足够的灵活性与可改变性。在有较大的社会变化情况下，物流系统甚至需要重新进行系统的设计。

(5) 物流系统的复杂性

物流系统运行对象——“物”，遍及全部社会物质资源，资源的大量化和多样化带来了物流的复杂化。从物资资源上看，品种成千上万，数量极大；从从事物流活动的人员上看，需要数以百万计的庞大队伍；从资金占用上看，占有着大量的流动资金；从物资供应经营网点上看，遍及全国城乡各地。这些人力、物力、财力资源的组织和合理利用，是一个非常复杂的问题。

在物流活动的全过程中，始终贯穿着大量的物流信息。物流系统要通过这些信息把各个子系统有机地联系起来。如何把信息收集全面并处理好，且将其用于指导物流活动，亦是非常复杂的事情。

物流系统的边界是广阔的，其范围横跨生产、流通、消费三大领域。这一庞大的范围，给物流系统带来了很大的困难。而且随着科学技术的进步、生产的发展和物流技术的提高，物流系统的边界范围还将不断地向内深化，向外扩张。

（6）物流系统是一个多目标函数系统

物流系统的总目标是实现宏观和微观的经济效益。但是，系统要素间有着非常强的“背反”现象，常称之为“交替损益”或“效益背反”现象，在处理时稍有不慎就会出现系统总体恶化的结果。通常，对于物流数量，人们希望最大；对于物流时间，人们希望最短；对于服务质量，人们希望最好；对于物流成本，人们希望最低。显然，要同时满足上述所有要求是很难办到的。例如，在库存子系统中，站在保证供应、方便生产的角度，人们会提出库存物资的大数量、多品种的要求；而站在加速资金周转、减少资金占用的角度，人们则会提出减少库存的要求。又如，在运输中，最快的运输方式为航空运输，这一方式时间效用虽好，但运输成本高，经济效益不一定最佳；而选择水路运输，则情况相反。所有这些相互矛盾的问题，在物流系统中广泛存在。而物流系统又恰恰需要在这些矛盾中运行。要使物流系统在诸方面满足人们的要求，显然要建立物流多目标函数，并在多目标中求得物流的最佳效果。

3. 物流系统的目标——“5S”

物流系统是社会经济系统的一个部分，其目标便是获得宏观和微观两方面的经济效益。

物流的宏观经济效益是指一个物流系统的建立对社会经济效益的影响，其直接表现形式是如果将这一物流系统作为一个子系统来看待，就是其对整个社会流通及全部国民经济效益的影响。物流系统本身虽已很庞大，但它不过是更大系统中的一部分，因此，必然寓于更大系统之中。如果一个物流系统的建立破坏了母系统的功能及效益，那么，这一物流系统尽管功能理想，但也是不成功的，因为它未能实现其根本目的。物流系统不但会对宏观的经济效益产生影响，而且还会对社会其他方面产生影响，例如物流设施建立会影响当地人的生活、工作，物流的污染、噪音会对人和环境带来伤害等。因此，建立物流系统，还必须考虑这一因素，要以社会发展和人民幸福为大前提。

物流系统的微观经济效益是指该系统本身在运行后获得的企业效益。其直接表现形式是这一物流系统通过组织“物”的流动，实现本身所耗与所得之比。当这一系统基本稳定运行，投入的劳动基本稳定之后，这一效益主要表现在利润上。在社会主义市场经济条件下，企业作为独立的经济实体，必须根据价值规律及供求规律，按最大经济效益办事。因此，物流系统必然存在微观经济效益。**一个物流系统的建立，如果只将自己作为子系统，完全从母系统要求出发，不考虑本身的经济效益，这显然也是行不通的。**应该说，一个物流系统的建立，需要有宏观及微观两个方面的推动力，二者缺一不可。但是由于微观经济效益来得更直接，因而在建立物流系统时，往往只将微观经济效益作为唯一目的，而忽略了系统的宏观经济效益。我们建立和运行物流系统时，要有意识地以两个效益为目的。具体来讲，物流系统要实现以下 5 个目标。

（1）服务性（service）

在为用户服务方面要求做到无缺货、无货物损伤和丢失等现象，且费用便宜。

（2）快捷性（speed）

要求把货物按照用户指定的地点和时间迅速送到。为此可以把物流设施建在供给地区附近，或者利用有效的运输工具和合理的配送计划等手段。

(3) 有效利用面积和空间 (space saving)

虽然我国土地费用比较低，但也在不断上涨。特别是对城市市区面积的有效利用必须加以充分考虑。**应逐步发展立体化设施和有关物流机械，求得空间的有效利用。**

(4) 规模适当化 (scale optimization)

在建立物流系统时，应该考虑物流设施集中与分散的问题是否适当，机械化与自动化程度如何合理利用，情报系统的集中化所要求的电子计算机等设备的利用等多方面的问题。

(5) 库存控制 (stock control)

库存过多时不仅需要更多的保管场所，而且会产生库存资金积压，造成浪费。因此，必须按照生产与流通的需求变化对库存进行控制。

上述物流系统化的目标简称为"5S"。要发挥以上物流系统化的效果，就要进行研究，把从生产到消费过程的货物量作为一贯流动的物流量看待，依靠缩短物流路线，使物流作业合理化、现代化，从而降低其总成本。

4. 物流系统的管理

在确立了物流系统以后，必须有一套管理系统和运用系统的组织机构。因此，在公司管理组织机构中，应设立物流管理部门，提高物流担当者的素质，并和商品流通有关的生产、销售部门进行调整，和物流的路线部门进行合作，从全公司物流的高度来进行物流管理。

物流系统的管理对企业物流系统提出的目标，是以提高向顾客供给商品的效率来管理物流系统的，这是全公司的经营活动的一环，必须正确认识这种管理的重要性。

企业的经营管理，一般来说，是在 plan（计划）、do（实施）、see（评价）的循环中标准化地进行的。物流系统也按照同样的循环，在全公司的经营活动中进行。

物流管理是为了使物流系统化而制订了各种计划，再转到实施这一计划并评价实施的结果。在物流管理的计划阶段，例如，商品的需求预测、物流网络的设计、运输工具的选择、为顾客服务水准的决定（配送服务、库存服务)、配送中心等物流设施的配置计划等，有各种各样的课题需要进行研究。

在计划实施阶段，销售部门和生产部门经与有关部门的协作以后，在新的计划中，必须采取可以完满地容纳路线配送部门的体制。

在评价阶段，随着计划的实施，掌握完成计划的实际成绩，即掌握了库存量的变化、物流设施的工作状况、物流成本费用、为顾客服务的水平，并和计划实施以前的系统进行比较，然后把这些评价的结果再与下一轮计划联系起来，经过多次的反复实践，方可取得完满的结果。

二、物流系统中存在的制约关系

物流系统中存在着各种各样的制约关系，概述如下。

1. 物流服务和物流成本间的制约关系

要提高物流系统的服务水平，物流成本往往也要增加。比如采用小批量即时运货制，要增加费用。要提高供货率（即降低缺货率），必须增加库存（即增加库存费用）。其相互制约关系如图 2－1 所示。

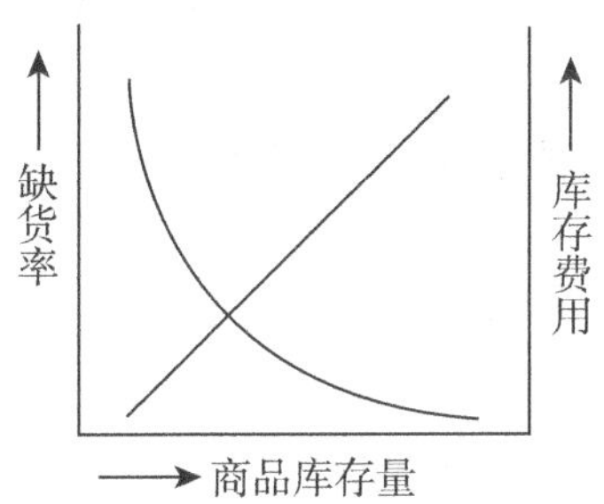

图 2－1 物流服务和成本的制约关系

2. 构成物流服务的子系统功能之间的约束关系

各子系统的功能如果不均匀，物流系统的整体能力将受到影响。如果搬运装卸能力很强，但运输力量不足，会产生设备和人力的浪费；反之，如果搬运装卸环节薄弱，车、船到达车站、港口后不能及时卸货，也会带来巨大的经济损失。

3. 构成物流成本的各个环节费用之间的关系

如果为了降低库存而采取小批量订货，则会因运输次数增加而导致运输费用上升。另外，运费和保管费之间也存在制约关系。

4. 各子系统的功能和所耗费用的关系

任何子系统功能的增加和完善都必须投入资金。如信息系统功能的增加，必须购置硬件和开发计算机软件。而要增加仓库的容量和提高进出库速度，就必须建设更大的库房并实现机械化、自动化。**在实际中必须考虑在财力许可的范围内改善物流系统的功能。**

如上所述的制约关系不胜枚举，在物流合理化过程中必须有系统观念，对这些相互制约的关系给予充分的注意。

三、物流系统化：实现整体的物流合理化

所谓物流系统化，就是把物流的诸环节（或各子系统）联系起来，将其视为一个物流大系统，进行整体设计和管理，以最佳的结构、最好的配合，充分发挥其系统功能的效率，来实现整体的物流合理化。

1. 物流系统化的原则

（1）外部条件与内部条件相结合的原则

物流系统不是一个孤立的系统，而是一个与社会环境紧密相连的、开放性的系统。它受到外部社会的、经济的、政策的以及科学技术等要素的制约，且主要受社会资源状况、物资需要状况、社会购买力状况的制约。从物流系统内部而言，由于装卸、运输、库存等诸环节发展的不平衡，各物流功能间的制约、影响也处处存在。人们不仅要注意物流系统内各环节的协调发展，更要对外部环境进行分析。这样，将系统内、外的关联因素结合起来，综合分析，统一考虑，才能使系统在一定的环境中正常运行。

（2）当前利益与长远利益相结合的原则

在进行物流系统分析时，不仅要考虑当前利益，而且也要考虑长远利益。如果物流系统对当前和长远利益都属最优，那么这个方案是理想方案。**如对当前虽然不十分有利，但对长远却非常有利，这样的方案从系统化角度来看，也是可取的。**

（3）局部利益与整体利益相结合的原则

建立物流系统，如能保证整体利益最大，而且还能保证各子系统也有最大利益，这是人们所向往的，但是，事实上这又是很难做到的，因为各物流环节是互相影响、互相制约的。例如，包装部门为了降低包装费用，往往把着眼点放在如何减少工序、节约包装材料、提高包装效率上；而装卸、运输部门则希望物资包装尽可能坚固，方便作业，对包装费用则漠不关心。诸如此类的问题很多，系统化的准则是整体利益最大，在这一前提下尽管某一个分系统获得最小利益，此方案也是可取的。

（4）定量分析与定性分析相结合的原则

物流系统分析是强调定量分析的。在物流活动中的许多问题，有的可以数量化，如运输能力、库存量、物流成本、装卸费用等，但有的做不到数量化，如物流方针、政策、制度等。这样，物流系统分析还必须强调定量分析与定性分析相结合。

2. 物流系统化的方法

物流系统化是企业在物流管理中面临的重要课题，物流系统化可以使企业在市场竞争中保持优势。物流系统化的方法概述如下。

（1）大量化

随着消费的多样化、产品的多品种化，多数顾客往往频繁要求订货预约，迅速交货。在接受订货的企业中，要尽可能使发货的批量变大，采取最低限额订购制，以期降低成本。

大型超市、百货店可以从制造厂或批发商那里进货，把向各店铺个别交货的商品，由中间区域设置的配送中心集约起来，再大批量地送往各店铺，并按照顾客的订货量，采用减价制供货。也有一些制造厂本身也尽可能使发货大量化。

(2) 共同化

在同一地区或同一业种的企业中，谋求物流共同化的情况比较多。特别在大都市，由于交通拥堵，发送效率大大降低，加上驾驶员不足等原因，积极参加共同发送的企业越来越多。都市内的各种销售业，面向共同配送，面向百货店、大型超市共同交货、共同宅配的实例不胜枚举。

独自追求物流的系统化，集中在规模过小的中小企业中，使全盘的各种物流功能分工合作，这种共同化的实例也不少。其中，由多家企业共同出资设立“共同配送中心”，可以全面地使装卸、保管、配送、信息等物流功能协作化。**在一部分商业批发集中地，由会员企业对物流功能进行分工合作，中小运输业者共同协作运输的应用模式也是比较多的。**

(3) 短路化

在制造厂的商品流通中，一般来说，制造厂批发业、二次批发业、小卖店分担流通的各种功能关系，就是所谓流通的垂直关系。

在流通支配力强的家电、汽车、化妆品、平板玻璃、药品等制造厂中，垂直流通系列的系统化正在进行。这些制造厂为了加强市场销售战略，从过去的商品交易流通经路中，把物流分离出来，在消费地附近，由本公司亲自建设或者和销售代理店共同建设配送中心，往往可以达到物流经路的短路化，进一步强化销售功能。

(4) 计划化

物流系统化，最初是从重新认识一般企业内的运输、配送活动，研究能不能进一步进行高效的计划运输开始的。

近年来，由于大都市的交通堵塞，运输、配送效率降低，对顾客的服务水平低下，各企业要维持已有的顾客服务水平，在和同行的竞争中不得不进一步制订周密的配送计划。

例如，鞋子的大宗批发，过去采用“推销员递送方式”，由推销员配合销售活动来进行配送。但是由于都市中心地区的交通情况恶化，加上禁止停车等原因，推销员违反交通规则，导致交通事故的现象频繁发生。同时，车辆的装载率非常低下，顾客十分不满，为此，营业部门在充分调查之后，可采取以下方案：

- 废止推销员传递方式，使配送活动专业化；
- 实施路线配送，对都市需配送的区域设定七条路线，其中，每天配送路线三条，隔日配送路线四条；
- 对大型超市、百货店实施比较大量化的配送，而且尽量避开指定时间的配送路线，并采用特别设定的交货代理的方式。

以上改善方案的目标是维持配送效率和顾客服务水平，减少交通事故。

(5) 专业化

在经济高度成长期，各企业都尽力将会带来商品销售量增长的销售活动开展得非常活跃，因为营业活动优先，在公司内部组织体制上，物流活动包含在销售部门、制造部门之中。

随着市场竞争日趋激烈，人们大力呼吁物流系统化的必要性，把降低物流费用看作企业的第三利润源泉，各企业都向物流合理化迈进。很多企业不得不以提高物流管理效率为目标，变更公司内部组织机构，设立担当物流职能的管理部门，配备专职人员，使全公司的物流集中管理，物流专业化的倾向明显。

(6) 省力化

物的流通开始引人注目以后，企业内部的物流系统化最初是依靠机械化来达到的。

在过去的运输、装卸、保管、包装等物流功能中，引进了各种机械化、省力化的技术。在运输、装卸方面，由于运用托盘、集装箱而发展了单位载荷制，提高了货物分拣机械化水平的技术；在保管方面，由于高层货架仓库发展为自动化仓库，大大提高了保管效率。

(7) 信息化

物流系统中的信息系统是指企业从订货到发货的信息处理结构。在企业活动中，信息是控制和生产、销售系统互相合作的物流作业系统的组成部分，因此，物流信息的系统化、效率化也在物流系统化的同时成为必不可少的条件。

近年来，由于电脑性能的提高、数据通信技术的进步、通信回路的开放（VAN 等），信息处理的速度大大提高了，远隔两地的企业（运输业者等）信息交换变得容易起来，这无疑有力地推进了企业中物流信息的系统化，实现了从订货到发货的信息处理。

四、物流系统分析：把握物流的内在规律性

1. 物流系统分析为决策者提供科学依据

物流系统是多种不同功能要素的集合。各要素相互联系、相互作用，形成众多的功能模块和各级子系统，使整个系统呈现多层次结构，体现出固有的系统特征。对物流系统进行系统分析，可以了解物流系统各部分的内在联系，把握物流系统行为的内在规律性。**所以说，不论在系统的外部或内部，设计新系统或是改造现有系统，系统分析都是非常重要的。**

系统分析是从系统的最优出发，在选定系统目标和准则的基础上，分析构成系统的各级子系统的功能和相互关系，以及系统与环境的相互影响；运用科学的分析工具和方法，对系统的目的、功能、环境、费用和效益进行充分的调研、收集、比较、分析和数据处理，并建立若干替代方案和必要的模型，进行系统仿真试验；把试验、分析、计算的各种结果同早先制订的计划进行比较和评价，寻求使系统整体效益最佳和有限资源配备最佳的方案，为决策者的最后决策提供科学依据和信息。

系统分析的目的在于通过分析比较各种替代方案的有关技术经济指标，得出决策者形成正确判断所必需的资料和信息，以便获得最优系统方案。

物流系统分析所涉及的问题范围很广，如搬运系统、系统布置、物流预测、生产－库存系统等。由于系统分析需要的信息量大，为了准确地收集、处理、分析、汇总、传递和库存各种信息，要应用多种数理方法和计算机技术，这样才能进行分析比较，以实现不同系统目标和采用不同方案的效果，为系统评价和系统设计提供足够的信息和依据。

2. 物流系统分析的基本要素

物流系统分析的因素很多，人们总结出其中五个基本要素：目的、可行方案、模型、费用和效益、评价基准。

(1) 目的

目的是决策的出发点，为了正确获得决定最优化物流系统方案所需的各种有关信息，物流系统分析人员的首要任务就是要充分了解建立物流系统的目的和要求，同时还应确定物流系统的构成和范围。

(2) 可行方案

一般情况下，为实现某一目的，总会有几种可采取的方案或手段。这些方案彼此之间可以替换，故叫作可行方案或替代方案。比如要开发煤田，首先要分为露天开采、地下开采两种不同的开采方式，即使是地下开采也存在竖井开拓、斜井开拓等不同方式，而这些方案针对开发该煤田的目的，总是各有利弊的。选择一种最合理方案是物流系统分析要研究和解决的问题。

(3) 模型

模型是对实体物流系统抽象的描述。它可以将复杂的问题化为易于处理的形式。**即使在尚未建立实体物流系统的情况下，也可以借助一定的模型来有效地求得物流系统设计所需要的参数，并据此确定各种制约条件。**同时我们还可以利用模型来预测各替代方案的性能、费用和效益，有利于各种替代方案的分析和比较。

(4) 费用和效益

费用和效益是分析和比较抉择方案的重要标志。**用于方案实施的实际支出就是费用，达到目的所取得的成果就是效益。**如果能把费用和效益都折合成货币形式来比较，那么一般说来效益大于费用的设计方案是可取的，反之则不可取。

(5) 评价基准

评价基准是物流系统分析中确定各种替代方案优先顺序的标准。通过评价标准对各方案进行综合评价，确定出各方案的优先顺序。评价基准一般根据物流系统的具体情况而定，费用与效益的比较是评价各方案的基本手段。

以上是物流系统分析的五个基本要素，各要素相互之间存在着一定的制约关系，它们合起来组成物流系统结构。

3. 物流分析的要点

(1) 解决问题的"5W1H"

物流系统分析注重逻辑思维推理的方法，在分析时往往要通过追问一系列的"为什么"来使问题得到圆满的解答。可借用表2-1来理解。

表2-1 系统分析要点一览表

项　目	为什么	应该如何	对　策
目的、对象	为什么提出这个问题？ 为什么从此入手？	应提什么？ 应找哪个？	删除工作中不必要的部分
地点、时间、人	为什么在这里做？ 为什么在这时做？ 为什么由此人做？	该在何处做？ 应何时做？ 应由谁做？	合并重复的工作内容，要考虑到重复组合
方法	为什么这样做？	如何去做？	使工作简化

有人把上述内容归纳成解决问题的"5W1H"，即What，Why，When，Who，Where，How。例如，假设接受了某个物流系统的开发项目，那么接下来就必须设定问题，如果拟出下列疑问句自问自答，就容易抓住问题的要点。

- 项目的对象是什么，即要做什么？(What)
- 这个项目何以需要，即为什么需要这个项目？(Why)
- 它在什么时候和在什么样的情况下使用，即何时做？(When)
- 使用的场所在哪里，即在何处做？(Where)
- 是以谁为对象的物流系统，即谁来做？(Who)
- 怎样才能解决问题，即如何做？(How)

（2）举例运用“5W1H”

以沿海某省建立核电厂为例，这些问题的答案如下。

①要做什么？在研究沿海某省核电厂的建立问题时，就是用物流系统分析方法研究在沿海某省建核电厂的可行性如何。

②为什么在沿海某省建立核电厂？由于沿海某省自产能源很少，历来靠进口油和煤发电，进口能源受国际经济和政治局势影响太大，自己无力左右局势。同时也是为了在经济上求得更廉价的电力和减少环境污染。

③何时建立为宜？电力工业为“先行官”，当前世界屡发能源危机，此项建设刻不容缓。

④何处建厂为宜？从避开地震区和断裂、海啸、流沙区而又有足够冷却水，远离人口密度中心地区而又较接近用电地区这几点来看，则以沿海某省北部沿海处为宜。

⑤由何单位承建？由沿海某省电力公司负责，并请工程顾问公司提供各种技术方面的咨询服务工作。

⑥如何进行？工程进度应服从十年发电规划，具体技术细节还须由工程顾问公司做进一步研究后再提出。

“5W1H”式的疑问句，除上述问题之外还能想出很多。在物流系统开发的各个阶段，所要解决的问题应从宏观逐渐转移到微观，因此，对这些疑问的回答也要按照各个阶段的实际情况来调整。

4. 物流系统分析的技术方法

（1）物流系统模型化是物流系统分析的前提

物流系统模型化就是把系统中各个组成部分的特征及变化规律数量化，把组成部分之间的关系方程式化。为了实现物流系统合理化，需要在物流系统的规划与运行过程中不断做出科学的决策。由于物流系统结构与行为过程的复杂性，只有综合运用定性、半定量与定量分析方法，才能建立恰当的物流系统模型，进而求得最佳的决策结果。因此，物流系统模型化是物流合理化的重要前提。

物流系统模型化的意义如下。

第一，由于物流系统中物流过程的实现非常复杂，难以或根本无法做试验，而模型化则提供了一种科学的方法，通过建立易于操作的模型，能帮助人们对物流过程有深刻的认识。

第二，对于需要解决的系统问题，通过系统分析，明确其内部构成、系统特性和形式，针对系统的规律和目标，用数学表达式，从整体上说明它们之间的结构关系和动态情况。

第三，模型化能把非常复杂的物流系统的内部和外部关系，经过恰当的抽象、加工、逻辑整理，变成可以进行准确分析和处理的结构形式，从而能得到需要的结论。**采用模型化技术可以大大简化现实物流系统或新的物流系统的分析过程**。物流系统模型化还提供了计算机协同操作的连接条件，为计算机辅助物流管理系统（CALM）的建立做了理论准备，从而可加速系统分析过程，提高系统分析的有效性。

（2）物流系统建立模型的方法

①优化方法。优化方法是运用线性规划、整数规划、非线性规划等数学规划技术来描述物流系统的数量关系，以便求得最优决策。由于物流系统庞大而复杂，建立整个系统的优化模型一般比较困难，而且用计算机求解大型优化问题的时间和费用代价太大，因此优化模型常用于物流系统的局部优化，并结合其他方法求得物流系统的次优解。

②模拟方法。模拟方法是利用数学公式、逻辑表达式、图表、坐标等抽象概念来表示实际物流系统的内部状态和输入输出关系，以便通过计算机对模型进行试验，通过试验取得改善物流系统或设计新的物流系统所需要的信息。虽然模拟方法在模拟构造、程序调试、数据整理等方面的工作量大，但由于物流系统结构复杂，不确定情形多，所以模拟方法仍以其描述和求解问题的能力优势，成为物流建模的主要方法。

③启发式方法。启发式方法是针对优化方法的不足，运用一些经验法则来降低优化模型的数学精确程度，并通过模仿人的跟踪校正过程求取物流系统的满意解的方法。启发式方法能同时满足详细描绘问题和求解的需要，比优化方法更为实用；其缺点是难以知道什么时候好的启发式解已经被求得。**因此，只有当优化方法和模拟方法不必要或不实用时，才使用启发式方法。**

除了上面三种主要方法外，还有其他的建模方法，如用于预测的统计分析法，用于评价的加权函数法、功效系统法及模糊数学方法。

一个物流决策课题通常有多种建模方法，同样，一种建模方法也可用于多个物流决策课题。物流决策课题与物流建模方法的多样化，构成了物流系统的模型体系。对于建立的模型要达到三种要求：保持足够的精度、简单实用和尽量借鉴标准形式。

五、物流系统工程：以物流系统整体最优为目的

1. 系统工程与物流系统工程

(1) 系统工程

随着系统分析技术的发展，产生了当代极为重要的一门学科——系统工程科学。

所谓系统工程，就是研究系统工程技术。其目的就是要在改造系统这一工程过程中，按照要达到的目的，采用最优化方法，以期结果达到最佳值。也就是说，系统工程是从系统的观点出发，跨学科地考虑问题，运用工程的方法去研究和解决各种关系问题。

系统工程是一门技术，它有一套方法，以这套方法处理系统问题具有广阔的适用范围。它解决的问题涉及自然科学、社会科学以及一切能够形成系统的领域。系统思想和定量技术的发展，以及计算机技术的广泛应用，促使系统工程由一般的工程技术向软技术发展。因此，从这种意义上讲，系统工程是一项管理软技术，它运用系统的思想、现代化的科学管理方法和最新手段，将分散的、各自为政的局部利益，巧妙地连接成一个有机整体，使其发挥最大的效用，从而纠正了过去只注意局部的和部分的设计，而对总体设计草率了事的缺点。**系统工程强调运用多学科知识，注重各个部分的组合以及如何组合，以达到整体效益最佳。**系统工程一开始就着眼于新系统的创造和改进，不像一般工程技术常以产品分析为中心而产生某种局限性。

另外，我们可以采用三维结构图（如图2-2所示）来进一步说明系统工程的概念。采用系统工程方法分析解决问题的过程分为七个阶段（时间维），实施过程有七个步骤（逻辑维），为此要应用各方面的专业知识（知识维）。图2-2展示了系统工程的基本思想方法，也表明系统工程科学是运用各种知识，以求得整体最优为目的的科学方法。

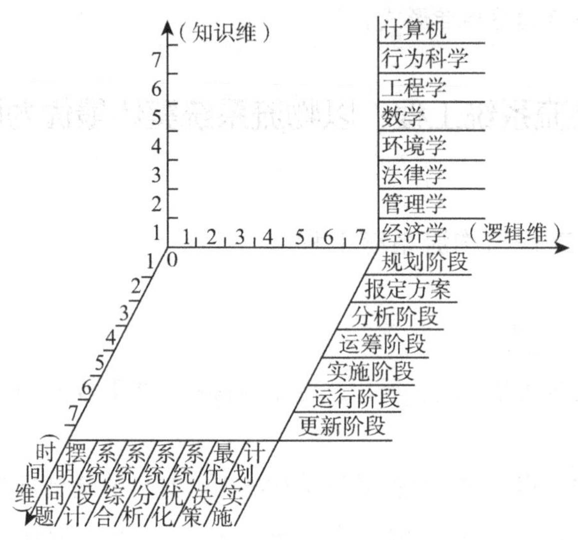

图2-2　系统工程的三维结构

（2）物流系统工程

物流系统工程属于物流学和系统工程两门学科的交叉性边缘学科。它在物流领域中推广应用系统工程的基本理论和方法，以物流系统作为研究对象，着眼于新物流系统的创造与改进，以求得系统整体效益最优。

物流系统工程对于促进物流系统事业的发展有着迫切的现实意义，同时对于推动物流系统科学的进一步发展将会产生深远的影响。

2. 正确的物流系统管理观念

在物流管理过程中，运用系统理论和系统方法，并将供货厂商和用户纳入系统管理，从系统整体出发，互相协调，为用户和本企业内部提供最佳服务，并最大限度地降低物流费用，这就是物流整体系统管理的观念。

物流管理人员在应用物流系统工程方法的过程中，首先必须明确和树立正确的物流系统管理观念，即总成本法、避免次优化法和得失比较法。

(1) 总成本法

物流系统中的各项业务活动，例如运输、库存管理、物料搬运、包装、信息流（包括订单处理）、用户服务等，并非彼此孤立而是相互联系的，应作为一个整体看待。**总成本法的要旨是在保持一定的服务水平的条件下，同时考虑所有的有关成本项目**。对备选方案进行评价时，各种不同方案可能会导致某些业务活动的成本增加或减少，而另外一些则可能保持不变。总成本法的目标是选择总成本最小的那一个方案。

这一观念在设计物流系统的存储子系统时经常用到。

(2) 避免次优化法

有可能存在这样的情况：一个企业的各组成部分尽力完成了各自的工作，但企业未能实现整体最佳效果，这就是次优化问题。

在物流管理方面为什么会发生次优化问题呢？当各项物流业务按它们各自所完成的一定的管理目标来评价，而这些管理目标又相互矛盾时，就会发生次优化问题。例如，企业的运输部门牺牲运输的速度和可靠性要求，只片面追求降低货物运费；或选择运价较低的一种运输方式，但需要进行额外的特殊包装。这些片面做法反而会多花钱，对企业整体效益产生不良影响。

此外，企业各业务部门各行其是，也会发生次优化问题。如生产部门为了降低产品的单位生产成本，通过加大每一轮产品的生产批量，减少改换工艺装备的次数，以节省费用，结果是产品的单位成本降低了，但产品库存增加，使存货的保管费用大幅度上升。

下面，我们以美国全国机械公司作为实例，说明如何避免次优化问题。

美国全国机械公司配件部年销售额为1.6亿美元，年实物配送费用是2 600万美元，为销售额的16.25%，产生这样高的配送费用是由于公司坚持高质量的服务标准；公司在全国各主要市场都设有仓库，共有50所之多。高级管理层认为配送费用开支过大，服务标准不必要保持现在的高水平。于是，公司请来知名的管理学专家进行研究，确认撤销20所仓库可使配送费用降至最低，年节省费用200万美元；但减少了仓库，用户不能就近及时迅速收到配件，经过计算机模拟，将失去销售总额的20%，高级管理层认为这样做，营业额损失太大，遂决定仍保留原来的50所仓库，避免发生次优化问题。

(3) 得失比较法

这是系统方法的第三个重要观念。在物流经营决策中，各种备选方案都各有所长，各有所短，有得有失。所谓得失比较分析，就是在评价各方案时，要比较分析各方案的所得和所失，在保持一定服务水平的条件下，选择得大于失的方案作为最佳方案。

吉列公司是世界最大的安全剃刀生产企业，由于其经营范围扩展到化妆用品生产，便面临商品品种不断增加和及时配送的问题。为了为用户提供良好的服务，公司采用航空运输发运产品，这是一种费用较为昂贵的实物配送方式。在研究了配送系统以后，公司管理层发现问题的症结是订单处理作业太慢。通过加速和简化日常文书手续，缩短订单处理时间，公司可以利用费用较低的陆上运输工具，做到及时发货和按时到货。在这种情况下，就要比较增加的订单处理费用和可节省的运输费用，以使减少的运输费用大于增加的订单处理费用，做到得大于失。

3. 物流系统工程的常用技术

(1) 仿真技术

物流系统仿真的目标在于建立一个既能满足用户要求的服务质量，又能使物流费用最少的物流网络系统。其中最重要的是如何能使“物流费用最少”。**因此，物流系统仿真的目标应是估算物流费用**。在进行仿真时，首先分析影响物流费用的各项因素，诸如与销售点、流通中心及工厂的数量、规模和布局有关的运输费用、发送费用等。由于大型管理系统中包含人的因素，用数学模型来表现他们的判断和行为是困难的。但是，人们正在积极研究和探索包含人的因素在内的反映宏观模糊性的数学模型。目前，社会上大量开展数量经济研究，预计在社会经济研究中，数学模型和计算机将会得到愈来愈广泛的应用，这是对传统的凭主观经验进行管理的有力挑战。

（2）系统最优化技术

系统优化问题是系统设计的重要内容之一。所谓最优化，就是在一定的约束条件下，如何求出使目标函数为最大（或最小）的解。求解最优化问题的方法称为最优化方法。**一般讲，最优化技术所解决的问题是对众多方案进行研究，并从中选择一个最优的方案。**

物流系统所包含的参数绝大多数属于不可控因素，且它们相互制约、互为条件。在外界环境约束条件下，要正确处理好众多因素之间的关系，除非采用系统优化技术，否则难以得到满意的结果。物流系统工程的基本思想是整体优化的思想，对所研究的对象采用定性、定量（主要是定量）的模型优化技术。经过多次测算、比较，求好选优，统筹安排，使系统整体目标最优。

（3）网络技术

在现代社会中，生产过程错综复杂，工种繁多，品种多样；流通分配过程涉及面广，影响因素随机、多变，参加的单位和人员成千上万。如何使生产中各个环节之间互相密切配合，协调一致，如何使生产—流通—消费之间衔接平衡，使任务完成既好又快且省，这不是单凭经验或稍加定性分析就能解决的，而需要运用网络技术的方法来进行统筹安排、合理规划。而且，越是复杂的、多头绪的、时间紧迫的任务，运用网络技术就越能取得较大的经济效益。对于关系复杂的、多目标决策的物流系统研究，网络技术分析是不可忽视的基本方法。

（4）分解协调技术

在物流系统中，由于组成系统的项目繁多，相互之间关系复杂，涉及的面广，这给系统分析和量化研究带来一定的困难。在此可以采用“分解－协调”方法对系统的各方面进行协调与平衡，处理系统内外的各种矛盾和关系，使系统能在矛盾中不断调节，处于相对稳定的平衡状态，充分发挥系统的功能。

所谓分解，就是先将复杂的大系统，比如物流系统，分解为若干相对简单的子系统，以便运用通常的方法进行分析和综合。其基本思路是先实现各子系统的局部优化，再根据总系统的总任务、总目标，使各子系统相互“协调”配合，实现总系统的全局优化。

所谓协调，就是根据大系统的总任务、总目标的要求，使各子系统相互协调配合，在各子系统局部优化的基础上，通过协调控制，实现大系统的全局最优化。

综上所述，系统工程的诞生和发展为社会经济和科学技术的研究和发展提供了强有力的工具，但在理论和具体数量方法方面还很薄弱。特别是像物流系统这种大型的、复杂的、包含人的因素在内的系统的分析、设计和控制，必然出现与过去的一般工程方法完全不同的新方法。对这种新方法的研究，可以认为是模拟思考作用下的一种人工智能的研究。

第三章

物流管理与供应链管理

供应链是一个围绕物流核心企业，通过对信息流、物流、资金流的控制，从采购原材料开始，制成中间产品以及最终产品，最后由销售网络把产品送到消费者手中的，将供应商、制造商、分销商、零售商直到最终用户连成整体的功能网链结构模式。供应链是一个范围更广的企业结构模式，它包含所有加盟的节点企业，从原材料的供应开始，经过链中不同企业的制造加工、组装、分销等过程直到最终用户。它不仅是一条连接供应商到用户的物料链、信息链、资金链，而且是一条增值链。物料在供应链上因加工、包装、运输等过程而增加其价值，给相关企业都带来收益。

一、供应链管理：一种新型的物流管理体制

供应链管理是指对供应链中的物流、信息流、资金流、增值流等进行的计划、组织、协调和控制一体化管理过程。其中，物流是供应链管理的重点所在。

供应链管理的范围包括从最初的原材料到最终产品达到顾客手中的全过程，管理对象是在此过程中所有与物资流动及信息流动有关的活动和其相互之间的关系。供应链系统的功能是，将顾客所需的产品能够以正确的时间，按照正确的数量和正确的质量送到正确的地点，并且使总成本最小。

1. 供应链和供应链管理

(1) 供应链

供应链就是从原材料到最终产品整个过程中各个环节所组成的一条链。它涉及将产品或服务提供给消费者活动全过程的上、下游企业所构成的网络。

供应链的概念是从扩大的生产（extended production）概念出发的，它将企业的生产活动进行了前伸和后延。譬如，日本丰田公司的精益协作方式中就将供应商的活动视为生产活动的有机组成部分加以控制和协调，这就是前伸。后延是指将生产活动延至产品的销售和服务阶段。因此，供应链就是通过计划（plan）、获得（obtain）、存储（store）、分销（distribute）、服务（serve）等这样一些活动而在顾客和供应商之间形成的一种衔接（interface），从而使组织能满足内外部顾客的需求。企业从原材料采购开始到对其进行加工直到最终送到顾客手中为止的这一过程，被看成是一个环环相扣的链条，而其中的主要活动被视为链条上的节点。

供应链与市场学中的销售渠道的概念有相似之处。**供应链包括一个产品达到顾客手中之前所有参与生产、分配和销售的公司和企业。**但是，供应链概念与分配销售渠道的概念有所不同。首先，供应链在重视销售的同

时，也重视储运，供应链管理的目的是管理库存及各种关系以达到具体的销售目标。其次，供应链对供应者（上游活动）和消费者（下游活动）同样重视。再次，供应链重视所有有关的部门、企业、厂家和顾客（譬如顾客的顾客、供应者的供应者）。

（2）供应链管理

随着经济和流通的发展，不同的企业（厂商、批发业者和零售业者）都在进行各自的物流革新，建立相应的物流系统，其宗旨是在追求物流系统高度化的过程中，实现物流服务的差别化。但是，从商品流通所经过的整个渠道来看，由于流通渠道中各经济主体都拥有不同的物流系统，必然会在经济主体的联结点处产生矛盾与对立。在流通形式多样化的情况下，各经济主体都在构筑自己富有效率的物流体系，这种情况反映到物流渠道中，表现为各种经济立体必然会积极采取有利于自身的物流活动和流通形式，这无疑会造成经济主体间的利益冲突。例如，大规模零售业者通过自己的物流中心从事商品的调达或进货、发货业务，这样批发业者不再像原来那样向零售店铺直接配送，而是根据零售业者的指示，将商品配送到物流中心。对批发业者来讲，不仅原来的物流机能无法发挥，产生资源闲置，而且由于零售业的物流中心需要征收一定的保管、处理费用，从而又加大了批发商在经济上的负担。与此相仿的是厂商与零售业间的利益矛盾，作为零售业，特别是24小时连锁业，要求将各店铺所订的商品由本企业实行共同配送，因此，零售企业的物流系统朝着“规模经济”的方向发展。但是，与此同时，厂商的物流机能无法得到充分发挥，特别是对一些大型厂商而言，它们都拥有较完善的物流体系和设施。如果这些系统不能充分发挥作用，势必影响生产商的利益，增加机会损失。

所以，当今先进的物流企业不但与同产业的其他企业竞争，而且还与流通渠道中相联结的不同产业领域的交易对手相竞争，也就是说在围绕建立企业自身的物流系统优势的过程中，物流系统管理中的权利博弈正在广泛展开。

在物流管理中的权利博弈广泛开展的同时，需要特别关注的是企业物流发展的新方向，即提倡弥合流通渠道中企业间的矛盾，探索一种新的联盟型或合作式的物流新体系。**通过这种合作型的物流体系来实现原来不可**

能达到的物流效率，创造的成果由各参与企业共同分享。显然，这种新型的物流体系使原来流通渠道上企业物流经营从对立走向共生。

这种共生型的物流管理体制就是供应链管理。供应链管理就是在商品供给的连锁中，各企业就商品在流通过程中发生的各种管理活动加强相互间的合作，改革原来分散的物流管理方式的一种新型物流管理体制。换言之，供应链管理就是为了满足顾客的需求，在从原材料到最终产品的过程中，为了获取有效的物资运输和库存，以及高质量的服务和有效的相关信息所做的计划、操作和控制。显然，在新的体制下，各个企业不再从事个别的经营管理行为，而是在连锁中加强合作，通过信息的共有化、需求预测的共有化等，来明确物流机能的分担，实现商品运动全过程的高效率。

2. 供应链管理的主要领域和内容

(1) 供应链管理的四个主要领域

供应链管理主要涉及四个主要领域：供应（supply）、生产计划（schedule plan）、物流（logistics）、需求（demand）。供应链管理是以同步化、集成化生产计划为指导，以各种技术为支持，尤其以Internet/Intranet为依托，围绕供应、生产作业、物流（主要指制造过程）、满足需求来实施。供应链管理主要包括计划、合作、控制从供应商到用户的物料（零部件和成品等）和信息。供应链管理在于提高用户服务水平和降低总的交易成本，并且寻求两个目标之间的平衡（这两个目标往往有冲突）。

在以上四个领域的基础上，我们可以将供应链管理细分为职能领域和辅助领域。职能领域主要包括产品工程、产品技术保证、采购、生产控制、库存控制、仓储管理、分销管理，而辅助领域主要包括客户服务、制造、设计工程、会计核算、人力资源、市场营销。

(2) 供应链管理的主要内容

供应链管理关心的不仅仅是物料实体在供应链中的流动，除了企业内部与企业之间的运输问题和实物分销以外，供应链管理还包括以下主要内容：

- 战略性供应商和用户合作伙伴关系管理；

- 供应链产品需求预测和计划；
- 供应链的设计（全球节点企业、资源、设备等的评价、选择和定位）；
- 企业内部与企业之间物料供应与需求管理；
- 基于供应链管理的产品设计与制造管理、生产集成化计划、跟踪和控制；
- 基于供应链的用户服务和物流（运输、库存、包装等）管理；
- 企业间资金流管理（汇率、成本等问题）；
- 基于 Internet/Intranet 的供应链交互信息管理等。

供应链管理注重总的物流成本（从原材料到最终产成品的发生费用）与用户服务水平之间的关系，为此要把供应链各个职能部门有机地结合在一起，从而最大限度地发挥出供应链整体的力量，达到供应链企业群体获益的目的。

3. 实施供应链管理的原则和步骤

根据 Mercer 管理顾问公司的报告，有近一半接受调查的公司经理将供应链管理作为公司的 10 项大事之首。调查还发现，合理有效的供应链管理能够提高投资回报率、缩短订单履行时间和降低成本。Andersen 咨询公司提出了供应链管理的 7 项原则。

（1）根据客户所需的服务特性来划分客户群

传统意义上的市场划分基于企业自己的状况，如行业、产品、分销渠道等，然后对同一地区的客户提供相同水平的服务；供应链管理则强调根据客户的状况和需求，决定服务方式和水平。

（2）根据客户需求和企业可获利情况，设计企业的后勤网络

一家造纸公司发现两个客户群存在截然不同的服务需求：大型印刷企业允许较长的提前期，而小型的地方印刷企业则要求在 24 小时内供货。于是它建立的是 3 个大型分销中心和 46 个紧缺物品快速反应中心。

（3）倾听市场的需求信息

销售和营运计划必须监测整个供应链，以及时发出需求变化的早期警

报，并据此制订和调整计划。

(4) 时间延迟

由于市场需求的剧烈波动，而且距离客户接受最终产品和服务的时间越早，需求量预测就越不准确，因此，企业不得不维持较大的中间库存。例如一家洗涤用品企业在实施大批量客户化生产的时候，先在企业内将产品加工结束，然后在零售店才完成产品的最终包装。

(5) 与供应商建立双赢的合作策略

迫使供应商相互压价，固然能使企业在价格上有所收益；但与供应商相互协作则可以降低整个供应链的成本，企业将会获得更大的收益，而且，这种收益将是长期的。

(6) 在整个供应链领域建立信息系统

信息系统首先应该处理日常事务和电子商务。然后支持多层次的决策信息，如需求计划和资源规划。最后应该根据大部分来自企业之外的信息进行前瞻性的策略分析。

(7) 建立整个供应链的绩效考核准则

供应链的绩效考核准则应该建立在整个供应链上，而不仅仅是局部的个别企业的孤立标准，供应链的最终验收标准是客户的满意程度。

供应链管理是当前国际企业管理的重要方向，也是国内企业富有潜力的应用领域。通过业务流程重组和优化提高供应链的效率，降低生产经营成本，提高企业的竞争能力将成为国内企业步入国际化市场的必由之路。

4. 供应链管理的运营机制

供应链管理的运营机制包括合作机制、决策机制、激励机制和自律机制。

(1) 合作机制

供应链合作机制体现了战略伙伴关系和企业内外资源的集成与优化利用。基于这种企业环境的产品制造过程，从产品的研究开发到投放市场，周期大大地缩短，而且顾客导向化程度更高。模块化、简单化产品，标准化组件，使企业在多变的市场中柔性和敏捷性显著增强，虚拟制造与动态联盟提高了业务外包策略的利用程度。企业集成的范围扩展了，从原来的中低层次的内部业务流程重组上升到企业间的协作，这是一种更高级别的企业集成模式。**在这种企业关系中，市场竞争的策略最明显的变化就是基于时间的竞争和价值链及价值让渡系统管理或基于价值的供应链管理。**

（2）决策机制

由于供应链企业决策信息的来源不再仅限于一个企业内部，而是在开放的信息网络环境下，不断进行信息交换和共享，达到供应链企业同步化、集成化计划与控制的目的，而且随着 Internet/Intranet 发展成为新的企业决策支持系统，企业的决策模式将会产生很大的变化，因此处于供应链中的任何企业决策模式应该是基于 Internet/Intranet 的开放性信息环境下的群体决策模式。

（3）激励机制

归根到底，供应链管理和任何其他的管理思想一样都是要使企业在 21 世纪的竞争中在“TQCSF”上有上佳表现（T 为时间，指反应快，如提前期短、交货迅速等；Q 指质量，控制产品、工作及服务质量高；C 为成本，企业要以更少的成本获取更大的收益；S 为服务，企业要不断提高用户服务水平，提高用户满意度；F 为柔性，企业要有较好的应变能力）。缺乏均衡一致的供应链管理业绩评价指标和评价方法，是目前供应链管理研究的弱点和导致供应链管理实践效率不高的一个主要问题。为了掌握供应链管理的技术，必须建立、健全业绩评价和激励机制，使我们知道供应链管理思想在哪些方面、多大程度上给予企业改进和提高，以推动企业管理工作不断完善和提高，也使得供应链管理能够沿着正确的轨道与方向发展，真正成为能为企业管理者乐于接受和实践的新的管理模式。

（4）自律机制

自律机制要求供应链企业向行业的领头企业或最具竞争力的竞争对手看齐，不断对产品、服务和供应链业绩进行评价，并不断地改进，以使企业能保持自己的竞争力并得以持续发展。自律机制主要包括企业内部的自律、对比竞争对手的自律、对比同行企业的自律和对比领头企业的自律。

企业通过推行自律机制，可以降低成本，增加利润和销售量，更好地了解竞争对手，提高客户满意度，增加信誉，企业内部部门之间的业绩差距也可以得到缩小，提高企业的整体竞争力。

二、供应链管理中的物流管理

1. 物流管理在供应链管理中的地位

供应链管理已成为21世纪企业的核心竞争力之一，而物流管理又将成为供应链管理的核心能力的主要构成部分。

(1) 供应链管理和物流管理的区别

一般认为，供应链是物流、信息流、资金流三个流的统一，那么，物流管理很自然地成为供应链管理体系的重要组成部分。供应链管理与物流管理的区别在哪里？一般而言，供应链管理涉及制造问题和物流问题的两个方面，物流涉及的是企业的非制造领域问题。两者的主要区别表现在以下三点：

- 物流涉及原材料、零部件在企业之间的流动，而不涉及生产制造过程的活动；
- 供应链管理包括物流活动和制造活动；
- 供应链管理涉及从原材料到产品交付给最终用户的整个物流增值过程，物流涉及企业之间的价值流过程，是企业之间的衔接管理活动。

不过，物流管理在供应链管理中有着重要的作用。**我们通过价值分布考察，发现不同的行业和产品类型，供应链价值分布不同。**我们还发现，物流价值（采购和分销之和）在各类型的产品和行业中都占到了整个供应链价值的一半以上，制造价值则不到一半。而在消费品和一般工业品中，物流价值的比例更大，达80%以上。这充分说明物流的价值意义。供应链是一个价值增值过程，有效地管理好物流过程，对于提高供应链的价值增值水平，有着举足轻重的作用。

（2）物流管理在供应链管理中发挥的重要作用

从传统的观点看，物流对制造企业的生产是一种支持作用，被视为辅助的功能部门。但是，由于现代企业的生产方式的转变，即从大批量生产转向精细的准时化生产，这时的物流，包括采购与供应，都需要跟着转变运作方式，实行准时供应和准时采购等。另外，顾客需求的瞬时化，要求企业能以最快的速度把产品送到用户的手中，以提高企业快速响应市场的能力。这一切都要求企业的物流系统具有控制系统协调运作的能力，以提高供应链的敏捷性和适应性，因此，物流管理不再是传统的保证生产过程连续性的问题，而是要在供应链管理中发挥重要作用。具体表现为以下四点：

- 创造用户价值，降低用户成本；
- 协调制造活动，提高企业敏捷性；
- 提供用户服务，塑造企业形象；
- 提供信息反馈，协调供需矛盾。

要实现以上几个目标，物流系统应做到准时交货、提高交货可靠性、提高响应性、降低库存费用等。现代市场环境的变化，要求企业加速资金周转，快速传递与反馈市场信息，不断沟通生产与消费的联系，提供低成本的优质产品，以生产出满足顾客需求的“顾客化”的产品，提高用户满意度。因此，只有建立敏捷而高效的供应链物流系统才能达到提高企业竞争力的要求。

（3）供应链管理中物流管理主要解决的问题

供应链管理中的物流管理和传统企业的物流管理的意义和方法不同。由于企业的经营思想的转变，为保证供应链的企业之间运作的同步化、并行化，实现快速响应市场的目标，物流系统管理将面临一系列的转变。物流管理主要应解决以下几个方面的问题：

- 实现快速准时交货的措施问题；
- 低成本准时的物资采购供应策略问题；
- 物流信息的准确输送，信息反馈与共享问题；

- 物流系统的敏捷性和灵活性问题；
- 供需协调实现无缝供应链连接问题。

2. 供应链管理中的物流管理的新特点

由于供应链管理下物流环境的改变，新的物流管理与传统的物流管理相比有许多不同的特点。这些特点反映了供应链管理思想的要求和企业竞争的新策略。

(1) 传统物流管理的特点

在传统的物流系统中，需求信息和反馈信息（供应信息）都是逐级传递的，因此上级供应商不能及时地掌握市场信息，因而对市场的信息反馈速度比较慢，从而导致需求信息的扭曲。

另外，传统的物流系统没有从整体角度进行物流规划，常常导致一方面库存不断增加，另一方面当需求出现时又无法满足。这样，企业就会因为物流系统管理不善而丧失市场机会。康柏公司就曾因为流通渠道没有跟上而导致1亿美元的损失。康柏财务经理说，我们在制造、市场开拓、广告等方面做了大量的努力，但是物流管理没有跟上，这是最大的损失。

简言之，传统物流管理的主要特点表现在：

- 纵向一体化的物流系统；
- 不稳定的供需关系，缺乏合作；
- 资源的利用率低，没有充分利用企业的有用资源；
- 信息的利用率低，没有共享有关的需求资源，需求信息扭曲现象严重。

(2) 供应链中的物流管理的特点

和传统的纵向一体化物流模型相比，供应链管理环境下的信息的流量大大增加。需求信息和反馈信息不是逐级传递，而是网络式传递的，企业通过电子数据交换（EDI）和Internet可以很快掌握供应链上不同环节的供求信息和市场信息。因此在供应链环境下的物流系统有三种信息在系统中运行：需求信息、供应信息、共享信息。

共享信息的增加对供应链管理是非常重要的。由于可以做到共享信息，供应链上任何节点的企业都能及时地掌握到市场的需求信息和整个供应链的运行情况，每个环节的物流信息都能透明地与其他环节进行交流与共享，从而避免了需求信息的失真现象。

物流网络规划能力的增强，也反映了供应链管理环境下的物流特征。它充分利用第三方物流系统、代理运输等多种形式的运输和交货手段，降低了库存的压力和安全库存水平。

作业流程的快速重组能力极大地提高了物流系统的敏捷性。消除不增加价值的过程和时间，使供应链的物流系统进一步降低成本，为实现供应链的敏捷性、精细化运作提供了基础性保障。

对信息跟踪能力的提高使供应链物流过程更加透明化，也为实时控制物流过程提供了条件。在传统的物流系统中，许多企业有能力跟踪企业内部的物流过程，但没有能力跟踪企业之外的物流过程，这是因为没有共享的信息系统和信息反馈机制。

合作性与协调性是供应链管理的一个重要特点，但如果没有物流系统的无缝连接，运输的货物逾期未到，顾客的需要不能得到及时满足，采购的物资常常中途受阻，都会使供应链的合作性大打折扣，因此，无缝连接的供应链物流系统是使供应链获得协调运作的前提条件。

灵活的物流服务提高了用户的满意度。通过制造商和运输部门的实时信息交换，及时地把用户关于运输、包装和装卸方面的要求反映给相关部门，提高了供应链管理系统对用户个性化响应的能力。

归纳起来，供应链环境下的物流管理的特点可以用如下几个术语简要概括：

- 信息——共享；
- 过程——同步；
- 合作——互利；
- 交货——准时；
- 响应——敏捷；
- 服务——满意。

三、供应链中的分销渠道

从社会大范围的角度看，物流可以理解为所有为最终消费者提供产品和服务的活动网络，即供应网络；而供应链则是其中的一个通道，由物资分销渠道和交易渠道等统一构成。本节重点介绍和探讨贯穿于整个供应链中的分销渠道和有关绩效评估等问题。

1. 分销渠道形成与优势

当生产者和消费者之间存在大量“交换”需求时，社会中就发展产生了“分销渠道”。分销渠道可以被看作物流的“运动场”，承担着产品和服务所有权的交换。它是确定一个厂商最终成败的业务战场。分销渠道贯穿于整个供应链中，两者密切相关。**没有合理的分销渠道，就不会有高效的供应链系统和先进的物流系统。**

美国营销协会把分销渠道定义为“公司内部的组织单位和公司外部的代理和经销商、批发商与零售商的结构，通过这种结构进行产品或服务的营销活动”。这里的“营销”是一个广义概念，包括买卖、运输、存储、分类、分担市场风险、提供市场信息等。任何一个提供上述一种或多种交易功能的组织单元都是分销渠道中的一员。从定义中可以看出，分销渠道是企业或机构的集合，在从原始卖主到最终买主的营销过程中进行产品或设施的物权交换。

(1) 发展分销渠道的原因

在社会经济活动中，“分销渠道”从无到有，不断发展完善。是什么原因促使了它的出现和发展呢？直观上来看，大体如下。

其一，分销渠道中由于中间商对其代理的区域市场较为熟悉，并且拥有一批固定的客户群，能帮助厂商迅速地打开当地市场。

其二，中间商对本地客户的资信情况和投资环境更加了解，可以帮助厂商规避交易和投资风险；通过中间商还可以减少自设销售网络所必需的高昂费用，降低了整体销售成本。

其三，中间商一次性定购批量产品，因而大大减轻了厂商的压力。多种因素使得分销渠道得以稳定发展。

（2）分销渠道的优势

产品由分销渠道扩散到客户手中，具有以下几点优势：

①分销渠道减少了市场中交易的次数。在交易中，通过分销渠道的中间商（如批发商、零售商等）实现集中采购与配送，从而减少了市场中交易的次数，提高了交易的效率。专业生产商的数目越大，中间商的优势越明显。

②专业化的分销渠道设置使分销成本最小化，交易规范化。专业化是提高分销效率的最基本的驱动力。在实际业务中，某些专业企业（如第三方物流组织）因为它们能比其他企业更好地承担基本功能，从而能够把经济性引入物流过程。**同时，对交易的规范化处理可以加强渠道成员的合作，提高渠道效率。**

③分销渠道为买卖双方搜索市场资源提供了便利。在市场环境中，买方试图满足自己的消费需求，而卖方（如制造商）则想要预测并抓住这些需求信息，如果这一双向“搜索”过程能成功进行，需求信息能适时高效地流动，那么对买卖双方都是有利的。分销渠道中的中间商分别按不同的行业进行组织，并向各自的市场提供相关市场信息，从而为买卖双方提供了便利，并降低了供应链中的相关成本，如销售成本（因为充足的市场信息降低了交易次数）、运输成本、库存成本、订单处理成本、顾客服务成本等。

2. 分销渠道成员间的关系

从系统角度来看，分销渠道可以被看作参与产品和服务买卖过程中的企业构成的系统。所谓关系是指成员之间的联系方式和地位。从商业活动一开始，管理者们就关心渠道中顾客和供应商关系的发展和定位问题。从长期看，每一个渠道成员都享受着渠道成功的回报或承担失败的风险。**只有通过渠道范围内的合作，将供应链关系中的主要参与者联系在一起，营销活动和物流配送等才能顺利进行**。从这种意义上来说，渠道关系等同于供应链关系。

供应链管理的基本概念是建立在这样一种信念上的，即效率能够通过分享信息和共同计划得到提高，形成供应链的动机之一是要增加分销渠道的竞争能力。因此，各成员之间的合作是必不可少的。原因体现在以下几点。

其一，合作行为可以减少风险，提高渠道的效率。要实现高度的合作，主要的供应链参与者必须分享信息，如分享交易数据，更重要的是分享彼此的战略信息，以便渠道成员能共同计划最佳方法和采取更有效的手段来满足顾客需求。

其二，合作为排除浪费和重复活动创造了条件。例如，如果信息能分享并使用恰当的话，就能大大减少在生产线的终端与顾客之间的大量库存。

其三，在巩固和发展渠道关系的过程中，有关成员对进行功能转移、分享关键信息以及参与共同作业计划等所持的态度直接影响着渠道关系。在渠道结构中，渠道成员的专业化程度以及对特定渠道的依赖性各不相同，相应地，在渠道中的势力地位和承担的风险也不相同。如果一个零售商或批发商只为某个特定的制造商储备产品，风险就相对较大。种种迹象表明，由于保护消费者利益力量的强大，以及零售商专业化程度的提高（规模更大、市场信息完全等），渠道中举足轻重的势力已逐步从制造商转移到零售商。

3. 渠道设计

一个产品的典型分销渠道一般是从制造商起，经过批发商，最后到零售商。因为批发商在分销中的双重角色，造成分销过程的复杂程度加深：一个批发商可以把货卖给零售商，也可以卖给其他次级批发商，而分销渠道的复杂性加大了渠道设计的难度。

在渠道设计过程中，制造商、批发商和零售商都有可能起主导作用，这主要取决于三者在渠道中相应的市场力量、自身的财务优势以及与其他成员的合作关系等。**如果消费者普遍认同某一制造商的品牌和产品，那么该制造商就具有市场力量，批发零售商就会乐于销售或代理该制造商的产**

品。而如果一个零售商具有一定的规模和相当的资金优势，并拥有一定范围的顾客偏好，其在渠道结构中就具有重要影响和强大的能力。

（1）影响渠道结构的因素

在具体设计渠道结构时，管理者必须考虑以下因素。

①市场覆盖率目标。

其一，我们需要了解潜在客户群的购买动机，以便选择能最有效地实现销售功能的中间商。

其二，要选择适合不同类型产品的分销方式。对于某些低值消费品，如面包、汽水等，影响购买的首要因素是“方便易得”，所以采取密集分销的方法，在商店、超市、街头小店等场所大量分销；而对于汽车、服装、家电用品等品牌产品，为保证品牌形象和服务质量，通常采用选择性配送或独家代理的方式进行。

其三，要考虑所选中间商的物流能力和容量，是否具备所需的专用设备，以及是否具有与企业共同成长的能力等。

其四，企业需要考虑用有关方法和措施对渠道成员进行一定程度的控制，以保证产品和售后服务的质量，确保企业的长远利益。

②产品特征。分销渠道中销售的主要是产品和服务，因此，渠道设计中需要重点考虑产品特征。

一般来说，渠道的设计者需要分析产品的9种特性，分别为：

- 产品价值；
- 产品的技术特性；
- 市场对产品的认同程度；
- 产品的可替代性；
- 产品的体积；
- 产品是否容易腐烂变质；
- 产品市场集中程度；
- 产品的季节性；
- 产品系列的深度和广度，即产品系列覆盖的范围和专业化程度等。

③客户服务目标。**“客户服务”是营销组合中最重要的因素，它可以**

使产品差异化或影响产品的市场价格。客户服务是一个复杂的概念，为了在分销渠道中获得高水平的客户服务，在渠道设计中需要考虑产品的可获得性、订单处理周期、客户与制造商之间的信息沟通能力等。

④利润。渠道设计过程中，设计者可以先设计出一些渠道结构的备选方案，然后以每个方案的成本和收益（估计值）为基础，用财务会计的方法（如方案的可分配利润、边际收益等）判断哪个方案较优或最优。

（2）渠道设计的步骤

一般企业在初步设计好渠道结构后，如果企业有新产品问世，或现有的供应链不能很好地适应经营环境的变化（如顾客需求的变化、竞争态势的改变、政府规定、产品系列的更换等），无法实现其整体目标时，企业就需要重新考虑设计其渠道结构。所以说，渠道设计是一个动态调整的过程。实际设计过程中，一般分如下步骤进行：

- 建立渠道目标；
- 形成渠道战略；
- 确定渠道结构的备选方案；
- 评估渠道结构的各备选方案；
- 选择渠道结构；
- 确定各渠道成员的候选组织或机构；
- 评估并选择渠道成员；
- 测量评定渠道绩效；
- 如果渠道目标未能实现，或是出现了有创意的新渠道设计方案时，就应重新评估渠道备选方案，并重复上述第4～8步。

4. 渠道的绩效评估

一般的物流或营销的概念中，很少注重对渠道或供应链绩效的评估。因为总体来说，评估供应链的绩效是一件困难的事，供应链某些方面的绩效很难量化，难以建立一个统一的标准；同时，不同的供应链有各自的特征，很难建立一个通用的比较标准。**而在实践中，为了分析某一渠道结构的有效性，做出及时反馈，进行恰当的绩效评估又是必要的。**

渠道绩效评估一般有定性和定量两种方法。其中，定性方法包括渠道成员协作的程度，渠道成员矛盾冲突的程度以及所需信息的可获取程度等。定量方法有每单元的分销成本，履行订单的出错率以及商品的破损率等。具体的评估方法可以在实践中逐渐完善。

一般来说，采用企业目标市场顾客的满意程度来衡量渠道绩效，这包括衡量产品在店铺中的可获得性，评估客户服务是否充分，评价公司品牌形象的优势等。另外，衡量渠道结构的有效性可以包括衡量渠道成员的营业额，渠道中的竞争力量和相关问题，还应该将本公司实行某些市场功能的能力与其他渠道成员相比，以保证渠道的专业化程度。

衡量渠道的绩效没有通用的标准，企业可以根据自身的战略目标、运营环境、顾客的特殊需求等设计适合自己的标准。表 3－1 中将主要的评估标准分成三类列示，仅供参考。

表 3－1 分销渠道绩效评估标准

顾客服务	宏观－生产率	微观－生产率
库存补充速度	物流成本占销售额的百分比	单位仓储成本
订单完成百分率	运输成本占销售额的百分比	库存破损率
运送提前期	累计库存成本	运输成本/吨·公里
订单/运货单/票据错误率	定期补充的库存量	回程空载率

第四章

物流中心与信息管理

物流中心是物流的枢纽，在物流管理中具有重要的作用。物流信息在国际化、多样化、高速化、大市场等经营环境下，是物流管理的基础，企业如无物流信息将无法生存。本章重点阐述物流中心的内涵、作用、布局与设计，物流信息的性质、特征、组成和作用，物流信息的收集方法及整理，物流信息系统的特性、内容、功能、设计，物流信息系统在新世纪的发展方向等问题。

一、物流中心的内涵和作用

1. 物流中心与商贸中心的关系

现代化物流条件下，广义的物流中心是指集交通运输、库存、流通加工、包装为一体的中心城市。狭义的物流中心指设在中心城市、交通枢纽或商品集散地以专门组织商品实体流通为职能，以商品转运、存储、流通加工、分类包装、配送、传递物流信息为业务范围的企业或物流据点。

准确把握物流中心的含义及其在物资流通中的地位与功能，必须把物流中心和商贸中心区别开来。**物流中心和商贸中心都是商品交换发展的产物，是进一步扩大商品流通不可缺少的重要条件**。两者有一定的联系，也有明显的区别。物流中心和商贸中心的区别，首先表现在业务范围不同。物流中心的基本业务是：承办各地过境物资的中转、库存、发运，组织合理运输，进行经济合理的流通加工，为用户开展物资配送，收集、处理、传递商贸物流信息。而商贸中心的基本业务是：同生产企业开展展销、联销、经销；开展代购、代销、托运、函购信托；开辟多种流通渠道、实行多种经营方式，可批发、零售，可现货交易，可期货交易；收集、处理、传递商品交易信息，进行市场调查、预测预报，开展信息咨询服务。由此可见，商贸中心是以产需连接和购销活动为主的商流组织形式，而物流中心则是以商品实体的物理移动为主的物流组织形式。其次，从交换的内容看，商贸中心是货币价值和有形商品价值的交换，而物流中心是无形劳务价值同货币价值的交换。再次，从交换的方式看，商贸中心的交换是交换双方（或三方）在同一时间、同一地点完成的，而物流中心的交换，则需要在不同的时间、不同的地点才能完成。

商贸中心和物流中心的联系表现在：一方面，物流中心是商贸中心存在的基础。商品交换的最终目的是实现商品使用价值的交换，可以说，价值的交换只是使用价值交换的手段。如果不能实现商品实体的移动，商流中价值的转移则不能顺利进行下去。物流中心的布局与设计的合理与否，物流设施是否配套齐全，都直接影响物资实体的流转，从而影响商贸中心的资金周转和经营成果。因此，商贸中心的业务开展在一定程度上受到物流中心的制约，商贸中心的形成要以物流中心的形成为基础。另一方面，物流中心要以商贸中心为依托。物流要以商流为前提，在商品经济社会中，没有商流的物流是极少的，商品价值的交换为物流劳务的交换提出了需求。物流中心只有以商贸中心为依托才能进一步发展扩大。因此，物流中心的经营必须方便购销，为商贸中心的经营提供优质服务。

2. 物流中心是物流的枢纽

物流中心是物流的枢纽，在物流管理中具有多种重要作用。

第一，有利于节约流通时间，提高生产企业经济效益。物流中心以自身优势承担了生产企业的某些流通性活动，有利于生产企业减少流通时间，节约流通费用，加快资金周转，提高经济效益。

第二，集中储备，提高物流调节水平。由于物流中心都有一定的库存能力，由物流中心集中储备，既可提高库存设施的利用率，降低库存成本，又便于进行产、供、销的调节，从而提高物流的经济效益和社会效益。

第三，实现有效衔接，加快物流速度。一是衔接不同的运输方式。通过散装整车转运、集装箱运输等，减少装卸次数、暂存时间，既可加快物流速度，又可降低货物破损率。二是衔接不同的包装。物流中心根据运输和销售的需要变换包装重量、方式，可以免除用户大量接货增加库存和反复倒装之苦。三是衔接产需数量差异。产需之间不仅有时间、空间的差异，而且有数量的差异。**物流中心既可以通过集货，积少成多，大批量供货；还可分货，即以大分小，分散供应**。解决产需数量间的矛盾，有利于资源开发利用，活跃市场，满足各种形式的生产和需求。

第四，有利于物流信息的收集、处理和反馈。物流中心不仅是实物的集聚中心，而且是信息的汇集中心。由于物流中心连接产、供、销，辐射面广，具有很强的信息汇集功能，因此它可以通过大量信息的收集、整理、快速反馈，为商品的流通提供决策依据，对物流起到指挥监测作用。

第五，有利于提高物流现代化水平。物流中心是人、财、物的聚集实体，资金雄厚，有利于进一步改善物流设施，提高物流技术和管理水平，加快物流的现代化建设。

3. 物流中心的类型

物流中心按其主要功能可分为六类。

一是集货中心。将零星货物集中成批量货物称为“集货”，主要起集货作用的物流中心，即集货中心。集货中心一般设置在小型企业比较集中的农村或集镇，收集企业和农民分散生产、包装程度较低或不包装的小批量或零星产品，经过分级、分选、除杂、精制等简单的或复杂的加工；或按不同加工要求进行批量较大的包装；或进行存储，使原来分散的、规格质量混杂，不便进行运输和销售的货物形成批量运输，以降低运输成本，方便销售。**集货中心一般拥有计量、质检仪器，以及加工、分类、存储、包装、装卸、运输设备。**

二是分货中心。分货中心是和集货中心相对应的专门或主要从事分货工作的物流中心。它的主要功能是将大批量、大包装运进的货物，按销售要求进行分装加工，形成小的销售批发起点，再转运出去。分货中心一般设在交通枢纽站、港、场或城市。分货中心应有如专用线、站台之类的接货设施和大型的装卸设备，以及分货、分装设备，包装、运输机具。

三是配送中心。指专门从事配送工作的物流中心，是最典型、最高形态的物流中心。配送中心要有存储设施、配货场地，有诸如皮带输送机、辊道输送机、滑槽之类的传送装置，有如光电识别机构、识码器、传感装置等货物识别装置，有如叉车之类的装卸设备，有如棚式、厢式、翼型、后部卷帘式等配送用特种车辆。

四是转运中心，又称转运站、转运终端。是以专门承担货物的卡车—卡车、卡车—火车、火车—轮船、卡车—飞机、轮船—火车等不同运输方式的转运任务的物流中心。可分为卡车转运中心、火车转运中心以及综合转运中心。

五是储调中心。以储备为主要任务的物流中心，即仓库。

六是加工中心。以流通加工为主要任务的物流中心。一种设在靠近生产地区的地点，以运输、存储加工为主；另一种设在靠近消费地区的地点，以销售服务为主。加工中心除具有加工设备外，还应有一定的储运、装卸、包装设备。

二、物流中心的布局与设计

1. 物流中心布局模式

（1）辐射型或吸收型

按物流中心发挥作用的范围和形式，物流中心的布局可有以下几种模式。**物流中心位于许多用户的居中位置，较多为配货或集货中心**。这种布局一般是在用户相对集中的经济区域，以单向物流为主，其始端或终端和主干运输线形成一个转运站（如图 4－1、图 4－2 所示）。

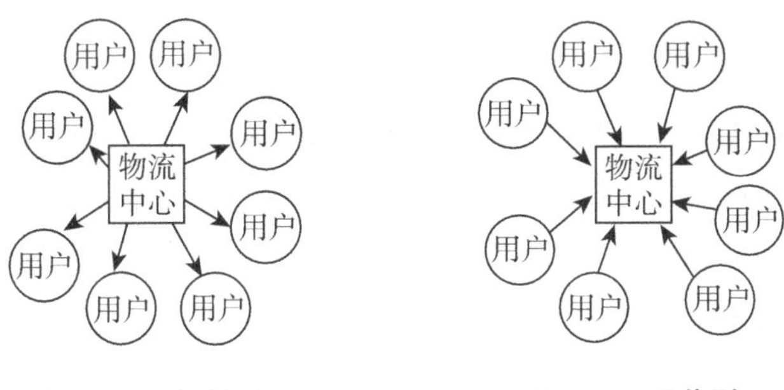

图 4－1　辐射型　　图 4－2　吸收型

（2）聚集型

适用于经济区域内用户十分密集或受其他条件如交通、土地等限制的情况下，不可能在经济区域内建立物流中心时，可在尽可能靠近用户的地区设置若干个物流中心，实行区域分工，联合服务（如图 4－3 所示）。

（3）扇型

当经济区域的产品有一定的流向时，物流中心设在干线中途或终端，使物流中心的辐射方向与产品在干线上的运动方向一致（如图 4－4 所示）

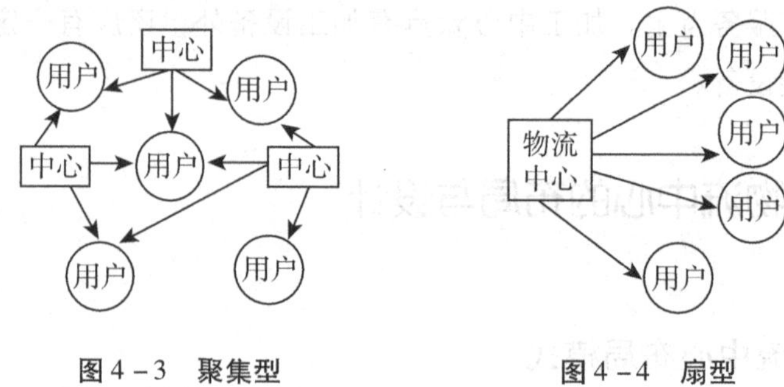

图4－3　聚集型　　　　图4－4　扇型

2. 物流中心网络布局模式

所谓物流中心网络，即多个物流中心实行科学布局、合理分工、有机衔接而组成的物流网络体系。**建立物流中心网络，就是要确定各个物流中心在网络中的宏观位置及其具体的任务和规模。**物流中心网络布局一般有以下两种模式。

（1）团式分布模式

团式分布模式根据在各个物流中心辐射圈内大体一致的物流需求，按照用户到物流中心的运输以短距离运输为主的特点，以六边形的图式规划出每个物流中心的服务范围，由此形成由大、中、小相互衔接的物流中心组合而成的辐射服务圈（如图4－5所示）。

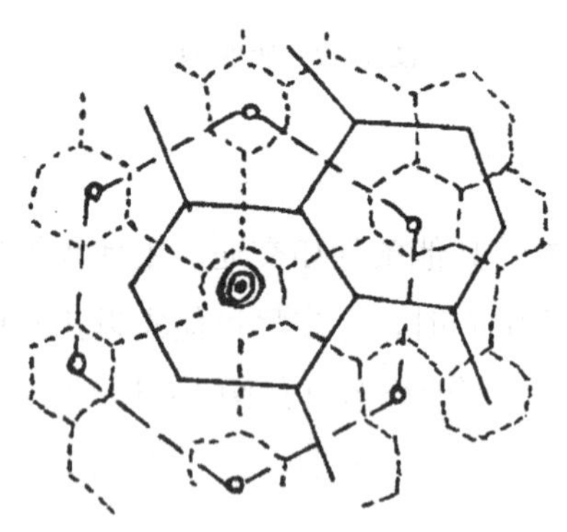

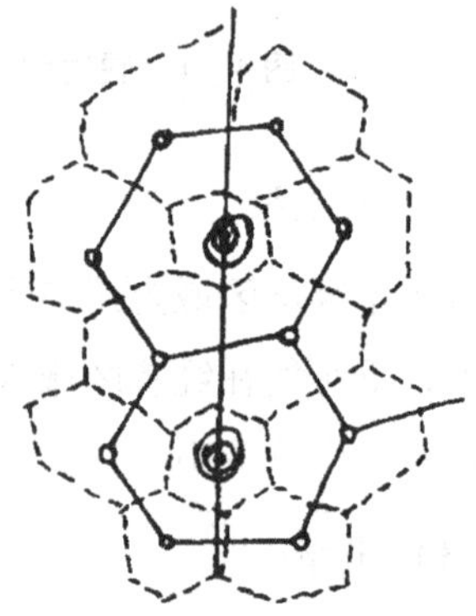

图4－5　团式分布模式　　　　图4－6　链式分布模式

图中：⊙代表大型物流中心；○代表中型物流中心；·代表小型物流中心

（2）链式分布模式

链式分布模式以交通便利为主要根据，以快速物流为出发点，依托铁路、主要公路干线布局物流中心，形成一个链状的辐射网（如图4－6所示）。

需要注意的是，无论是物流中心的布局还是物流中心网络的布局采取哪种模式，都必须贯彻等级合理、市场最优和交通最优三个原则。所谓等级合理，是指在确定各个物流中心的规模时，要充分考虑到该物流中心在网络中的地位、作用，合理规划，形成有序的等级结构。所谓市场最优，是指从服务范围最大的要求出发，上一等级的物流中心不仅能满足本辐射圈内用户的服务要求，而且能为下一个等级的物流中心提供有效的支持。所谓交通最优，是指物流中心和物流中心网络在布局时，要把交通便利作为首要因素，既要和交通干线相衔接，又要避开繁华的街道和交通最繁忙的地段。

3. 物流中心优化设计的因素

进行物流中心的设计时一般要考虑以下因素。

（1）物流量的大小

物流量是确定物流中心规模大小的首要因素。规模大可利用规模效益来降低单位物流成本，但一旦物流服务需求变小时，会造成设备闲置，反而使单位物流成本增加。因此，在确定设计规模时，要对物流中心服务辐射范围内的需求量变化做出科学的预测，做到既留有发展余地，又避免不必要的投资浪费。

（2）物流技术的经济适用性

利用先进的物流技术是降低物流成本、提高经济效益和保证物流服务水平的根本出路，但也不能片面追求技术设备的先进性。从经济效益的角度讲，技术设备并非越先进越好，而是要根据物流中心的规模、服务需要，坚持经济上合理、技术上实用、生产上可行的原则。具体地说，应考虑这样几个因素：一是技术设备的生产率。设备的生产率即设备的功率或效率。选择技术设备时必须使设备的生产率与企业的生产任务相适应。二是技术设备的可靠性。技术设备的可靠性就是设备的性能或精度的保持性、运行的稳定性。这是提高设备的生产率、保证物流服务质量的物质基础。三是设备的维修性。维修性是指系统、设备及其零部件所具有的易于维修的程度和性能。设备易于检修，便于拆卸，互换性好，就能大大缩短维修时间，提高利用率，降低维修费用。与此同时还应考虑生产厂家对配件的供应情况和提供维修服务的可能性。四是设备的节能性。物流是一种能耗较大的生产性活动。因此在选用技术设备时一定要考虑技术设备节约能源的能力。技术设备节能性好，就可以大幅度降低物流费用。五是技术设备的配套性。设备的配套性主要是指主机和辅机、整机和零配件、进口部件和国产部件的匹配性。另外，还要特别注意与未来出现的新技术、新设备嫁接的可能性和匹配程度，以便最大限度地降低技术设备无形磨损所带来的经济损失。六是技术设备的经济性。技术设备的经济性是选择技术设备时将一次性投资的购置费用、使用费用、维修费用及生产效率统筹兼顾，进行全面权衡的一种综合性指标。

（3）能力弹性

物流中心是一种服务性企业，流体、流量和流速都会随着经济形势的变化出现较大的波动。物流中心要达到一定的服务水平，就必须对这种波动有足够的容纳能力。因此，**在设计进出能力、加工能力、存储能力、输送能力时要有一定的弹性。**

（4）环境条件

物流中心作为一种既拥有相当数量固定性生产设施，又必须占用一定土地的生产实体，涉及相当大的空间。在设计时不能不考虑所处空间位置特定的自然环境和人文环境的限制。如设计日货物吞吐量时必须小于交通道路、路口允许通过的最低数量，即交通道路允许通过的最低量减去其他系统分配的通过量后剩余的允许通过量，才是物流中心允许通过量。还应考虑车辆最大载重吨位与桥梁允许最大承载量；占地面积、建筑高度、产生的噪音与周围环境的允许限度等。

（5）贯彻标准化原则

物流中心的规模无论大小，技术先进程度无论高低，在设计时必须采用标准化成果，如运输车辆、建筑模数、存储设备、搬运机械不仅在本中心内要匹配，而且要和社会上已形成的标准系统相匹配，还要和其他物流中心相衔接。**只有这样才能便于机械作业、直达运输、减少装卸次数，提高物流效率，降低物流费用**。同时为物流的社会化专业化发展奠定基础。

4. 新型的物流中心

(1) 物流中心发展的主要趋势

现代物流中心内在体系的建设是随流通系统中的商品品种少量化、多频度、小单位化发展以及 JIT（及时管理方式，Just-In-Time，简称 JIT）等新型生产、流通体制的进化演变而来的，可以说，流通系统中的种种变革带来了物流中心机能上的重大变化。具体来看，随着商品多品种化发展，商品保管、在库的数目增加，管理日益复杂，在这种状况下如果没有合理、有效的管理制度就极易造成商品售卖残留品增多。同样，配送多频度、少量化的发展，使得以整箱为单位的商品输送减少；相反，小件商品的配送将增加，这种发展趋势无疑使商品备货、包装等作业烦琐化。除此之外，JIT 制度的实施十分严格地要求缩短订货到发货之间的周期，并且实施防止断货发生的商品在库管理，同时能在较短时期内迅速应对订发货、备货、分拣和配送业务，进而要求有很严格的商品包装、贴付等流通加工机能。上述种种对现代物流的要求都促进企业从战略的角度看待物流，或者说**建立信息化、自动化、机械化、高度化的物流中心是现代企业发展物流中心的主要趋势。**

(2) 新型物流中心的特点

在信息化、自动化、机械化和高度化物流中心的建设中，一个最重要的问题是这种物流中心对哪些经济主体来说是最佳的物流系统，以及物流中心的业务实际上由谁来运营。首先就前一个问题而言，原来在组建物流中心时考虑的是如果物流中心对企业自身有益，那么该中心的建设将是合理的。但是，从现代物流管理以及供应链管理的角度看，企业个体的最优物流系统不一定是产销供应链全体的最优系统；供应链全体的最优物流中心系统将是相互协作，物流、信息流相互融合的物流体系，显然，这是单个物流中心所无法实现的。也就是说，现代新型的物流系统需要产销供应链上的各个企业从商品流动的全过程来考虑物流中心的建设，以便实现物流中心的联动化发展。分析在生产、流通、消费整个商品流动全过程中物流中心的分布状况，不难看出存在着不同形式。多种多样的物流中心联结方式中，究竟哪种联结方式最为有效，以及各物流中心应当拥有多少存库量，这就需要结合各供应链管理的实际情况以及商品的流通特性而定。总之，物流中心的建设应当从流通全过程的绩效来衡量，视其是否有利于各个商品流通参与方的利益而定。正因为如此，在建立发展物流中心时不仅要分析物流中心对本企业的作用和益处，以及系统硬件上的现代化程度，同时还应该充分考虑该物流中心的独特机能，对其他企业所能发挥的作用和绩效，是否符合产业布局的合理化要求以及在库水平高低等因素，可以说，这是新型物流中心的一个根本特征之一。

另外，从物流中心业务的实际运作来讲，以前的物流中心是企业自己购买土地，自己建设，自己运营；而现代物流中心则更多的是企业租赁来的，亦即企业并不拥有物流中心的产权，而是通过向外部专业物流商租赁物流中心，并委托管理全部物流业务，借助于物流的共同化行为，来实现企业的经营绩效。此外，从事物流管理业务时，也并不仅仅局限于一个企业的资源，而是灵活运用其他企业的资源，保证业务活动的效率。

综上所述，我们可以看出新型物流中心的特点是，在对应物流信息化、自动化、机械化、高度化发展的过程中，从供应链管理的观点寻求物流系统的全体最优，并且通过灵活运用外部委托或共同配送，在充分考虑经济可持续发展的前提下，实现流通产业和社会的最大绩效。

三、物流信息的收集与传递

1. 物流信息的性质、特征及组成

（1）物流信息的性质

信息是客观存在的，一切事物运动过程中，通过物质载体所发生的消

息、情报、指令、数据、信号等所包含的一切可以传递和交换的知识内容就是信息。不同的物质和事物有不同的特征，不同特征要通过一定的物质形式，产生不同的消息、情报、指令、数据、信号。

物流信息就是物流活动所必需的信息，即由物流引起并能反映物流活动实际和特征的、可被人们接受和理解的各种消息、情报、文书、资料、数据等的总称。**物流信息不仅对物流活动具有支持、保证的功能，而且具有联结整合整个供应链和使整个供应链活动效率最优化的功能。**这些功能，使得物流信息在现代企业经营战略中占有越来越重要的地位。

物流信息具有一般信息的性质。

①真实性。真实性是信息的首要和最基本的特征。事实是信息的价值中心。信息价值的大小，关键在于是否符合事物的本来面目。一份不真实的信息，不仅不会给人们带来任何好处，反而会造成巨大损失，其价值为负。

②滞后性。信息虽然是关于环境事实的知识，但事实与信息两者毕竟是不相同的。从时间上讲，信息总是落后于事实。同时，信息是有寿命的，而且随时间的推移，信息的衰老性越强，可利用的价值就越低。因此，人们要求信息的传送越快越好，否则会使具有一定实用价值的信息变成毫无价值的消息。

③不完全性。因为客观的事实常常不能被人们全部认识和全部得到，所以它具有不完全的性质。信息的不完全是经常的、大量的、绝对的，这就更要求人们尽量把信息收集得全面一些，说明得更具体一些。

（2）物流信息的特征

①信息量大。物流信息随着物流活动以及商品交易活动的展开而大量产生。多品种、少量生产和多频度、小数量配送使库存、运输等物流活动的信息大量增加。零售商广泛应用 POS 系统读取销售时点的商品品种、价格、数量等即时销售信息，并对这些销售信息进行加工整理，通过 EDI 向相关企业传送。同时为了使库存补充作业合理化，许多企业采用 EOS 系统。随着企业间合作倾向的增强和信息技术的发展，物流信息的信息量在今后将会越来越大。

②更新快。物流信息的更新速度快。多品种、少量生产，多频度、小

数量配送，利用 POS 系统的即时销售使得各种作业活动频繁发生，从而要求物流信息不断更新，而且更新的速度越来越快。

③来源多样化。物流信息不仅包括企业内部的物流信息（如生产信息、库存信息等），而且包括企业间的物流信息和与物流活动有关的基础设施的信息。企业竞争优势的获得需要供应链各个参与企业之间相互协调合作。协调合作的手段之一是信息即时交换和共享。许多企业把物流信息标准化和格式化，利用 EDI 在相关企业间进行传送，实现信息分享。另外，物流活动往往利用道路、港湾、机场等基础设施。因此为了高效率地完成物流活动，必须掌握与基础设施有关的信息，如在国际物流过程中必须掌握报关所需信息、港湾作业信息等。

（3）物流信息的组成

物流信息一般由以下两部分组成。

①物流系统内信息。它是伴随物流活动而产生的信息，包括物料流转信息、物流作业层信息、物流控制层信息和物流管理层信息。

②物流系统外信息。它是在物流活动以外产生，但提供给物流活动使用的信息，包括供货人信息、顾客信息、订货合同信息、交通运输信息、市场信息、政策信息，还有来自企业内生产、财务等部门的与物流有关的信息。

2. 物流信息的作用

物流信息在物流系统化管理中具有很重要的地位和作用。

（1）物流信息是物流管理决策的前提和基础

物流管理中要想保证决策的科学性，首要条件是对决策对象及其相关因素的状况和变化有一个全面准确的了解，只有这样，才能运筹自如，提高决策的效率，避免“瞎指挥”。例如，在库存管理中，何时进货、进多少货、从哪里进货，必须在对库存量、进货渠道、物资价格、物资需求等因素的现状和变化趋势全面准确了解之后才能做出正确的决策。**而要做到对情况了如指掌的唯一有效途径，就是及时掌握大量的信息资料。**

（2）物流信息是实现物流决策目标的重要保证

任何一个物流决策的执行必然要牵涉到许多部门和环节，物流信息在这些部门和环节之间的传递与反馈能发挥沟通和联系功能，化解矛盾，排除障碍，使各部门、各环节的活动按照决策指定的目标方向协调运行。

（3）物流信息是提高物流企业经济效益的重要条件

社会主义市场经济体制的建立，使我国物流企业的经营模式发生了根本性的转变，企业的生存与发展完全取决于适应市场变化能力的强弱。市场经济是一个信息化了的经济。及时捕捉一条信息就可能带来一笔经济效益可观的物流业务，忽视一条信息也可能就失去一次良好的发展机遇。一个物流企业如果不善于捕捉大到有关国民经济发展趋势、商流变化、物流市场供求变化、竞争对手经营状况，小到一条公路、一座桥梁的修建方方面面的物流信息，就如同一艘不知风向风力，不知航道深浅，不知方位的轮船一样，迟早会沉没。

3. 物流信息收集与传递的方式

（1）电子数据交换（EDI）

一个组织要建立自己的物流信息系统，需要从各种渠道获得大量信息，这些信息如何进入组织的信息系统呢？尤其是关于供应商、客户及产品的信息，是手工输入、磁盘拷贝，还是网络传输？如顾客的订货信息，是选择先传真后手工输入，还是直接通过网络传输进入公司的信息系统？人们发现至少有75%的商务信息重复使用，如果采用手工输入的方式，则对重复使用的信息再次输入，不仅多耗人力、财力，效率低下，而且会产生10%的失误率；而选择网络传输，避免了人工介入，不仅能迅速地传输大量准确的信息，而且大大降低了运营费用和失误率。**EDI是最早为工商企业采用而且目前仍被广泛使用的一种网络传输方式。**

①EDI的定义。EDI就是标准商业文件在企业的计算机系统间的直接传输。关于对这个定义有三点需要注意。

其一，传输的内容是标准的商业文件，并且采用标准格式，如采购文件、订货文件、发票、电子支付转移（EFT）、运输文件、订货状态报告文件等，而其他一些非标准的、自由格式的通过电子邮件（E-mail）传输的文件不适合 EDI 定义。

其二，文件是在组织间传输，不适合组织与个人、个人与个人之间的信息传输。

其三，文件是在计算机系统间的直接传输，至于通过电话、传真或电子邮件传输后的间接传输也不适合 EDI 定义。

实施 EDI 的潜在益处很多。最主要的益处是减少了公司文档方面的工作，提高了数据传输速度和准确性，使领导层把更多精力集中在战略决策方面。同时，实施 EDI 能降低运营成本。此外，由于实施 EDI 提高了数据传输速度和准确性，扩大了信息含量，缩短了订货采购提前期，使得库存水平降低，大大地降低了库存费用。

②EDI 标准。美国是 EDI 的发源地。20 世纪 70 年代初期，美国的一些公司从提高事务处理效率，从而提高竞争力的目的出发，开始在公司与公司之间交换电子数据。随着使用电子交换数据的公司越来越多，人们发现各个系统互不相容，系统内的组织和系统外的组织无法进行电子数据交换，于是需要有一种共同的交流标准。现行的各种 EDI 标准就是共同的交流标准和数据交换的翻译，它使得遵循这一标准的企业与组织能进行电子数据交换。发送方在自己的计算机系统中输入商业文件，然后通过对照转换成平台文件，再通过翻译形成标准文件，对标准文件加封后传输；接收方收到加封文件后解封，变成标准文件，再翻译成平台文件，然后通过对照形成用户文件。

EDI 的标准有许多，广泛应用的有 ANSI X12 和 UN/EDIFACT，其中 ANSI X12 是由美国国家标准委员会制定并颁布实施的，而 UN/EDIFACT（EDI for administration commerce and transport）是由欧洲贸易委员会制定并颁布实施的，是目前在国际上应用最广泛的 EDI 标准，我国也已加入了“亚洲 EDIFACT 理事会”。另外还有一些行业 EDI 标准，如食品行业、汽车行业、零售行业等。

③EDI 系统的类型。到目前为止，使用最多的 EDI 系统主要有两种：单对多系统和价值增值系统。

单对多系统中的“单”往往是大型的制造商、大型零售商。其优点是系统的拥有者具有控制整个系统的能力，缺点是系统的建立、管理及维护费用很高。

价值增值系统（Value-added Network，VAN），或称第三方系统，是目前最受欢迎的 EDI 系统。在这个系统中，所有的顾客、供货商信息都经过第三方系统。同单对多系统相比，价值增值系统的优点如下。

一是不同时性，在使用单对多系统时，只有在发送方与接收方同时处于开机状态时，信息的传输才能完成。而价值增值系统则不同，它为每个接收方准备了一个邮件箱（Mailbox），第三方把发送方的信息转到相应接收方的邮件箱中，因此，接收方可以随时查看自己的信箱。

二是价值增值系统向用户提供了一些易学易用的应用系统，就相对复杂的 EDI 标准而言，可以降低用户的启动费用，减少培训费用。

三是用户选择面广，在价值增值系统中，有许多供货商或客户以供选择。

四是价值增值系统包含单对多系统，一个顾客多个供货商系统一样可以通过 VAN 来完成，而且用户不必花费大量资金来管理和维护 EDI 系统。

④EDI 在互联网时代的发展。实施 EDI 存在的最大问题仍然是启动费用和运营费用偏高。建立 EDI 系统需要大量的资金，运行 EDI 需要专线连接，文件格式是专门的标准文件格式，这一切都不利于 EDI 的发展。信息技术和互联网的发展为 EDI 带来新的发展机遇。目前提出的发展方案主要有两种：一是在互联网上实施 EDI 代替通过价值增值系统实施 EDI，二是实施互联网上的电子商务取代 EDI。

（2）条形码与 POS 系统

条形码和 POS 系统是信息收集的重要工具。

①条形码的产生。条形码的产生可以追溯到 20 世纪四五十年代，当时就有人发明了用相间的彩色条纹来标记食品和其他一些物品的方法。随着信息技术飞速发展，尤其是微型计算机在工商领域的普及应用，条形码技术得到了广泛的应用和进一步的发展。**普通消费者最熟悉的应用条形码技术领域是零售商场。**当一个商场的规模还较小时，商品品种数量不多，采用手工编码，大概有 3 ~4 位数也就够了，在销售登录时，商场收款员输入 3 ~4 位数也很迅速。但是随着商场的规模不断扩大，许多大型或超大型商

场中的商品品种已逾万种，再考虑到管理上的其他需要，如区分该品种的颜色、部门、经销、代销、批发、零售等，商品码的位数将达到10～15位，如果让收款员直接输入代码进行销售登录，不仅大大地增加了工作量，增加了登录成本，降低了登录速度，而且产生错误的机会也特别大。条形码技术被引入到商品编码、销售登录后，不论是在速度、费用还是出错率方面，都取得了不可比拟的优势（见表4－1）。

表4－1

输入方式	速　度[1]	出　错　率	费　用
键盘输入	6秒	1/300	高
条码输入	0.3～2秒	1/15 000～36 000 000 000	低

[1] 假设输入的为12位数码。

②条形码简介。条形码就是一种用光电扫描阅读设备识读并实现数据输入计算机的特殊代码。目前主要有两种条形码：一维条形码和二维条形码。

一维条形码就是由一组黑白（彩色）相间的条与空组成的图形。

通常，称黑色条为“条”，白色条为“空”。事实上，条和空也可以为其他颜色，但它们对光的反射率应该有一定的差别，因为在进行条码识别时，要将它们对光扫描时产生的反射光强度变为电脉冲信号，再转为二进制数，输入计算机系统中。

一维条码的结构一般包括：两侧空白区、起始符、数据符、校验符（可选）和结束符。EAN－13码还有一个特殊的标志，即位于条形码中间的一个分割符，把条形码分成左右两部分，两部分各有不同的编码规则，空白区位于条码的两侧，没有任何符号，作用是提示阅读器准备扫描条码字符；起始符就是条码的第一位字符，阅读器首先确定此字符的存在，然后获得一系列的电脉冲；数据符代表一定信息的条码字符；校验符是通过对数字符进行运算得到的。

目前在世界上应用的条形码制有许多种，应用范围最广的主要是URC条形码和EAN－13条形码。UPC条形码是由美国统一代码委员会制定的一种条形码，由12位数据组成，第一位代表国别，接下来的五位代表制造商，接下来五位代表产品，最后一位是校验码。EAN－13 码由欧洲编码委员会编制，由 13 位数据组成，前两位数（或三位数）代表国别，接下来的五位数（或四位数）代表制造商，接下来的五位数代表产品，最后一位数为校验码。我国制定的通用商品条码结构与 EAN－13 码结构相同。

如果说一维条形码是商品的身份证，二维条形码则是商品便携的数据库。二维条形码是由一种“点单元”组成的图形。这些点单元最小可以做到 0.254 mm^2，最大则可以做到 355.6 mm^2。由这些点单元组成的条形码符号（最小可以做到 32.75 mm^2）最多可以表示 2 000 个字节，用它来表示商品时，一个符号可以把商品的所有属性表示出来，并且保密性极好，误读率更低，当然，对条形码制作设备及阅读设备的要求更高。

③条形码标签制作和阅读设备。条形码标签作为一种不同于常规印刷品的新型符号式印刷品，是一种供机器识别的光学符号。通常，对它的制作有严格的技术和检测要求。**现在制作条形码标签的方法主要有两种：印刷方法和打印方法。**

条形码阅读设备很多，从物理原理看，主要有光笔扫描器、激光扫描器和手持式 CCD 扫描器三种。光笔扫描器是一种接触式扫描器，优点是价格便宜；缺点是接触性扫描，对条形码标签有损伤作用，而且其首读率（对一组标准识别对象进行识别时的一次性成功率）和误码率（多次识别时出现误识别的统计概率）都难以满足要求。手持式 CCD 扫描器是运用成像技术来实现光电转换的，没有机械移动部件，是非接触性扫描，且对所成的像进行多次的光电信号转换，使得发生错误的概率很低。目前，这种扫描器价格越来越低，性能变得越来越好，是性能价格比较高的一种扫描器。**激光扫描器是性能最好的一种扫描器，它可以从各个角度，远距离扫描。**

④POS 系统。POS，来自于英文 point-of-sale 三个单词的词头，即销售时点。POS 通常被视为是拥有自动信息识别和处理能力的销售时点管理系统。通过销售商品时对商品条形码的扫描，把销售的商品的相关信息立即输入后台的 MIS（管理信息系统）中，进而把相应的信息传输给相应的合作伙伴。这套系统使得制造商能尽快地了解其产品的销售信息，追踪顾客的需求趋势，从而更准确地做好预测，降低库存水平，缩短订货提前期，最终提高整个供应链的效率。

四、建立有效的物流信息系统

1. 物流信息系统的特性与内容

所谓物流信息系统是指提供物流活动所需信息的一种有机整体，是对物流所需要的信息进行收集、加工、传递、存贮、利用等的总和。

(1) 物流信息系统的特性

具体来说，物流信息系统具有以下特性。

①以流通为自己的环境。物流信息系统以流通为自己的环境，这就决定了物流信息的输入来自环境，输出也是为环境服务的。

②处在传递的动态之中。物流信息系统是由物流信息收集、加工、传递、提供、存贮等一系列相互联系的不同阶段组成的。物流信息系统总是处在物流信息不断传递的动态之中。

物流活动对物流信息系统提出了及时、准确、适用、经济的要求。

(2) 物流信息系统的内容

关于物流信息系统的内容，让我们以批发业为例加以说明。

物流信息系统在批发业主要服务于销售物流。包括接受订货系统、订货系统、收货系统、库存管理系统、发货系统和配送系统。

①接受订货系统。办理接受订货手续是交易活动的始发点，所有物流活动均从接受订货开始。为了迅速准确地将商品送到，必须准确迅速地办理接受订货的各种手续。接受订货系统是办理从零售商处接受订单、准备货物、明确交货时间、交货期限、剩余货物管理等的系统。

②订货系统。订货系统是与接受订货系统、库存管理系统互动，库存不足时应防止缺货，在库存过多或库存不合理时，根据订货劝告，适时适量地调整订货的系统。

③收货系统。收货系统是指根据收货预定信息，对收到的货物进行检验，与订货要求核对无误之后，计入库存、指定货位等的收货管理系统。

④库存管理系统。批发业应正确把握商品库存，对于制订恰当的采购

计划、接受订货计划、收货计划和发货计划是必不可少的，所以库存管理系统乃是物流信息的中心。

对保存在物流中心内的商品进行实际管理、指定货位和调整库存的系统叫库存管理系统。

⑤发货系统。如何通过迅速、准确的发货安排，将商品送到顾客手中，是物流系统需要解决的主要课题。发货系统是一种与接受订货系统、库存管理系统互动，向保管场所发出拣选指令或根据不同的配送方向进行分类的系统。

⑥配送系统。降低成本对于高效率的配送计划来说是非常重要的。配送系统是将商品按配送方向进行分类，制订车辆调配计划和配送路线计划的系统。

(3) 物流信息系统解决的问题

- 缩短从接受订货到发货的时间；
- 库存适量化（压缩库存并防止脱销）；
- 提高搬运作业效率；
- 提高运输效率；
- 使接受订货和发出订货更为省力；
- 提高接受订货和发出订货精度；
- 防止发货、配送出现差错；
- 调整需求和供给；
- 回答信息咨询。

物流信息系统建立的目的就是要解决好上述这些问题。所有这一切的目的，都是提高对顾客的服务水准和降低物流总成本。

需要注意的是，提高服务和降低物流总成本之间存在“效益背反”关系。物流信息系统起着控制物流各种机能并加以协调的作用。

2. 物流信息系统的功能

物流系统的不同阶段和不同层次之间通过信息紧密地联系在一起，因而在物流系统中，总存在着对物流信息进行采集、传输、贮存、处理、显示和分析的物流信息系统。它的基本功能可以归纳为以下几个方面（如图4－7所示）。

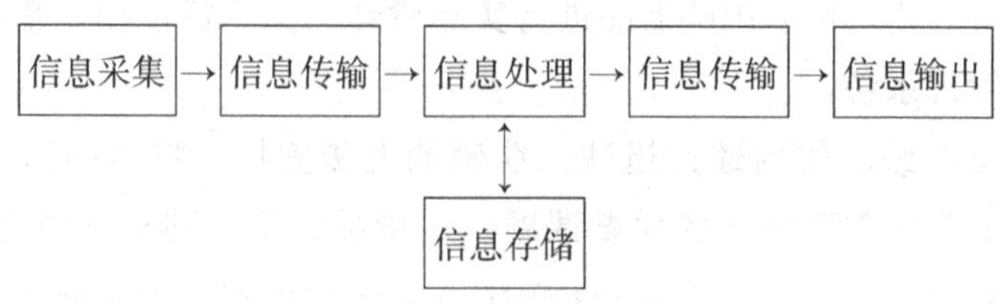

图4－7　物流信息系统的基本功能

（1）数据的收集和录入

物流信息系统首先要做的是用某种方式记录下物流系统内外的有关数据，集中起来并转化为物流信息系统能够接收的形式输入到系统中。

（2）信息的存贮

数据进入系统之后，经过整理和加工，成为支持物流系统运行的物流信息，这些信息需要暂时存储或永久保存，以供使用。

（3）信息的传播

物流信息来自物流系统内外有关单元，又为不同的物流职能所用，因而克服空间障碍的信息传输是物流信息系统的基本功能之一。

（4）信息的处理

物流信息系统的最基本目标，就是将输入数据加工处理成物流信息。信息处理可以是简单的查询、排序，也可以是复杂的模型求解和预测。**信息处理能力的强弱是衡量物流信息系统能力的一个重要方面。**

（5）信息的输出

物流信息系统的目的是为各级物流人员提供信息。为了便于人们理解，系统输出的形式应力求易读易懂、直观醒目，这是评价物流信息系统的主要标准之一。

物流信息系统应向信息采集的在线化、信息存储的大型化、信息传输的网络化、信息处理的智能化以及信息输出的图形化方向发展。

3. 物流信息系统的设计

（1）设计的目标

从服务于物流企业的管理，提高物流经济效益的需要出发，尽管物流信息系统设计的具体目标会因各企业的业务范围、所处环境不同而有所不同，但一般不超出下列内容：

- 库存适当化，压缩库存并防止货物脱销；
- 调节需求和供给，把订货信息和库存信息反馈给生产、计划和预测部门，使生产、物流、销售衔接有序；
- 缩短从订货到发货的时间；
- 提高运输或装卸作业效率；
- 提高各种作业的精确度（特别是订货和发货）；
- 提高控制纠错能力，如错发货、错配货、漏配送等；
- 支援销售，提供各种咨询服务；
- 降低物流总成本。

（2）设计的原则

在进行物流信息系统设计时，必须遵循下列基本原则。

①系统的原则。建立物流信息系统要从系统的原则出发，使物流信息系统与物流的职能和物流组织机构相互联系。一方面，物流组织及其手段的变化、物流方法的变化，会在一定程度上引起信息需要的变化，而物流机构的变化，也会改变物流信息流的方向和密度。另一方面，物流信息系统是为了满足流通的需要而建立的，不可能离开商流和社会流通过程而存在。

②经济实用的原则。建立物流信息系统需要花费一定的财力、物力、人力。**我们应努力做到耗费少，而又能提供数量多、价值高的信息，这就是经济的原则。**

③逐步发展的原则。物流信息系统的建立不可能一开始就十分完善，总要有一个逐步的发展过程。根据物流业的发展要求，对于物流对信息变化的处理手段，应在现有的基础上进行积极完善和改进。

④统一的原则。在流通信息系统中，物流只是一个分系统。而流通信息系统又是国民经济信息的子系统。同时，物流信息系统又可分解为若干子系统。因此，物流信息系统的建立应遵循统一的原则，便于进行物流信息的收集、加工、传递，也便于该系统与流通信息系统、与国民经济信息系统中的其他分系统相联系，以利于物流信息系统中各子系统相互协调地工作，提高整个系统的工作效率。

五、物流信息系统的发展方向

1. 向社会系统化方向发展

物流信息系统今后将越来越具有战略意义，并将向社会系统化方向发展。

(1) 建立企业综合信息系统

目前在企业日益重视经营战略的情况下，建立物流信息是必要的、不可缺少的。**具体地说，为确保物流竞争优势，建立将企业内部的销售信息系统，物流信息系统，生产、供应系统综合起来的信息系统势在必行。**

(2) 建立企业之间的信息情报系统

由于信息化的发展，各企业之间的关系日益紧密。如何与企业外销售渠道的信息情报系统、采购系统中的信息情报系统，以及与运输信息系统联结起来将成为今后重点研究解决的课题。亦即建立不仅限于本企业还包括社会上多个企业之间的信息情报系统的重要性将日趋增加。

(3) 物流信息情报系统纳入社会信息情报系统

企业的物流已经不只是一个企业的问题，被编组进入社会系统的部分将日益增多。在这种形势下，物流信息情报系统将日益成为社会信息情报系统的一个组成部分。

2. 新信息技术的应用

现代企业把信息技术视为提高生产率和竞争能力的主要来源。与其他资源不同，信息技术正在不断地提高速度和能力，同时又在降低成本。当每天都在识别新的能力时，有五项技术已经显示其在物流方面的广泛应用。这些技术包括电子数据交换（EDI）、个人电脑、人工智能和专家系统、通信传输，以及条形码和扫描仪。下面将讨论这些技术及其应用。

（1）电子数据交换（EDI）

EDI 被确认为公司间计算机与计算机交换商业文件的标准形式。EDI 用电子技术，而不是通过传统的邮件、快递或者传真，来描述两个组织之间传输信息的能力和实践。**其中，能力是指计算机系统有效传输的能力，实践是指两个组织有效利用信息交换的能力。**

①EDI 的应用所带来的直接利益包括以下几个方面：

- 提高内部生产率；
- 改善渠道关系；
- 提高外部生产率；
- 提高国际竞争能力；
- 降低作业成本，通过更快的信息传输及减少信息登录的冗杂工作来改善生产率，通过减少数据登录的次数和个体数来提高精确性。

②EDI 是通过以下几个方面对物流作业成本产生影响的：

- 降低与印刷、邮寄以及处理书面交易有关的劳动和物料成本；
- 减少电话、传真以及电传通信费用；
- 减少抄写成本。

JC Penney 公司发现，从书面媒体转换成电子媒体，可以使其每票货的成本从 0.29 美元减少至 0.05 美元。在另一个例子中，Texas Instruments 公司的报告指出，EDI 已经将装运差错减少 95%，实地询问减少 60%，数据登录的资源需求减少 70%，全球采购的循环时间则减少 57%。

（2）个人电脑

在今天的物流环境中，个人电脑（PC）几乎已经无处不在。减小的硬件尺寸和增加的容量已经把信息技术的应用从管理者和顾客服务代表的桌面延伸到现场。个人电脑正在从以下三方面影响着物流管理。

其一，无论在办公室、仓库，还是在路上，低成本和高度可携带性把精确而又及时的信息带给决策者。在过去，个人必须根据已过去几小时甚至几天的信息做决策。如今，无论是战略决策（例如要服务于哪个市场），还是作业决策（例如接着在仓库里要提取哪种产品），都能够以最新的信息为依据。有许多例子表明，及时的信息提高了供给链成员，例如仓库作业人员和承运人等提供的附加值。例如，安装在运输车辆上的电脑通过记录交付的信息、报告车辆位置，以及识别费用最低的加油站等提高了驾驶员报告和决策的能力。

其二，由分散的PC机提供的响应性和灵活性可以使物流从业人员的精力更集中于服务和能力上。使用大型主机电脑，意味着操作相对不灵活以及域联结相对不可靠。与因数据传输失败而关闭工厂或仓库的风险相比，物流经理往往宁可采用手工程序。**PC机使之具有分散、灵活的特点，甚至对最小的定位或功能的冗长处理也易如反掌。**

其三，具有图示能力的交互式PC机有助于开发通用的决策支持应用软件，诸如设施选址、存货分析以及计划线路和时间表等。自从引进PC机以来，这类应用软件的数目和能力已有了巨大的发展。PC机已通过以下方式促进了这类应用：

- 提供标准化的开发平台；
- 通过交互式的图示方法便利使用；
- 提供有效地评估物流可选方案的分析方法。

（3）人工智能和专家系统

人工智能和专家系统是又一个有助于物流管理的，以信息为基础的技术。人工智能是一种隐蔽说法，是指一组旨在使计算机模拟人类推理的技术。人工智能着重于象征性推理，而不是数值处理。人工智能所包括的技术有专家系统、自然语言翻译器、神经网络、机器人、讲话识别以及3D视觉等。

专家系统是人工智能的一种，使用物流专家系统，其专门知识能增加厂商的资产报酬率，所应用的软件包括承运人选择、国际营销和物流、存货管理以及信息系统设计。

专家系统包括三个组成部分：知识库、推理动力以及用户界面。知识库包含有专家意见，采用的形式是一系列的“如果……那就……”的条件语句。通常，这是就有关决策所需使用的数据和推理而去访问一系列“专家”开发出来的。例如，在选择一位具体运输的承运人时，经验丰富的运输经理会开发关键的数据项目和使用指南。一位有经验的预测人员应该对使用最佳预测技术具有一定的知识基础。综合和协调这种由若干专家参与的决策推理，开发具有实质内容的知识库，才能使缺乏经验的人员做出更有效的决策。推理动力在知识库中搜索用以确认有关具体决策所适用的规则。例如，运输经理企图做出有关汽车承运人的决策而不想使用为铁路运输开发的规则。推理动力就确定相关的规则和次序，用于对其做出评估。用户界面有助于决策者与专家系统之间交互影响。该界面用自然语言，以格式化的形式向用户提出关键问题，然后对用户的反应做出解释。**良好的界面允许用户提炼知识库，使之能获得额外信息或专家意见。**

专家系统已显示出其提高物流生产率和物流质量的能力。欧美管理学者认为：专家系统和人工智能所关注的是，把数据和信息转换成可使用知识的能力，吸取和分享专家意见，并且把知识管理成一种至关重要的竞争资源。虽然人工智能和专家系统在物流方面的应用还很有限，然而，许多原型都已显示出巨大的收益。很有可能，未来的大部分股利将主要来自于知识的获得和构成。

(4) 通信传输

信息技术还通过更快和更广泛的通信传输在相当大的程度上提高了物流功能。从历史上来看，物流活动在通信传输上有明显的不利条件，因为它们无论是在运输还是物料搬运车辆中，都处于运动状态或处于非常分散的状态。因此，信息和方向常常随实际活动而在时间和地点上迁移。无线电频率（RF）、卫星通信和图像处理等技术的应用，已克服了这些因产品移动和物流分散化所导致的问题。

无线电频率技术用于相对较小的范围之内，诸如配送中心，以便于双通道信息交换。主要的应用是与物料搬运人员，诸如叉车驾驶员和订单选择员进行实时通信。无线电频率技术可以使叉车驾驶员获得实时的指示，而不是在几小时以前打印出的硬盘复制的指示。实时通信提供了更为灵活和更具敏感性的作业，并常常以较少的资源获得服务质量的提高。无线电频率技术在物流中的应用，包括仓库的双通道通信选择指示、仓库循环点数核实以及标签打印等。

卫星技术可以在广阔的地理区域范围内进行通信。该技术类似在电缆未能连通的地区内，家用电视机用的“微波盘”。

卫星通信为环球信息传输提供了迅速而又高流量的渠道。Schneider National公司是一家全国范围的货车承运人，在其卡车的顶上装有通信盘，使驾驶员与调度之间可以进行通信。这种实时交互方式提供了有关地点和交付的最新信息，调度员可以给卡车重新定向，以便随时对货运需求或交通拥挤做出积极的反应。零售链也使用卫星通信技术，迅速把每天的销售量信息传回总部。Wal-Mart公司使用卫星技术传输每天的销售数字，以刺激库存补充，并按当地的销售方式提供投入物进行营销。

图形处理的应用依靠传真技术和视觉扫描技术，传输和库存运费账单信息以及其他运输单证，诸如交货收据证明或提单等。这种新服务的合理性在于，及时的装运信息对顾客来说几乎如同准时交付货物一样重要。**当向顾客提供货运时，运输单证就被送往图形处理地点，进行电子扫描，以及在系统中进行注册**。

然后，运输单证的电子图形就被传输到主要的数据中心，在那里它们被库存在可视的光盘里。到了第二天，顾客就能通过计算机链接存取该单证，或打电话给其服务代表。如果顾客申请硬盘复制某份单证，也可以在几分钟之内通过传真传输完成。一般来说，顾客的利益包括更精确地开出单证，更快地从承运人个人那里得到响应，以及容易存取单证等；而在这方面，承运人也能获得利益，因为系统排除了填制书面单证，减少了重要信息被丢失或放错地方的机会，提高了其在顾客心目中的可信性。

无线电频率技术、卫星通信能力以及图形处理等在还没有得到任何回报之前就需要相当大的资本投资。然而，这些通信技术的最基本的利益并不是降低成本，而是改善对顾客的服务。改善服务是通过更及时地明确任务、更快地装运跟踪，以及更迅速地传递销售和库存信息等形式提供的。当顾客注意到实时信息传输的竞争优势时，对这些通信技术应用的需求将会不断增长。

(5) 条形码和扫描仪

信息收集和交换对于物流信息管理和控制来说是至关重要的。典型的应用包括仓库的入库跟踪和杂货店的销售跟踪。在过去，信息的收集和交换是通过手工的书面程序完成的，既费时又容易出差错。条形码和电子扫描属于识别技术，有助于物流信息的收集和交换。尽管这类自动识别系统需要用户大量的资金投入，但是，国内和国际日益激烈的竞争正在鼓励托运人、承运人、仓库、批发商以及零售商等去开发和利用自动识别能力，以利于在今天的市场内参与竞争。**自动识别渠道内成员以较低的误差概率迅速跟踪和传输运输细节。**

条形码包括在品目上、盒子上、集装箱上，甚至气动车上所替换的计算机可读码。绝大多数消费者都知道在所有的消费产品上都呈现出的通用产品标码（universal product code，UPC）。通用产品标码条形码初次使用于1972 年，它给每一位制造商和产品分配了一个 5 位数的号码。标准化的条形码可在接收、处理或装运产品时减少错误。例如，条形码可以区分包装的尺寸和风味。

当通用产品标码被广泛地用于消费品行业进行零售检查时，其他的渠道内成员渴望更详细的信息；当零售商关注的是个别品目时，托运人和承运人却对托盘和集装箱内所装的货物感兴趣。因此，有必要用条形码来识别纸箱、托盘和集装箱里的产品。尽管可以用一份单证来罗列托盘上的货物，然而书面工作有可能在传递中丢失或损坏。要提供能依附于中转运输的编码信息，就有必要使用计算机可读码，其中包含有关托运人、收货人、装箱货物以及任何具体指示的信息。

条形码的发展和应用正在以极快的速度增长。标准化和灵活性被期望用来调节广泛的行业需求。然而，标准化和灵活性也会增加成本，难以使中小规模的托运人、承运人和收货人去实行标准化技术。当人们继续集中精力于有可能实行的普通标准化时，有调查表明，所选的行业和主要的托运人将继续使用专有的条形码，以期最大限度地提高其竞争地位。

自动识别技术的另一个关键组件是扫描处理，这是条形码系统的“眼睛”。扫描仪从视觉上收集条形码数据，并把它们转换成可用的信息。目前有两种类型的扫描仪：手提扫描仪和定位扫描仪。每种类型的扫描仪都能使用接触和非接触技术：手提扫描仪既可以是激光枪（非接触式的），也可以是激光棒（接触式的）；定位扫描仪既可以是自动扫描仪（非接触式的），也可以是卡式阅读器（接触式的）。接触技术需要用阅读装置实际接触条形码，这样可以减少扫描错误，但降低了灵活性。激光枪技术是当前最流行的（65%），读取速度超过了激光棒。

扫描仪技术在物流方面有两大应用。第一种应用是零售商店的销售点（point of sale，POS）。除了在现金收入机上给顾客打印收据外，零售销售点应用是在商店层次提供精确的存货控制。销售点可以精确地跟踪每一个库存单位（stock keeping unit，SKU）的出售数，有助于补充订货，因为实际的单位销售数能够迅速地传输到供应商处。实际销售跟踪可以减少不确定性，并可去除缓冲存货。**除了提供精确的再供给和营销调查数据外，销售点还能向所有的渠道内成员提供更及时的、具有战略意义的利益。**

物流扫描仪的第二种应用是针对物料搬运和跟踪的。通过扫描枪的使用，物流搬运人员能够跟踪产品的搬运、库存地点、装船和入库。虽然这种信息能够用手工跟踪，但却要耗费大量的时间，并容易出错。在物流应用中更广泛地使用扫描仪，将会提高生产率，减少差错。

第五章

物流服务管理

现代物流服务管理以顾客满意为第一目标。

所谓物流服务就是针对顾客对商品利用可能性的一种保证。物流服务在企业经营管理中的地位越来越重要，它连接着厂家、批发商、零售商和消费者，是提高企业商场竞争力的重要手段。本章重点阐述物流服务的概念、构成要素，物流管理的目的、准则、作用，基本的物流服务能力，物流服务联盟等。

一、物流服务的本质在于满足顾客需要

1. 物流服务的构成要素和内容

所谓物流服务就是针对顾客对商品利用可能性的一种保证，其本质是满足顾客的需求。

(1) 物流服务构成三要素

构成物流服务的三大要素为：

- 拥有顾客所期望的商品（备货保证）；
- 在顾客所期望的时间内传递商品（输送保证）；
- 符合顾客所期望的质量（品质保证）。

(2) 物流服务项目和内容

物流服务就是围绕上述三种要素展开的。物流服务项目与具体内容如表 5－1 所示：

表 5－1　物流服务项目与内容

编号	项　目	内　容
1	储货库存服务率	·全品种可以立即交货 ·B 级、C 级商品不能立即交货
2	接受订货截止时间	·接受订货截止时间（前一天几点，前两天几点，当天几点） ·截止后延长时间
3	交货日期	·当天 ·第二天午前，第二天 ·第三天 ·第三天以上
4	订货单位	·散货 ·件 ·箱、盒 ·托盘 ·卡车

续表 5-1

编号	项目	内容
5	交货频度	·1日1次，1日两次以上 ·1周1次，1周2~3次 ·1周3次以上
6	指定时间	·指定时间 ·指定时间段（午前、午后）
7	紧急发货	
8	保持物流质量	·保管、运送过程中的品质劣化、物理性损伤 ·配送错误、数量错误、品质错误
9	提供信息	·交货期的回答 ·库存及断档信息 ·重新进货 ·到货日期，运送过程中的商品信息、追踪信息
10	进货条件	·车上交货、仓库交货 ·定价、价格标签 ·包装 ·免检

2. 物流服务的重要作用

(1) 物流服务是企业销售差别化战略的重要一环

在细分化市场营销时期，物流服务已成为企业销售差别化战略的重要一环。长期以来，物流并没有得到人们的高度重视，在大众营销阶段(mass marketing)，由于消费呈现出单一、大众化的特征，经营是建立在规模经济基础上的大量生产、大量销售，因而，物流机能只是停留在商品传递和保管等一般性业务活动上。物流从属于生产和消费，从而成为企业经营活动中的附属职能。**但是，进入细分化市场营销阶段后，市场需求出现多样化和分散化，而且发展变化十分迅速。**在这种状况下，企业经营较以前任何时期都要困难，即只有符合各种不同类型、不同层次的市场需求，并且迅速、有效地满足其欲望，才能使企业在激烈的竞争和市场变化中求得生存和发展。而差别化经营战略中的一个主要内容是顾客服务上的差异，所以，作为顾客服务重要组成部分的物流服务也相应具有了战略上的意义，也就是说，物流服务是差别化营销的重要方式和途径。

（2）物流服务对经营绩效的重大影响

物流服务水准的确立对经营绩效具有重大影响。决定物流服务水准是构筑物流系统的前提条件，在物流开始成为经营战略重要一环的过程中，物流服务越来越具有经济性的特征，即物流服务有随市场机制和价格机制变化而变化的倾向；或者说，市场机制和价格机制的变动通过供求关系既决定了物流服务的价值，又决定了一定服务水准下的成本，所以，物流服务的供给不是无限制的，**过高的物流服务势必损害经营绩效，不利于企业收益的稳定**。因而，制定合理或企业预期的物流服务水准是企业战略活动的重要内容之一，特别是对于一些例外运输、紧急输送等物流服务需要考虑成本的适当化或者各流通主体相互分担的问题。

（3）物流服务对降低流通成本的重要意义

物流服务方式的选择对降低流通成本具有重要意义。低成本战略历来是企业营销竞争中的重要内容，而低成本的实现往往涉及商品生产、流通的全过程，除了生产原材料、零部件、人力成本等各种有形的影响因素外，物流服务方式等软性要素的选择对成本也具有相当大的影响力。合理的物流方式不仅能提高商品流通效率，而且能从利益上推动企业发展，成为企业利润的第三大来源。特别值得注意的是，最近由于消费者低价格志向的发展，一些大型零售业为降低商品购入和调达物流成本、改变原来的物流系统，转而实行由零售主导的共同配送、直送、JIT 配送等新型物流服务，以支持零售经营战略的展开。这从一个侧面显示了物流服务的决策已成为企业经营战略不可分割的重要内容。

（4）物流服务是有效联结的重要手段

物流服务是有效联结供应商、厂商、批发商和零售商的重要手段。美国营销专家菲利浦·科特勒在《市场营销原理》一书中指出：随着现代社会经济全球化、网络化的发展，现代企业的竞争不是单个企业间的竞争，而是一种网络间的竞争；现代企业的竞争优势不是单一企业的优势，而是一种网络优势。因此，企业经营网络的构造是当今竞争战略的主要内容，物流服务作为一种特有的服务方式，一方面以商品为媒介，打破了供应商、厂商、批发商和零售商之间的隔阂，有效地推动商品从生产到消费全过程的顺利流动；另一方面，物流服务通过自身特有的系统设施（POS、EOS、VAN 等）不断将商品销售、在库等重要信息反馈给流通中的所有企业，并通过知识、诀窍等经营资源的蓄积，使整个流通过程能不断协调地应对市场变化，进而创造出一种超越单个企业的供应链价值。

3. 物流服务管理的目的

物流服务管理的目的是以适当的成本实现高质量的顾客服务。一般来讲，服务质量与成本是一种正比例的关系，物流服务质量提高，物流成本就会上升，可以说两者间的关系适用于收益递减法则，无限度提高服务水平，会因为成本上升的速度加快，反而使服务效率没有多大变化，甚至下降。具体来看，物流服务与成本的关系有四种类型。

（1）服务不变，成本降低型

在物流服务不变的前提下考虑降低成本。不改变物流服务水平，通过改变物流系统来降低物流成本，这是一种尽量降低成本来维持一定服务水平的办法，亦即追求效益的办法。

（2）服务提高，成本增加型

为提高物流服务，不惜增加物流成本。这是许多企业提高物流服务的做法，是企业在特定顾客或其特定商品面临竞争时，所采取的具有战略意义的做法。

（3）服务提高，成本不变型

积极的物流成本对策，即在成本不变的前提下提高服务水平。在给定成本的条件下提高服务质量。**这是一种追求效益的办法，也是一种有效地利用物流成本性能的办法。**

（4）服务较高，成本较低型

用较低的物流成本实现较高的物流服务，这是增加销售、增加效益，具有战略意义的办法。

以上类型，企业究竟该如何选择？应通盘考虑下述几方面的情况后再做决定：通盘考虑商品战略和地区销售战略；通盘考虑流通战略和竞争对手；通盘考虑物流成本、物流系统所处的环境，以及物流系统负责人所采用的方针；等等。

4. 物流服务管理的基本准则

物流服务管理的基本准则有以下10条。

（1）向市场导向转变

物流服务水准的确定不能从供给方的理论出发，而应该充分考虑需求方的要求，即从产品导向向市场导向转变。产品导向型的物流服务由于是根据供给方自身所决定的，一方面难以真正对应顾客的需求，容易出现服务水准设定失误；另一方面，也无法根据市场环境的变化和竞争格局及时加以调整。而市场导向型的物流服务正好相反，它是根据经营部门的信息和竞争企业的服务水准相应制定的，因此，既避免了过剩服务的出现，又能及时进行控制。在市场导向型物流服务中与顾客面谈，进行顾客需求调查、第三方调查等寻求顾客最强烈的需求愿望，是决定物流服务水准的基本方法。

（2）转向一般消费者群

在决策物流服务要素和服务水准的过程中，需要注意服务的顾客对象应该向一般消费者群转化。例如，厂商的物流服务如果只安排面向批发商的输送，在库管理系统显然是不充分的；在流通渠道逐渐多样化、零售力量逐渐增大的过程中，还应该确立面向零售业，特别是大型零售业、连锁店等的服务系统和服务设施，开展符合零售要求的输送、库存服务（如多频度配送等）。

（3）制定多物流服务组合

随着顾客业种和业态多样化的发展，顾客的需求不可能千篇一律，因此，制定多物流服务组合十分必要。如今，对顾客提供统一物流服务的企业很多，这不利于物流服务的效率化。物流服务对于企业来讲也要考虑有限经营资源的合理配置，也就是说，在决定物流服务时，应根据顾客的不同类型采取相应的物流服务。一般来讲，根据顾客经营规模、类型和对本企业的贡献度来划分，可以采用支援型、维持型、受动型的物流服务战略。对本企业贡献度大的企业，由于具有直接的利益相关性，应当采取支援型策略；而对本企业贡献度小的顾客，要根据其规模、类型再加以区分，经营规模小或专业型的顾客，由于存在进一步发展的潜力，可以采取维持型战略，以维系现有的交易关系，为将来可能开展的战略调整打下基础。相反，经营规模小且属综合型的顾客，将来进一步发展的可能性较小，所以在服务上可以采取受动型策略，即在顾客要求服务的条件下才开展服务活动。

物流服务的确定除了考虑顾客类型外，还与所经营的商品类型相关，亦即一般商品与战略商品的物流服务应当有差异，这可以根据市场营销中产品的组合矩阵来确定物流服务的形式。产品发展前景较好的明星产品，应积极采用较高的物流服务推动产品销售；问题型产品则要根据产品分析的结果采取选择性服务，亦即收缩性的物流服务；而瘦狗型产品由于产品已处于销售的衰退期或淘汰期，可以停止物流服务，撤出相应的市场。

(4) 开发对比性物流服务

企业在制定物流服务要素和服务水准的同时，应当保证服务的差别化，即与其他企业物流服务相比有鲜明的特色，这是保证高服务质量的基础，也是物流服务战略的重要特征。**要实现这一点，就必须具有对比性的物流服务观念，即重视了解和收集竞争对手的物流服务信息。**

(5) 注重物流服务的发展性

顾客服务的变化往往会产生新的物流服务需求，所以在物流服务管理中，应当充分重视研究物流服务的发展方向和趋势。例如，既然以前就已经开始实施在库、再入货、商品到达时期、断货信息、在途信息、货物追踪等管理活动，但是，随着交易对象，如零售业业务的简单化、效率化革新，EDI 的导入、账单格式统一、商品入货统计表制定等信息提供服务就成为物流服务的重要因素。

(6) 重视物流服务与社会系统的吻合

物流服务不完全是一种企业独自的经营行为，它必须与整个社会系统相吻合。物流服务除了要考虑调达物流、企业内物流、销售物流外，还要认真研究旨在保护环境、节省能源、节约资源的废弃物回收物流，所以，物流服务的内容十分广泛。这是企业社会市场营销发展的必然结果，即企业行为的各个方面都必须符合伦理和环境的要求，否则，经济发展的持续性难以实现。除此之外，为了缓和交通混乱、道路建设不足等问题，如何实施有效的物流服务也是物流在与社会系统相结合的过程中必须考虑的重要问题。

(7) 建立能把握市场环境变化的物流服务管理体制

物流服务水准往往随着市场形势、竞争企业的状况、商品特性以及季节的变化而变化，所以，在物流部门建立能把握市场环境变化的物流服务管理体制十分必要。**在欧美，由于顾客服务中包含了物流服务，因此相应的管理责任也是由顾客服务部门承担。**对于我国来讲，在企业中确立能收集物流服务的相关信息，提供顾客满意的物流服务并不断完善的管理组织与责任体制等显得尤为迫切。当然，根据发达国家实践的经验，物流服务的管理若仅由物流部门单独进行，则失败的可能性较大，有效的体制应该是包括生产、销售、物流在内的综合管理体制。

(8) 物流中心的建设与完善

物流中心作为物流服务的基础设施，其建立和完善对于保障高质量的物流服务是必不可少的，主要原因在于物流中心的功能表现为通过集中管理订货频度较高的商品使进货时期正确化，提高在库服务率，同时由于缩短了商品的在库时间，提高了在库周转率，商品出入库增多。除此之外，物流中心在拥有对应多品种、小单位商品库存功能的同时，还具有备货、包装等流通加工机能，从而能够实施适当的流通在库管理和有效的配送等物流活动，这些都是高质量物流服务的具体表现。

(9) 构筑信息系统

要实现高度的物流服务，还必须建立完善的信息系统，这种信息系统除了接受订货，迅速、完好地向顾客传递商品外，更重要的是通过送货期回复、商品物流周转期缩短、备货保证、信息处理时间缩短、货物追踪等各种机能确保不劣于竞争对手的物流服务。

(10) 不断对物流服务的绩效进行评价

对于物流服务的实施情况应该每隔一段时期定时进行核查，特别需要关注的是，销售部门或顾客是否存在对物流现状的抱怨，有没有错误配送，事故破损是否严重；另外，要关注是否向顾客做过调查，所设定的服务水准是否得以实现，在物流成本上应保持多大的合理性等问题。总之，对物流服务绩效进行评价的目的在于不断适应顾客需求的变化，及时制定出最佳的顾客服务组合，所以，定期了解顾客满意度，改善物流系统是物流服务中的关键要素。

二、基本的物流服务能力

1. 基本的物流服务水准

物流服务是服务优势和服务成本的一种平衡。基本的物流服务水准要从可得性、作业表现、服务可靠性几个方面衡量。

(1) 可得性

可得性意味着拥有存货，能始终如一地满足顾客对材料或产品的需求。根据传统的范例，存货可得性越高，所需的存货投资就越大。虽然当前科学技术正在提供新的方法，使存货的高度可得性与高额的存货投资无关，但是因为它具有重大的影响，所以存货可得性的开发是至关重要的。

(2) 作业表现

作业表现与从订货入库到交付的过程有关。作业表现涉及交付速度和交付一致性。自然地，绝大多数顾客都希望快速交付。然而，如果这种快速有点反复无常的话，快速交付并无多大价值。一个供应商答应第二天交付，但往往都迟到时，顾客并没有得到什么好处。**因此要实现顺利作业，厂商一般首先要寻求实现服务的一致性，然后再提高交付速度。**作业表现的其他方面也是重要的，厂商的作业表现可以从它在适应通常的和异常的顾客需求中是否灵活来进行考察。作业表现的另一个方面是故障和恢复。很少会有哪家厂商许诺在任何情况下都表现完美。故障是指可能发生的物流表现的失败，诸如产品损坏、分类不正确或单证不精确等。当这类故障发生时，对于厂商的作业表现可以从需要多少时间恢复来进行考察。作业表现关系到厂商如何处理顾客各方面的需求，包括每天都可能发生的服务失败。

(3) 服务可靠性

服务可靠性涉及物流的质量属性。对质量来说，关键是要精确地衡量可得性和作业表现。只有通过全面的表现衡量，才有可能确定总的物流作业是否达到所期望的服务目标。**要取得服务可得性，最基本的是要识别用哪些衡量方法去评估存货可得性和作业表现**。由于物流表现需要持续不断地满足顾客的期望，对管理部门来说，最基本的是要承诺不断地改善。物流质量来之不易：它是经仔细计划，并得到培训、全面衡量和不断改善支持的产物。要改善服务表现，需要在选择的基础上确立各种目标。有些产品由于其对顾客的重要性和对有关利润的贡献，所以比其他产品更加重要。在顾客期望和顾客需求方面，基本的物流服务水平应该现实一点。在绝大多数情况下，厂商所面临的营销局面是，顾客具有不同的消费潜力，并且有些顾客会需要与众不同的服务。因此，经理人员必须意识到，顾客是不同的，所提供的服务必须与之相匹配，以适应与众不同的偏好和购买潜力。一般来说，当厂商对平均的或基本的顾客服务表现做出承诺时，他往往趋向于过分乐观。这是因为相较于一开始就制定缺乏雄心的目标来说，没有能力始终如一地满足不现实的过高的基本服务目标，可能会导致更多的作业问题和顾客问题。此外，对不现实的全方位服务轻易地做出承诺也会减弱厂商满足高潜力顾客的特殊需求的能力。

2. 基本的物流服务能力

基本服务能力由三个方面构成，即可得能力、作业完成能力和可靠能力。

(1) 可得能力

可得能力是指当顾客需要存货时所拥有的库存能力。可得能力可以通过各种方式实现，最普通的做法就是按预期的顾客订货进行存货储备。于是，仓库的数目、地点和库存政策等便成了物流系统设计的基本问题之一。存货储备计划通常是建立在需求预测基础上的，而对特定产品的储备战略还要结合其是否畅销、该产品对整个产品线的重要性、收益率以及商品本身的价值等因素来进行考虑。存货可以分为两类：一类是取决于需求预测并用于支持基本可得性的基本储备，另一类是满足超过预测数的需求量并适应异常作业变化的安全储备。

可得能力的一个重要方面就是厂商的安全储备政策。安全储备的存在是为了调整预测误差，并在安全储备的补给期间对递送延迟进行缓冲。一般来说，防止缺货的期望越大，安全储备需要也越大；安全储备的负荷越大，平均存货的数量也越大。在市场需求高度变化的情况下，安全储备的构成有可能占到厂商平均存货的一半以上。

许多厂商开发了各种物流安排方案，以增补其满足顾客存货需求的能力。一家厂商可以经营两个仓库，其中一个指定为主要服务地点，而另一个作为次要的或后援的供给来源。主要仓库是厂商用于输出其绝大多数产品的地点，以便利用自动化设施、效率及其所处地点的优势。一旦主要仓库发生缺货并且情况继续恶化时，就可以利用次要仓库或后援仓库。但是，使用次要仓库或后援仓库的厂商，应尽可能在最大程度上向其提供服务的顾客公开，因为主要地点有时候只有顾客订货的一部分产品，而次要地点却能够满足其剩余的需求。在这种情况下，除非这两部分的订货在递送前能够组合在一起，否则，分开递送会使顾客感到不便。需要指出的是，由于厂商已尽了额外的努力保持存货可得性，而不是延交部分订货，这一事实本身有利于厂商塑造一种积极的形象，说明厂商为满足顾客需求尽心尽力。

应该清楚的是，要高水准地实现存货可得的一致性需要进行大量的精心策划，而不是在销售量预测的基础上给各个仓库分配存货。事实上，其关键是要对首选顾客或核心顾客实现高水准的存货可得性，同时使整个存货储备和仓库设施维持在最低限度。

（2）作业完成能力

作业完成能力涉及物流活动对所期望的完成时间和可接受的变化所承担的义务。

①速度。完成周期的速度是指从一开始订货时起至货物装运实际抵达时止的这段时间。但必须以顾客的身份来考察厂商在这方面所承担的义务，因为根据物流系统的设计，完成周期所需的时间会有很大的不同，即使在今天高水平的通信和运输技术条件下，订货周期也可以短至几个小时，或长达几个星期。

当然，供应商对存货可得性和作业速度这两方面的最高承诺是顾客存货委托。在委托安排中，产品是按照顾客预期的业务需要进行存货的。虽然从顾客的角度来看委托存货是一种理想的方式，但对供应商来说却是一种花费昂贵的方式。因此供应商的存货委托安排一般仅限于一些至关重要的产品，即如果在它们确实被需要时得不到供应，将会导致失效或低效，诸如机器零件和急救医疗供应品等。顾客存货委托情况一般都出现在企业与企业之间的营销和健康卫生行业中。与为顾客维持安全储备相比，它的不同之处是，一个供应商之所以愿意接受顾客的存货委托，往往是出于其在该业务关系中的力量对比。

对供应商的递送委托更具代表性的业务安排，是建立在顾客各种期望基础上的完成周期的速度。在紧急情况下，供应商会通过当地仓库进行特别递送，或者通过通宵运行的高度可靠的运输企业在几小时内完成所要求的递送服务。**这种业务关系通常是按照顾客的具体要求，围绕着能促进物流作业效率所期望的完成周期形成的**。换句话说，并不是所有的顾客都需要或希望最大限度地加速，如果这种加速会导致提高价格或实际的物流成本的话。

如何确定完成周期的时间往往与存货需求有着直接关系。一般说来，计划的完成速度越快，顾客所需的存货投资水平就越低。完成周期时间与顾客存货投资之间的这种关系居于以时间为基础的物流安排之首。

②一致性。虽然服务速度至关重要，但大多数物流经理更强调一致性。一致性是指厂商在众多的完成周期中按时递送的能力。一般说来，可得性与一旦需要就可以进行产品装运的存货能力有关；而完成周期的速度则与持续地按时递送特定订货所必需的作业能力有关；而所谓一致性，却是指必须随时按照递送承诺加以履行的处理能力。由此看来，一致性的问题是物流作业最基本的问题。

③灵活性。作业灵活性是指处理异常的顾客服务需求的能力。厂商的物流能力直接关系到在始料不及的环境下如何进行妥善处理的问题。需要厂商灵活作业的典型事件有：修改基本服务安排，例如一次性改变装运交付的地点；支持独特的销售和营销方案；新产品引入；产品逐步停产；供给中断；产品回收；特殊市场的定制或顾客的服务层次；在物流系统中履行产品的修订或定制，诸如定价、组合或包装等。在许多情况下，物流优势的精华就存在于灵活能力之中。一般说来，厂商的整体物流能力取决于在适当满足关键顾客的需求时所拥有的“随机应变”的能力。

④故障与恢复。不管厂商的物流作业有多么完美，故障总是会发生的，而在已发生故障的作业条件下继续实现服务需求往往是十分困难的，因此，厂商应制订一些有关预防或调整特殊情况的方案，以应对故障发生。厂商应通过合理的论证来承担这种应付异常情况的义务；而其制订的基本服务方案应保证高水平的服务，实现无故障和无障碍计划，为此，厂商要有能力预测服务过程中可能会发生的故障或服务中断，并有适当的应急计划来完成恢复任务。当实际的服务故障发生时，顾客服务方案中的应急计划还应包括对顾客期望恢复的确认以及衡量服务一致性的方法。

（3）可靠能力

物流质量与物流服务的可靠能力密切相关。物流活动中最基本的质量问题就是如何实现已计划的存货可得性及作业完成能力。除了服务标准外，质量上的一致性涉及能否并且乐意迅速提供有关物流作业和顾客订货状况的精确信息。**研究表明，厂商有无提供精确信息的能力是衡量其顾客服务能力最重要的一个方面**。顾客们通常讨厌意外事件，如果他们能够事前收到信息的话，就能够针对缺货或延迟递送等意外情况做出调整。因此，有越来越多的顾客表示，有关订货内容和时间的事前信息与完美订货的履行相比更加重要。

除了服务可靠能力外，服务质量的一个重要的组成部分是持续改善服务作业系统。与厂商内部的其他经理人员一样，物流经理人员也关心如何尽可能少发生故障以完成作业目标，而完成作业目标的一个重要方法就是从故障中吸取教训，改善作业系统，以防再次发生故障。

实现物流质量的关健是如何对物流活动进行衡量。在顾客眼里，存货的可得性和作业绩效等是至关重要的，然而，高水准的作业绩效只能通过严格地对物流活动的成败进行精确的衡量才能维持。

3. 物流服务的决策步骤

物流服务管理能否制定出行之有效的物流服务策略，往往影响具体的物流服务水准和能力。所以，科学、合理地进行物流服务策略的分析和策划是物流服务管理的一项十分重要的职能。具体来说，物流服务的决策主要有以下几个步骤。

（1）物流服务要素的确定

要开展物流服务，首先必须明确物流服务究竟包括哪些要素以及相应的具体指标，即哪些物流活动构成了服务的主要内容。一般来讲，备货、接受订货的截止时间、进货期、订货单位、信息等要素的明确化是物流战略策划的第一步，只有清晰地把握这些要素，才能使以后的决策顺利进行，并加以操作和控制。

（2）向顾客收集有关物流服务的信息

物流服务既然是顾客服务的一个重要组成部分，就应当了解顾客对物流活动的要求和认识。这种信息资源的收集可以通过问卷调查、座谈、访问以及委托作为第三方的专业调查公司来进行。调查的信息主要包括物流服务的重要性、满意度以及与竞争企业的物流服务相比是否具有优势等问题。物流服务信息收集、分析的具体方法主要有三种形式。

①顾客服务流程分析。这种分析方法的基本思路是，为了正确测定企业与顾客接触时的满意度，就必须明确企业与顾客之间究竟有哪些节点，这些节点以时间序列为基轴加以标示。

②顾客需求分析。这种方法主要着眼于探明顾客需求与本企业所实施的物流服务水平之间有什么差距，据此来明确本企业需要改善或提高的物流服务。这种方法的关键是所提出的问题要尽可能具体、全面，否则无法真正全面掌握顾客的真实需求和对企业物流服务的愿望。此外，还应当注意的是，顾客需求肯定会有先后顺序，一般位于优先位置的是企业物流服务的核心要素，而且不同细分市场，服务要素的先后顺序也不尽一致。

③定点超越分析。物流服务的定点超越也是通过与竞争企业或优良企业的服务水准相比较分析，找出本企业物流服务的不足之处，并加以改善。具体方法主要有服务流程的定点超越和顾客满意度的定点超越两种。

（3）顾客需求的类型化

由于不同的细分市场顾客服务的要求不一致，所以，物流服务水准的设定必须从市场特性的分析开始入手。此外，顾客思维方式以及行动模式的差异也会导致多样化的顾客需求。在这种状况下，以什么样的特性为基轴来区分顾客群，成为制定物流服务战略、影响核心服务要素的重要问题。另外，在进行顾客需求类型化的过程中，应当充分考虑不同顾客群体对本企业的贡献度以及顾客的潜在能力，也就是说，针对本企业重要的顾客群体，应在资源配置、服务等方面予以优先考虑。

（4）制定物流服务组合

对顾客需求进行类型化之后，首先需要做的是针对不同的顾客群体制定出相应的物流服务基本方针，从而在政策上明确对重点顾客群体实现经营资源的优先配置。此后，进入物流服务水准设定的预算分析，特别是分析商品单位、进货时间、在库服务率、特别附加服务等重要服务要素的变更会对成本产生什么样或多大的影响，这样既能使企业实现最大程度的物流服务，又能将费用成本控制在企业所能承受或确保竞争优势的范围之内。在预算分析的基础上，结合对竞争企业服务水准的分析，根据不同的顾客群体制定相应的物流服务组合，这里应当重视在物流服务水准变更的状况下，企业应事先预测这种变更会给顾客带来什么样的利益，从而确保核心服务要素水准不会下降。

（5）物流服务组合的管理与决策流程

物流服务组合的确定不是一个静态行为，而是一种动态过程，也就是说，最初顾客群体物流服务组合一经确定，并不是以后就一成不变，而是要经常定期进行核查、变更，以保证物流服务的效率化。从物流服务管理决策的全过程来看，决策流程可以分为五个步骤，即顾客服务现状把握、顾客服务评价、服务组合制定、物流系统再构筑、顾客满意度的定期评价等，它们不断循环往复，从而推动物流服务不断深入发展，提高效率和效果。

三、物流服务中存在的问题与对策

1. 物流服务中经常存在的问题

物流服务非常重要，但在现实中却存在着各种问题。下面仅就一些普遍存在的问题列表表示（见表5－2）。

表5－2　物流服务中存在的问题

编号	问题
1	全公司不能上下一致地遵守物流服务规定
2	在物流服务方面经常不能与顾客达成共识
3	实际的物流服务水平不能与对方需求相契合
4	企业内部轻视物流服务
5	高层管理人员根本不关心物流服务水平的确定
6	物流服务的建立与发展没有在全公司达成共识
7	物流服务水平的确定程序极端不清，往往不经仔细思考就确定
8	物流服务水平的确定只由物流部门负责
9	对物流服务水平的确定谁也不负责任
10	物流部门在物流服务方面非常被动
11	不了解处于竞争状态的其他企业的物流服务水平的情况
12	不太了解顾客有关物流服务方面的需求
13	认为无原则的物流好
14	物流服务不分顾客，也不分产品都一律对待。物流服务没有起到战略性作用
15	不明确确定物流服务水平就要进行物流管理

2. 提高物流服务水平的对策

今后，企业要想确立一种物流服务水平，保持竞争优势，必须注意以下各点。

其一，不能只是把物流服务水平看作一种销售竞争手段而不做出清晰的规定。批发商和零售商的要求必将升级，以致企业无法应付。现在，批发商或零售商或是由于销售情况不稳定，或是由于没有存放货物的地方，或是为了避免商品过时，都在极力减少库存。如果他们无节制地要求多批次、小批量配送，或进行多批次的库存补充，物流工作量将大大增加，物流成本必然提高。

为防止这种服务水平的升级，必须建立新的物流服务机制，制定物流服务决策。

其二，不能用同一水平的物流服务，对待不同的顾客或不同的商品。企业应把物流服务当作有限的经营资源，在决定分配时，要调查顾客的需求，根据顾客对公司销售贡献的大小，将顾客分成不同层次，再按顾客的不同层次，决定不同的服务和不同的服务水平。

其三，物流部门应定期对物流服务进行评估。检查销售部门或顾客有没有索赔，有没有误赔、晚配、事故、破损等。通过征求顾客意见等办法，了解服务水平是否已经达到标准；成本的合理化达到何种程度，是否有更合理的办法等。

其四，物流服务水平依据市场形势、竞争对手情况、商品特性和季节等时时刻刻都有变化。物流部门应有掌握这种变化的情报系统。据说在美国，物流服务包括在对顾客的服务之中，负责这方面工作的部门和系统十分完备；日本现在也已具备条件建立提高物流服务质量，向顾客提供满意的物流服务的管理机构和负责体制。

其五，不能为了扩大销售，便无限制地接受顾客对于物流的要求，否则结果将是物流系统无法承受的。应该形成一种从盈亏的角度考虑是否合算的氛围。

其六，物流服务水平在不断变化。作为物流服务来说，今后提供新信息的服务将日益重要。过去主要是提供交货日期、库存、再进货、到货日期、脱销等情况和运输中的商品信息与追踪信息，今后为适应特约商店、零售商店简化业务手续的需要，提供传票样式的统一商品接收总计表等信息服务将更为重要。

其七，现在的物流服务要放在社会系统的大范围内来处理。企业需要认真考虑环保、节能、节约资源乃至废弃物回收等问题。目前已经到了企业要认真进行废弃物回收服务，而不能再将旧电视机和使用过的瓶罐等废弃物作为普通废弃物交给政府来处理的时候了。为减少交通混乱、道路拥挤等交通公害，厂家冲破互相竞争的壁垒，推进共同配送的日子也即将到来。

其八，物流服务将作为社会系统的一环受到人们的评判。那么，物流服务要素及水平应当怎样确定呢？物流服务是向顾客服务的重要因素，是与顾客进行交易的条件之一。如何确定物流服务水平，在销售战略上具有重要意义。因此，物流服务水平的确定应属于企业的重要决策。

3. 保证物流服务水平竞争优势的措施

保证具有竞争优势的物流服务水平对一个企业来说至关重要。下面这些措施，对保证物流服务水平竞争优势有着积极的意义。

一是弄清都有哪些服务项目。

二是通过问卷调查、专访和座谈，收集有关物流服务的信息。了解顾客提出的服务要素是否重要，他们是否满意，本公司与竞争对手相比是否具有优势等。

三是根据顾客不同的需求，归纳成不同的类型。**由于顾客特点不同，需要也不同，进行分类时以什么样的特点做基准显得十分重要**。因此，首先要找出那些影响核心服务的特点，并要考虑能否做得到，而且还必须考虑对本公司效益的贡献程度，以及顾客的潜在能力等企业经济原则。

四是分析物流服务的满意程度。分析对各个不同的服务项目是否满意。

五是分析与相互竞争的其他公司相比本公司的情况如何。了解本公司和竞争对手在物流需要上的满意程度一般称为基准点分析。所谓基准点分析，就是把本公司产品、服务以及这些产品和服务在市场上的供给活动，与最强的竞争对手或一流公司的活动和成绩连续地进行比较评估。

六是按顾客的类型确定物流服务形式。首先应依据顾客的不同类型，制定基本方针。在制定方针时首先要对那些重要的顾客重点地给予照顾，同时要做盈亏分析。还不要忘记分析，在物流服务水平变更时成本会发生什么样的变化。

七是建立物流机制，即建立为实现上述整套物流服务项目的机制。

八是对物流机制进行追踪调查，定期检查已实施的物流服务的效果。

四、如何开展增值服务

1. 增值服务的含义

增值服务是指独特的或特别的，使厂商们能够通过共同努力提高其效率和效益的活动。**增值服务能够巩固业务上已做出的安排，表现为零缺陷承诺的各种可选方案，成为厂商与顾客休戚与共的一种方式。**

增值服务的最终结果是独特地创造了顾客定制化的销售点促销包装，以支持顾客的产品营销战略，而仓库服务公司则能够按低于两家主要配料供应商的成本提供增值活动。用独特的方法提供专门化服务的这种能力，是厂商利用专门化服务提供者来承担增值作业的趋向之所以能够发展的一个主要原因。这类提供者能够实现规模经济，并保持最基本的灵活性，同时使有关的营销公司可以把精力主要集中在关键的业务需求上。

2. 增值服务的范围

增值服务的范围涉及大量刺激性的业务活动。承担增值服务的专业人员可以区别为五个主要的完成领域，即以顾客为核心的增值服务、以促销为核心的增值服务、以制造为核心的增值服务、以时间为核心的增值服务，以及基本增值服务。

(1) 以顾客为核心的增值服务

以顾客为核心的增值服务向买卖双方提供利用第三方专业人员来配送产品的各种可供选择的方式。例如，美国 UPS 公司开发了独特的服务系统，专门递送纳贝斯克食品公司的“ Planters-Life Savers” 快餐产品到批发商店，而不是通过传统的烟糖配送商提供递送服务。又如，Exel 配送公司属下的一个部门创造性地建立了一种订货登记服务，为刚出世的婴儿安排宝洁（P&G）公司的一次性尿布送货到家。对仓库来说，还普遍流行一种做法，即提供“精选—定价—重新包装”服务，以便于按仓库、俱乐部和便利店等的要求独特配置，以配送制造厂商的标准产品。最后一个关于以顾客为核心的服务例子就是如何来履行。履行由这样一些活动构成：处理顾客于制造商处的订货，直接送货到商店或顾客家，以及按照零售店货架储备所需的明细货品规格持续提供递送服务。这类专门化的增值服务可以被有效地用来支持新产品的引入，以及开展基于当地市场的季节性配送。

(2) 以促销为核心的增值服务

以促销为核心的增值服务涉及独特的销售点展销台的配置，以及旨在刺激销售的其他范围很广的各种服务。销售点展销可以包含来自不同供应商的多种产品，组合成一个多结点的展销单元，以便于适合特定的零售商店。在有选择的情况下，以促销为核心的增值服务还对储备产品的样品提供特别介绍，甚至进行直接邮寄促销。许多以促销为核心的增值服务包括销售点广告宣传和促销材料的物流支持等。**在许多情况下，促销活动中所包括的礼品和奖励商品由专业服务机构来处理和托运。**

(3) 以制造为核心的增值服务

顾名思义，以制造为核心的增值服务是通过独特的产品分类和递送来支持制造活动的。既然每一位顾客的实际设施和制造装配都是独特的，那么，从理想上来说，递送和引入内向流动的材料和部件应进行顾客定制化。例如，有一家仓储公司使用多达 6 种不同的纸箱重新包装一种普通消费者洗碗盘用的肥皂，以支持各种促销方案和各种等级的贸易要求。又如，有的厂商将外科手术的成套器具按需要进行装配，以满足特定医师的独特要求。此外，有家仓储公司切割和安装各种长度和尺寸的软管以适合个别顾客所使用的不同规格的水泵，如此等等。在以上几个有关增值服务的例子中，增值服务在物流渠道中都由专业人员承担。这些专业人员能够把产品的最后定型一直推迟到接收顾客的定制化订单之时。虽然，雇用专业人员承担增值服务，与将这些活动结合进高速度的制造过程成为其中一个组成部分相比，单位成本将提高，但是，由专业人员提供增值服务能够大大减少与生产不正确产品有关的预期风险。因此，以制造为核心的服务，与其说是在预测基础上生产独特的产品，倒不如说是对基本产品进行了修正，以适应特定的顾客需求，其结果是改善了服务。

(4) 以时间为核心的增值服务

以时间为核心的增值服务涉及使用专业人员在递送以前对存货进行分类、组合和排序。对以时间为核心的增值服务来说，它的一种流行形式就是JIT（准时化）喂给仓库。在准时化概念下，供应商向位于装配工厂附近的JIT喂给仓库进行日常的递送；一旦某时某地产生了需要，JIT喂给仓库就会对多家卖主的零部件进行精确的分类、排序，然后递送到装配线上去。**其目的是要在总量上最大限度地减少在装配工厂的搬运次数和检验次数**。例如，俄亥俄州马里斯维尔本田汽车公司就是使用这类JIT服务来支持其装配线的。又如，Exel配送公司把食品制造商的产品混合起来，按Shaw公司的零售食品店的要求进行精确的分类。虽然从概念上说这个例子多少有点牵强附会，但这种按顾客要求对产品重新进行分类组合的混合服务，使制造商和Shaw公司都在一定程度上避免了大量的仓储。总之，以时间为核心的服务，其主要特征之一就是排除不必要的仓库设施和重复劳动，以期最大限度地提高服务速度。

(5) 基本增值服务

除了独特的或传统的增值服务形式外，专业人员还可以执行厂商全部的或部分的基本增值服务方案。各种范围很广的服务都可以通过专业人员来提供，以支持任何的或所有的物流需求。有许多公司不仅承担运输服务和仓储服务，而且还提供一系列附加的创新服务和独特服务，诸如存货管理、订货处理、开票和回收商品处理等，覆盖了物流供应链的全域；有许多厂商还提供全套的物流服务，向托运人提供类似于包干的物流服务。

五、建立物流服务联盟

物流服务联盟是物流服务管理中的一个主要组成部分。它主要有以下三种类型。

1. 刺激服务型联盟

物流服务的吸引力，通过整个业务哲学中的几个宏观趋势得到了强化。刺激服务型联盟直接反映了高级管理部门把基本的业务资源集中到核心能力上的愿望。对专业人员的外援支持活动的想法产生于期望“正确规模”的组织，以及把活动集中在“他们知道如何做得最好”。物流活动是外援的主要候选者。物流作业的四个属性是建立强大的工作关系所不可或缺的：相互依赖、核心专业化、势力明晰，以及强调合作。

2. 服务供应商联盟

正如主要的厂商已着手发起改善其供应链姿态的行动，服务企业自身也利用联盟来改善其竞争能力。在服务供应商之间形成联盟，普遍地提高了他们的竞争能力和竞争效率。

高度形象化的联盟已经致力于将专门承担特定服务的厂商的内在优势汇集在一起。一些运输厂商靠物权力量已垂直一体化。**然而，对于创建强大的多式联运组合来说，较为常见的解决方案一直是组建战略联盟。**

有许多服务供应商通过增加新的和独特的增值服务来扩大其基本的竞争能力。也有许多服务供应商在承担被顾客看成是麻烦的或不堪负担的工作任务的过程中，逐渐成为具有创新性和掌握有益于顾客的专门技术的专家。文件中列明的增值服务的范围通常包括诸如收购、分类、排序、基本的和促销的包装、重新包装、定价和加标签等。此外，如 Schneider National 公司为支持 3 – M 运输，而在一段广泛的期间提供基本数据处理的服务。这类服务的范围显然受到顾客的需求以及服务供应商资源的限制。

这种巨大变化的结果是催生了一种以适应其基本顾客的需求发展为目的的新形式的物流服务，并把提供这些服务的供应商称作综合服务供应商。

3. 综合物流服务供应商联盟

2010 年至 2013 年，美国综合物流服务市场的规模范围每年在 60 亿至

90 亿美元。如果说综合服务的供应表现出了重要的企业机会，恐怕没有人会对此提出争议。行业的参与者通常被认为起源于五种类型的公司：承运人型公司、仓储型公司、货代/经纪人型公司、信息型公司，以及顾客型公司。

承运人型公司和仓储型公司本质上是通过购买获取结合进彼此的基本业务的。**运输和库存的供应结合进了范围广泛的基本服务和增值服务，潜在地向托运人提供了购买单一供源的整套综合服务**。大多数厂商提供信息管理服务，以便于实际履行。绝大多数的综合服务公司在通常所谓的资产交易（asset businesses）中有其原始股份。在他们的一些竞争对手的心目中，这种早期在资产中的投资有可能会引入市场营销偏见。令人担心的是，这类物流服务公司会将业务倾向其母公司。虽然毫无疑问会发生一些这样的事，但其中大多数公司会从中解脱出来，保证用最佳的解决办法来满足托运人的需求。

货代/经纪人型公司、信息型公司以及顾客型公司各自为其服务方向寻找了一个独特的理由。货代/经纪人型公司强调其有能力将作业资产与无论所需哪种服务的供应商联结在一起，满足其顾客的物流需求。正如所期望的那样，信息型服务公司将会把技术的利用融入作业安排。

顾客型的综合服务公司是厂商的基本业务能力的一种延伸。它们最初的战略是要在特定的行业中出售经验和能力。随着时间的推移，所有的综合服务公司都能够被期望提供托运人愿意购买的任何服务。这些以服务为动力的解决方法通常是以全面联盟的方式进行作业。

第六章

物流输送管理

物流输送管理是物流管理的中心环节之一，是物流顺利进行的关键。输送是使物品发生空间移动的物流活动。输送系统是包括车站、码头的运输节点、运输途径、交通部门等在内的硬件要素，以及交通控制和营运软件要素组成的有机整体。这些要素通过这个有机整体发挥综合效应。输送系统中运输主要指长距离两地点间的商品和服务移动，而短距离少量的输送通常称之为配送。本章重点阐述配送管理和运输管理基本知识，主要包括：配送的概念、种类、流程及合理配送的实现；运输的特征、功能以及和其他物流环节的关系，运输的方式和形式以及运输方式的选择；运输合理化的内容与方法，发展综合运输体系，合理调运等。

一、物资配送管理

1. 物资配送的含义及种类

(1) 配送的含义

我国的物流工作者将配送定义为:“配送是按用户的订货要求,在物流据点进行分货、配货工作,并将配好之货物送交收货人。”

配送的定义主要可以从以下四个方面来理解。

首先,配送是按用户的要求进行的,主要包括数量、品种、规格、供货周期、供货时间等。其次,配送是由物流据点完成的,它可以是物资配送中心、物资仓库,也可以是商店或其他物资集散地。再次,物资配送是流通加工、整理、拣选、分类、配货、配装、末端运输等一系列活动的集合。最后,配送在将货物送交收货人后即告完成。因而,配送能够将销售与供应结合起来,使其一体化,十分有利于市场更深层次的发展。

如果说库存、运输、包装、流通加工等物流功能相对独立的话,那么,配送则是包含上述物流功能的特殊职能——物资配送的物流据点是物资的集散地,一般具备物资库存的功能。从仓储管理角度上看,它经常被人们看作一种特殊的出库方式。运输是配送实现的最后一个环节,“二次运输”“支线运输”“末端运输”等通常被作为配送的代名词;流通加工是配送的前沿,是衔接库存与末端运输的关键环节。**一个功能完善的配送中心是离不开加工活动的。**综上所述,配送几乎涵盖了物流的各种功能,另外还包括包装、装卸等,这就为配送的管理组织工作带来了相当大的难度。

(2) 配送和送货的区别

配送与送货有着明显的区别,送货只是供需双方的一种实物交接形式,而配送的含义要广泛得多,其主要区别体现在以下几方面。

其一,送货主要体现为生产企业和商品经营企业的一种推销手段,通过送货达到多销售产品的目的。而配送则是社会化大生产、高度专业化分工的产物，是商品流通社会化的发展趋势。

其二，送货方式对用户而言，只能满足其部分需求，这是因为送货人有什么送什么。而配送则将用户的要求作为目标，具体体现为用户要求什么送什么，希望什么时候送便什么时候送。

其三，送货通常是送货单位的附带性工作，也就是说送货单位的主要业务并非送货。而配送则表现为配送部门的专职，通常表现为专门进行配送服务的配送中心。

其四，送货在商品流通中只能是一种服务方式。而配送则不仅仅是一种物流手段，更重要的是一种物流体制，最终要发展为“配送制”。

其五，由配送企业进行集中库存，保证向企业内部的各生产单位进行物资供应，可以取代原来分散在各个企业为保证生产持续进行而设立的库存，这样使企业实现零库存成为可能。这一点在物流发达国家和我国一些地区的实践中已得到证明。送货则不具有这种功能。

我国开展物资配送的时间虽然不长，但配送的范围正不断扩大，配送物资的数量也在不断增加，配送的水平上逐步向规范化的高层次发展。

(3) 物资配送的种类

配送的种类是多种多样的，随着生产力的不断发展和科技的进步，配送种类将不断更新。下面介绍一些基本的配送种类。

①按配送的物资种类与数量不同分类。

一是单品种、大批量配送。用户所需的一个或几个品种的物资由专业性很强的配送中心实行配送。用户需要的物资批量较大，一般可不与其他品种物资搭配，可使用大吨位车辆并满载运输。由于配送的物资品种少，内部机构不需太复杂，配送的组织、计划工作也较简单，因而配送中心配送的成本较低。但这种方式适用范围较小，生产企业能通过运输工具将物资送达用户往往效果更佳。

二是多品种、小批量、多批次配送。为适应用户“消费多样化”“需求多样化”的特点，配送中心采取多品种、小批量、多批次的配送方式，将用户需要的各种物资（每种需要量不大）配备齐全，凑装整车送达用户。这是一种高技术、高水平的配送方式。它要求配送中心编制周密的配送计划，具有自动化、机械化水平相对较高的设备，配备懂物流业务、懂经济管理的较高素质的人员。这种配送方式虽组织计划工作复杂，要求较高，但配送的经济效益和社会效益比较理想，是实现物资流通社会化与现代化的重要途径之一。

三是配套、成套配送。按用户生产需要，特别是装配型企业生产需求，将生产每台（件）产品所需全部零件配齐，按生产计划按时送达生产企业，生产企业可将此成套零部件送入生产线装配产品。通过这种配送方式，配送中心承担了生产企业的大部分物资供应工作，使生产企业专注于生产，因而它是一种先进的配送方式，其效果与多品种、小批量、多批次的配送方式相同。

②按配送时间及数量分类。

一是定时配送。按规定的时间间隔进行配送，每次配送的品种及数量可按计划或商定的联络方式确定。**这种配送方式因时间固定，易于安排工作计划、调配运输工具、方便用户**。但备货计划下达较晚，配货、配装难度较大。

二是定量配送。按规定的批量在一定时间范围内进行配送。这种方式配送的数量固定，易于备货，配送效率较高。

三是定时定量配送。这种方式兼有定时、定量两种方式的特点，特殊性强、计划难度大、适用范围小。

另外，还有定时、定路线配送和即时配送方式等。

③按经营形式分类。

一是销售配送。销售配送是销售性企业或销售企业将之作为销售战略的一环所进行的促销型配送。采用这种配送方式配送的物资往往不固定，用户也常变动，企业往往依据市场占有情况选择配送方式，随机性较强，而计划性差。各种类型商店配送一般多属于销售配送。

二是供应配送。供应配送是用户为了自己的供应需要所采取的配送形式，由用户、用户集团组建配送据点，集中组织大批量进货（取得批量优惠），向本企业配送或向本企业集团的若干企业进行配送。这种配送是保障供应水平，提高供应能力，降低供应成本的重要方式。

三是“销售－供应”一体化配送。这是销售企业对于基本固定的用户和基本确定的配送产品，实行的供应与销售职能结合为一体的一种配送方式。对于某些用户来说，销售企业成为物资供应的代理机构，会减少自身的组织供应所占用的人力、物力、财力，获得稳定、高效的物资供应。**对于销售企业来说，为了取得稳定的用户和销售渠道，扩大销售量，应实行“销售－供应”一体化配送。**

2. 物资配送的流程

物资配送流程是配送中心为完成配送任务所必须制定的配送组织程序。制定和选择科学的配送流程，对配送场所规划、配送设施设置、配送设备选择、配送线路确定、提高配送效率等有着重要作用。

物资配送的流程可以归为以下几种。

（1）一般的配送流程

一般较完整的配送工艺流程结构，是由进货、库存、理货、配货、配装、送货、交货等环节构成的，结构如图6－1所示。这种流程方式既适合于各种包装和非包装、混装等种类较多，规格复杂的中、小件物资，也适用于多品种、小批量、多批次、多用户的物资配送的需要，是一种适用范围较广的结构形式。

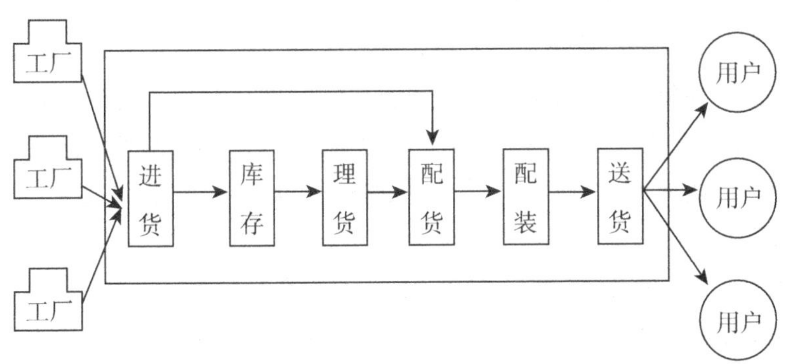

图6－1　一般配送工艺流程结构图

进货是配送系统的输入，具体是指从各生产企业或物资流通企业按用户需要大批量地进货，以备齐所需物资。进货作业必须筹集资源，通过订货、购货，把订购的物资通过运输，集中到配送仓库、加工场、配货场，以便按用户要求做好配货准备，同时完成对物资的检验、交接和结算工作。

库存是为保障配送活动的连续进行，防止缺货所建立的一定的物资储备。对于库存物资的品种结构、数量、存储时间必须进行科学控制，使其既能保证用户的配送需要，又不造成积压浪费和增大资金的占用。存储物资应存取方便，便于理货、配货作业，以提高配送效率。

理货与配货是按用户的需要将存储物资分拣出来，将货物配齐，放到发货场所，进行必要的包装，做好配装、送货的准备。对大批量的货物、危险物资，凡是明确用户的可用“四就直拨”送货方式［就厂，就港（站），就车（船），就（库）］和到仓库内货位直接装车发运等办法，这样可以免去理货、配货工艺环节，减少劳动投入，取得直达批量送货效益。

配装是对多用户、多品种、小批量物资的配送装车作业。其目的是提高车辆满载率、装车安全和运送效率。配装时应注意互相有影响的物资不能混装，装车物资重心要低，放置紧密，充分利用车辆的载重量和容积，做到轻重搭配，便于沿途卸货。

送货属于运输问题，配送系统必须具备一定的运输能力，及时将配装物资安全送到用户。送货时要集中车辆调度，组合最佳路线，采取巡回送货方式，以提高运输的效率。

（2）有加工功能的配送流程

具有加工功能的物资配送系统，因配送加工的组织形式和加工内容不同，形成多种配送流程的组合形式，其中包括库存前加工（进货后直接加工）、存储后加工（进货后先存储，按需再加工）、加工后直接送货和加工后先存储再送货等多种形式。将各种配送流程组合为配送加工工艺流程结构，如图6－2所示。

另外，某些物资受性能、状态制约，不适宜与其他物资混运、混放；某些物资单品种配送批量很大，不进行配装就可以达到满载。对于这类物资的配送，其工艺流程没有理货、配货、配装等作业环节，只有直接装车送货，如煤炭、燃料油，大批量的钢材、木材、水泥等物资的配送。有些物资不设库存，实行“四就”配送，即就厂、就港（站）、就车（船）、就库直接配送方式，其工艺流程没有库存、理货、配货、配装工艺环节。这种配送方式减少了倒装转运次数和环节，提高了物资周转速度和效率，减少了物资损耗。对大批到站、到港物资，凡用户明确，一般采用就站、就港直接装车发

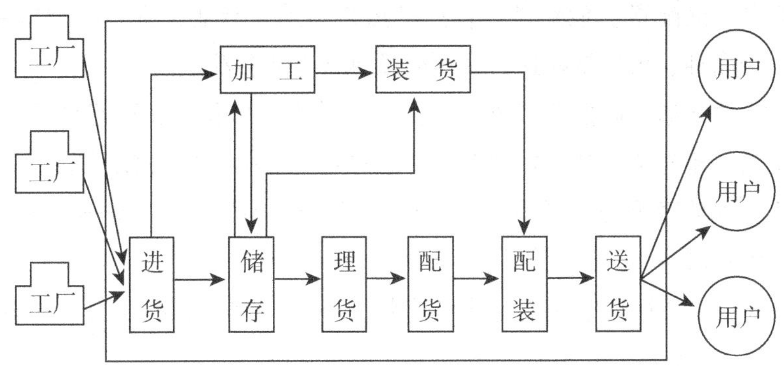

图 6－2 加工配送工艺流程结构图

送，对本地生产的大批量物资、危险品物资一般采用就厂装车配送。

配送系统工艺流程的结构，应结合供销关系、物资性态特征、仓储和配送条件灵活进行设计，以满足用户的多方面需要，便于操作和管理，提高配送效率。

（3）物资配送模式

配送模式是根据配送对象的性质、状态以及配送流程、工艺特点、管理方法等情况，对相同、相近配送方式的归纳和总结。这一配送模式主要有以下 10 种类型。

①中、小件杂货配送。特点是可以以内包装直接放入配送箱等工具中；可以通过外包装改变组合数量；有确定包装，可以混载到车辆、托盘上；体积尺寸一般不大，可以大量存放于单元格式等现代化仓库之中。主要适用于多用户、多品种、少批量、多批次配送。

②金属材料配送。具有以捆装或裸装为主、重量大、尺寸大、容易混装等特点，对配送机械装备要求较高，适用于采用计划配送方式，进行定时、定量配送。

③燃料煤配送。以散堆为主，批量大且易散失；用户固定，消耗均衡稳定；仓库、车辆、装卸工具专业性强；品种、规格单一，配送频率高。属于少品种、大批量配送方式。

④水泥配送。总量大，存放条件要求高；不同包装形态对配送机械装备、建筑设施、装卸方式、运输方式要求迥异；用户需求也各不相同。

⑤燃料油配送。危险性大，产品形态特殊，专业性强；品种较单一，适用于少品种、大批量配送方式；必须进行专业化配送。

⑥木材配送。以捆装或裸装为主，尺寸大、体积大、通用性强，操作比较粗放；多与流通加工相结合；一般采用少品种、大批量配送方式。

⑦平板玻璃配送。重量大、性脆易碎，要求有专用运载设备及工具，难与其他物品混运；通用性强。

⑧化工产品配送。具有一定危害性，不能与其他物品混运，强调专业化配送，计划性强。

⑨食品配送。对流通环境要求高，强调快速配送。

⑩家具及家庭用具配送。属于耐用消费品，随机性强。

不同的配送模式对应于不同的管理方法、方式，分析、确定不同配送模式的特点是进行配送管理的基础。

3. 物资合理配送的实现

配送合理化是指在一定的供应保障能力（使顾客满意）的基础上，加快物流速度，减少资金的占用。主要有合理选择配送中心地址，加强配送的计划性等措施。

(1) 配送中心选址的因素

配送中心是指专门从事配送工作的物流据点，是物资的集散地，其所在位置直接涉及集散距离的远近和配送的经济效果。由于配送中心一旦建成就难以更改，因此选址是一个具有战略性的决策。

选择配送中心的位置，是以费用低、服务好、社会效益高为目标，以物资运输合理、方便用户、投资少、有利于适应经济发展的需要为基本原则的。因此，选址时应通过详细的调查，广泛收集资料，找出影响选址的主要因素，为系统分析打下基础。一般选址时，应考虑以下因素。

①城市建设的总体规划。开展物资配送，通常是在以城市为中心的一定区域内。在城市内建配送中心要占用大量土地，建在什么地点，一定要符合城市建设的总体规划，适应城市的发展趋势。

②用户的分布。为方便用户，节省流通费用，配送中心应建在用户集

中、需求数量大的中心位置。

③运输条件。配送中心是物资的集散地，大量的物资都要通过运输工具将筹措物资运进并及时配送到用户，因而要求配送中心建在交通方便，便于各种特殊运输车辆通过的交通干线上，且应避免建在交通拥挤的街道路口。

④建设费用。配送中心的建设费用不但决定其建筑物的规模、标准，而且与征地费用、场地平整费用和修路、通电、通水、通气、通信等所需费用有关。**为降低投资，地址应尽量选择在征地费用少，易于通水、通电，交通便利，地质条件好，场地平整的地点。**

⑤一定时期内城市经济发展变化。国民经济的不断发展必然使产业的结构、布局和运输条件发生变化，从而对资源结构、产地与用户的分布产生重大影响。选址时，应尽力预见经济的发展变化，使配送中心能适应未来发展的需要。

(2) 选址的方法

在一个城市范围内选择一个或多个配送中心，受到城市规划、交通条件、投资费用等多方面的制约，因此在选址时，应根据基本原则提出多个可行的备选点，再经过建立模型进行优化计算，得出比较理想的位置。这里，备选点选择是否恰当，对求最优方案的计算求解有着直接影响。备选点太多，会使优化工作复杂，费用太高；反之，备选点太少，可能使所选方案不太理想。因此，开始时应多选几个点，经过定性比较从中筛选出部分较理想的点作为备选点。

选址的方法很多，特别是电子计算机的广泛应用，为选址提供了强有力的计算工具。选址的方法概括起来可分为以下三类。

①解析方法。该方法通过建立数学模型进行优化确定地址。这种方法能获得精确的最优解，但建模难度大、模型复杂、求解困难、费用高，在使用中受到一定限制。常用的模型有微分模型、线性规划模型、整数规划模型等。

②模拟方法。这种方法是将实际问题用数学方程和逻辑关系的模型表示出来，然后通过模拟和推理确定最佳方案。该方法的模型比较简单。采用模拟方法必须有多个备选点，以便分析者通过各种组合方案的分析与评价，从中选出比较理想的方案。**选出的方案理想程度和备选点与组合方案**

的优劣有关，这也是该方法的不足之处。

③启发式方法。这种方法是针对模型的求解方法而言的，是一种逐渐逼近最优解的方法。它通过对所求解进行反复判断、修正，直到满意为止。此方法的模型简单，需要进行方案组合的个数少，因此便于寻求最终答案，可以获得满意的近似最优解。

选址的方法种类很多，具体用什么方法来解决选址问题，取决于选址问题的环境和条件。

下面以几个例子来说明配送中心选址的具体方法。

例1：某公司由于仓库容量有限，决定再建一个新仓库，有A、B两个地点可供选择。它们的有关情况评价（百分制）见表6－1。

表6－1

考虑因素	A地	B地
劳动成本	70	80
运输费用	50	60
教育健康	85	80
税收结构	75	70
资源和生产率	60	70

已知各项考虑因素的权重系数分别为0.25、0.20、0.10、0.35、0.10，试确定A、B哪一个更好一些。

计算结果见表6－2。

表6－2

考虑因素	权重	A地评价	B地评价	A地加权分数	B地加权分数
劳动成本	0.25	70	60	17.5	15.0
运输费用	0.20	50	60	10.0	12.0
教育健康	0.10	85	80	8.5	8.0
税收结构	0.35	75	70	26.3	24.5
资源和生产率	0.10	60	70	6.0	7.0
总　计	1.00	340	340	68.3	66.5

结论是 A 地要好一些。

例 2：某物流公司准备在所在地区的四个城市中开设两个配送中心，可能服务的居民人数权重因素见表 6－3。试确定配送中心应该在哪两个城市开设。

第一步，根据所给数据列出如下按权重计算的人口－距离表（距离×人口×权重）（见表 6－4）。

表 6－3

城市＼配送中心	配送中心到城市之间的距离				城市人口	人口相对权重
	A	B	C	D		
1	0	11	8	12	10 000	1.1
2	11	0	10	7	8 000	1.4
3	8	10	0	9	20 000	0.7
4	12	7	9	0	12 000	1.0

表 6－4

城市＼配送中心	配送中心到城市之间的距离			
	A	B	C	D
1	0	121	88	132
2	123.2	0	112	78.4
3	112	140	0	126
4	114	84	108	0

第二步，找出每一行中非零的最小数，将它与零用箭头联结。这表示零所对应的配送中心取消时，需要增加的最低服务费用。然后，将最低服务费用中的最小者所对应的配送中心划去（取消）（见表 6－5）。

其中，78.4 为最小值，将它所对应的配送中心 B 划去。

表 6－5

城市＼配送中心	配送中心到城市之间的距离			
	A	*B*	*C*	*D*
1	0	121	88	132
2	123.2	0	112	78.4
3	112	140	0	126
4	114	84	108	0

表 6－6

城市＼配送中心	配送中心到城市之间的距离			
	A	*B*	*C*	*D*
1	0		88	132
2	44.8		33.6	0
3	112		0	126
4	114		108	0

第三步，在最小值所在行中，减去最小值。然后将剩下的数值重新排列（见表 6－6）。

重复第二、第三步，得出表 6－7。

表 6－7

城市＼配送中心	配送中心到城市之间的距离			
			C	*D*
1			0	44
2			33.6	0
3			0	126
4			108	0

这样，将剩下 *C*、*D* 两个配送中心。其中，*C* 配送中心为 2、4 两个城市服务，*D* 配送中心为 1、3 两个城市服务。全部的服务费用为：78.4＋88＝166.4。

例 3：某物流公司在 A、B、C、D 四个城市设有配送中心，各中心的位置分布和需求情况见表 6－8。原来的仓库建在 D 城，但由于需求增加过快和成本过高等原因，该公司正在设想将仓库从 D 市迁出，另外选择地址建立一个新仓库。试确定它的具体位置。

表 6－8

配送中心	每月送货数量（车）
A	2 000
B	1 000
C	1 000
D	2 000

按照重心公式：

$$C_x = \frac{\sum_i d_{ix} W_i}{\sum_i W_i}$$

$$C_y = \frac{\sum_i d_{iy} W_i}{\sum_i W_i}$$

式中 C_x、C_y 是重心的 X、Y 轴坐标，即新建立配送中心的地址；

d_{ix} 和 d_{iy} 是地址 i 的 X、Y 轴坐标；

W_i 是 i 地的货物运送数量。

可以计算出：

$C_x = 66.7$

$C_y = 93.3$

所以，新仓库应该建在图 6－3 中的 E（66.7，93.3）附近（如图 6－3 所示）。

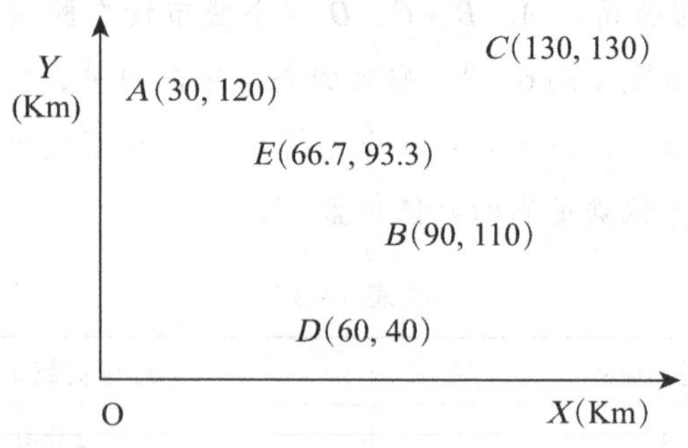

图 6－3

(3) 配送路线的优化

配送路线优化的主要原则是成本最小化，这方面有专门的论述（如线性规划方法等）。我们只举两个例子加以简要说明。

例 1：某配送中心从 *A* 处出发，将货物配送至 *B*、*C*、*D*、*E* 各处用户之后返回。各地之间的距离（公里）见表 6－9。试确定配送路线。

表 6－9

	A	*B*	*C*	*D*	*E*
A		10	7	5	5
B	11		4	6	8
C	7	4		7	8
D	5	5	7		3
E	3	8	8	3	

计算过程见表 6－10：

表 6－10

方案	路线	距离（公里）	方案	路线	距离（公里）	方案	路线	距离（公里）
1	*ABCDEA*	27	9	*ACDBEA*	30	17	*ADEBCA*	27
2	*ABCEDA*	30	10	*ACDEBA*	36	18	*ADECBA*	31
3	*ABDCEA*	34	11	*ACEBDA*	34	19	*AEBCDA*	29
4	*ABDECA*	34	12	*ACEDBA*	34	20	*AEBDCA*	33

续表 6－10

方案	路线	距离（公里）	方案	路线	距离（公里）	方案	路线	距离（公里）
5	*ABECDA*	38	13	*ADBCEA*	25	21	*AECBDA*	28
6	*ABEDCA*	35	14	*ADBECA*	33	22	*AECDBA*	36
7	*ACBDEA*	23	15	*ADCBEA*	27	23	*AEDBCA*	24
8	*ACBEDA*	27	16	*ADCEBA*	39	24	*AEDCBA*	30

从表 6－10 中可以看出：方案 7 距离最短，为 23 公里。与平均距离 31 公里相比少 8 公里。每年计算下来，将是一个不小的数字。

例 2：某配送中心 *A* 要向所在城市的 *B*、*C*、*D*、*E*、*F*、*G* 六个用户点配送货物。它们之间的距离（公里）和每一处的配送货物量（吨）见表 6－11。运输车辆有 2.5 吨和 4 吨卡车两种，试确定配送路线。

表 6－11

地点	距离（公里）	货物量（吨）	地点	距离
AB	9	0.8	BC	9
AC	12	0.7	CD	10
AD	12	1.0	DF	19
AF	24	1.1	EF	6
AE	20	1.75	EG	1
AG		1.15	FG	6

首先，根据所给资料，测算出从配送中心到各配送点及各点之间的最短距离（公里）（见表 6－12）。

表 6－12

	A	*B*	*C*	*D*	*E*	*F*	*G*
A		9	12	12	20	24	21
B			9	19	29	33	30
C				10	32	29	33
D					25	19	25
E						6	1
F							6
G							

其次，计算各配送点组合的节约里程，并对其进行排序（见表6－13）。

表6－13

序号	组合	节约里程（公里）	序号	组合	节约里程（公里）	序号	组合	节约里程（公里）
1	*BG*	40	6	*BC*	12	11	*BE*	0
2	*FG*	39	7	*DC*	8	12	*BF*	0
3	*EF*	38	8	*CF*	7	13	*BG*	0
4	*DF*	17	9	*DE*	7	14	*CE*	0
5	*CD*	14	10	*BD*	2	15	*CG*	0

第三，按照各配送点节约里程的大小顺序，依次将各点入选，在运输车辆载重允许条件下，连接在一起，组成配送路线。

从表6－13中可以看出：第一组合*BG*节约里程最大，其配送货物量为：1.75＋1.15＝2.9（吨），在车辆载重限度之内，所以可以入选；第二组合*FG*的配送货物量为1.1（吨），正好可以与2.9吨拼装为一辆4吨卡车的载运量，它们相互连接成为一条配送路线*AEGFA*。全程走行里程为：20＋1＋6＋24＝51（公里）。

第三组合为*EF*，因*E*、*F*点已经入选，所以可以不必考虑；第四组合为*DF*，因为4吨卡车已经装满，所以应该考虑入选第二条配送路线；第五组合*CD*的配送货物量为：1.0＋0.7＝1.7（吨），没有超过车辆载重限制，可以将*B*点的0.8吨货物集中在一起配送，形成第二条配送路线*ADCBA*或*ABCDA*。全程走行里程为：12＋10＋9＋9＝40（公里）。

这样，配送路线就确定为两条，总走行里程为：51＋40＝91（公里）即使用4吨和2.5吨卡车各一辆。

（4）不合理配送的表现形式

在实际配送工作中，除了成本以外，往往还要考虑很多其他因素，因此，配送合理与否有时很难立刻得出结论，不能简单化处理。不过，不合理配送相对比较容易判别，以下我们试列出一些不合理的配送形式，以供读者判别。

①经营观念方面。例如，配送企业利用配送手段向用户转嫁资金、库存困难，即当库存大时，强迫用户接受货物以缓解自己的库存压力；当资金紧张时，长期占用用户资金；在资源短缺时，将用户委托资源挪作他用或用于牟利等。结果是损害配送的形象，使配送优势无从发挥。

②资源筹措方面。**配送可以利用扩大批量，通过规模效益来降低资源筹措成本，从而取得用户支持**。但如果配送量计划不合理，资源筹措量过多或过少，不考虑与资源供应者建立长期、稳定的供需关系，仅仅为少数用户服务等，就会使筹措成本不但不能降低，用户反而要多支付一笔配送企业的代筹代办费用。

③库存决策。配送应该利用集中库存总量低于各用户分散库存总量的关系，大大节约社会财富，同时减轻用户的库存负担。如果只是把配送当作库存的转移，不能科学决策，造成库存量过多或不足，就起不到配送应有的作用。

④价格方面。配送的价格应该低于用户自己单独购买、运输所形成的费用。这样，才会对双方都有利。如果价格过高或过低，则会损害用户利益或使配送企业处于亏损状态。

⑤配送与直达的决策。配送与直达相比，虽然增加了中间环节，但却可以降低库存成本，产生的效益要大于增加的费用。但当用户使用批量很大，可以直接批量进货时，则可以更加节约费用。这时，采用配送又是不科学、不合理的。

⑥送货方面。配送与用户自己提货相比，可以集中配货，一车送多家用户，可以大大节省运力和运费。如果还是一家一户地去送货，车辆达不到满载，对路线不进行优化，就不能利用这种优势，会造成更多的浪费。

二、物资运输管理

运输作为社会生产力的有机组成部分，主要是通过完成社会产品的流转表现出来的，即将生产和消费所处的不同空间联结起来，实现实物从生产到消费的移动。运输还被称为经济的动脉，是国民经济的基础。运输的发展一般可划分为四个阶段，即水运阶段、铁路运输阶段、新运输方式的发展阶段（汽车、航空、管道运输等）、综合运输阶段（调整铁路、公路、内河水运、管道运输的分工配合，形成均衡、衔接、协调的现代化运输体系）。**积极开展综合运输，合理利用各种运输方式，不断提高运输效率，讲求运输经济效益，是现代运输发展的基本趋势。**

1. 物资运输的特征和功能

（1）运输的特征

①运输生产是在流通过程中完成的。运输表现为产品的生产过程在流通领域中的继续。工农业的生产，当其产品投入流通领域之日起，就企业来讲，就已完成了生产过程，而运输则在流通领域继续从事生产，它表现为一切经济部门生产过程的延续。由于运输业不断为企业生产提供原料、材料、燃料和半成品，以保证企业不间断地从事生产，因此，它对充分发挥生产资金的作用和加速流通资金的周转有着一定的意义。

②运输不产生新的实物形态产品。运输不改变劳动对象的属性和形态，只是改变它的空间位置。它参与社会总产品的生产，但社会产品量不会因运输而增大。运输生产所创造的价值，附加于其劳动对象上。**对具体的货物而言，运输产品附加在其成本上，列入流通所开支的成本。**

③运输产品计量的特殊性。运输生产的劳动产品是以运输量和运输距离进行复合计量的。任何单一的计量都不能确切地反映出运输产品的数量。运输产量的大小直接决定着运输能力和运输费用的消耗。

④交通运输的劳动对象十分庞杂。从交通运输的货物来说，“加工”品种种类之多、性质之杂是其他生产部门所无法比拟的。由于大多数运输的劳动对象的所有权属于其他单位，运输业对于劳动对象无权进行支配与选择。换言之，也就是在构成生产力的三要素中，劳动对象要素不是运输部门所能掌握的，而且这不能掌握的劳动对象同时又是服务对象。这种事物的两重性又增加了运输业计划与管理的复杂性。运输业必须有相当大的运输能力的储备（如铁路单线需储备能力 20%，复线 15%）以准备应对随时可能发生的工农业生产在流通中的变化，及时采取相应措施。

⑤物资运输费用在物流成本中占有较大的比例。在整个物流费用中，运输费用与其他环节的支出相比是比较高的。运输费用与运输量成正比，与运输路程也成正比。**运输路程越远，运量越大，运输费用也就越高，在整个物流费用中所占的比例也就越大**。如在我国电力工业的发电成本中，煤的运费约占1/3以上。为了实现不断降低物流费用的目的，运输就成了具有很大潜力的领域。一种运输方式的改进，一条运输线路的择优，一项运输任务的合理组织等，都会对降低运输成本起巨大的作用。

（2）运输的功能

运输提供两大功能：商品转移和商品库存。

①商品转移。无论商品处于哪种形式，是材料、零部件、装配件、在制品，还是制成品，也不管是在制造过程中将被转移到下一阶段，还是实际上更接近最终的顾客，运输都是必不可少的。运输的主要功能就是产品在价值链中的来回移动。既然运输利用的是时间资源、财务资源和环境资源，那么，只有当它确实提高商品价值时，该商品的移动才是重要的。

运输之所以涉及利用时间资源，是因为商品在运输过程中是难以存取的。这种产品通常是指转移中的存货，是各种供应链战略，如准时化和快速响应等业务所要考虑的一个因素，以减少制造和配送中心的存货。

运输之所以要使用财务资源，是因为私人车队所必需的内部开支，或者商业运输或公共运输所需的外部开支。这些费用来自于驾驶员劳动报酬、运输工具的运行费用，以及一般杂费和行政管理费用分摊。此外，还要考虑因产品灭失损坏而必须弥补的费用。

运输直接和间接地使用环境资源。在直接使用方面，它是国内经济中最大的能源（即燃料和石油）消费者之一，在国内全部的石油消耗中约占60%。尽管因采用燃效更高的运输工具和操作实践使这一消耗水平随时间推移而呈下降趋势，但由于全球作业的增加，并因此使运距延长，所以在未来仍可能稳定在这种消耗水平上。在间接使用环境资源方面，由于运输造成拥挤、空气污染和噪声污染而产生环境费用。尽管现在越来越流行对这些环境成本分摊“不变美元价值”（real dollars），但这类支付并不能弥补所有与环境有关的费用。

运输的主要目的就是要以最少的时间、最低的费用和环境资源成本，将商品从原产地转移到规定地点。此外，商品灭失损坏的费用也必须是最低的；同时，商品转移所采用的方式必须能满足顾客有关交付履行和装运信息的可得性等方面的要求。

②商品库存。对商品进行临时库存是一个不太寻常的运输功能，也即将运输车辆临时作为相当昂贵的库存设施。然而，如果转移中的商品需要库存，但在短时间内（例如几天后）又将重新转移的话，那么，该商品在仓库卸下来和再装上去的成本也许会超过库存在运输工具中每天需要支付的费用。

在仓库空间有限的情况下，利用运输车辆库存也许不失为一种可行的选择。**可以采取的一种方法是，将商品装到运输车辆上去，然后采用迂回线路或间接线路运往其目的地**。对于迂回线路来说，转移时间将大于比较直接的线路。当起始地或目的地仓库的库存能力受到限制时，这样做是合情合理的。在本质上，这种运输车辆被用作一种临时库存设施，但它是移动的，而不是处于闲置状态。

实现商品临时库存的第二种方法是改道。这是当交付的货物处在转移之中，而原始的装运目的地被改变时才会发生的。例如，假定某种商品最初计划从上海装运到洛阳，但是，在交付过程中如果确认其他地点对该产品的需要量更大，或有可利用的仓储能力，于是该产品就有可能改道。在传统上，电话常被用来指挥改道战略。今天，企业总部与运输工具之间的卫星通信可以更有效地处理这类任务。

概括地说，尽管用运输工具库存产品可能是昂贵的，但当需要考虑装卸成本、库存能力限制，或延长前置时间的能力时，那么从总成本或完成任务的角度来看往往却是正确的。

（3）运输与其他物流环节的关系

①运输与包装的关系。物资包装的材料、包装的规格、包装的方法等都不同程度地影响着运输。即使是已经确定了货物的包装规格（包装物的长、宽、高），货物在车厢内如何码放，也直接影响到运输的效率。只有当包装的外廓尺寸与承装车厢的外廓尺寸构成可约倍数时，车辆的容积才能够得以最充分的利用。

②运输与装卸的关系。装卸是运输的影子，只要有运输活动发生，就

必然伴随有装卸活动。装卸质量的好坏，将对运输产生巨大的影响。装卸工作组织得有力，装卸活动开展得顺利，都可以使运输工作顺利进行。

③库存与运输的关系。库存保管是物资的暂时停滞状态，是物资投入消费前的准备。**物资的库存量虽直接决定于需要量或使用量，但物资的运输对物资的库存也会带来重大影响**。如果运输活动组织不善或运输工具不得力，那么就会延长物资在仓库中的库存时间，这会无端增大物资的库存量，而且还会造成物资的损耗增大。

2. 物资运输的方式和形式

(1) 物资运输方式

运输是通过各种各样的运输方式来承担的。物资运输方式是指运送货物所采用的交通工具和方法的类型。在我国，目前承担货运任务的现代化方式主要有五种：铁路运输、公路运输、水路运输、管道运输和航空运输。在这几种运输方式中，以铁路运输为主，约占全部物资运输量的70%；公路运输也占相当大的比重；水运有了较大的发展；近年来管道运输和民用航空运输也开始得到发展。

①铁路运输。铁路是国民经济的大动脉，是货物运输的主要承担者。铁路运输之所以在我国货物运输方式中居主导地位，是因为它的运输能力大、运行速度快、路网分布广、连续性强，一般不受气候和季节的影响。而且它的管理高度集中，比较安全准确，运费较低。它适用于大宗货物的中长距离运输。但其受轨道的限制，机动灵活性差，不能直达每个企业，待运时间比较长，不适于短途运输。

②公路运输。公路运输一般指汽车运输，是现代运输方式中很重要的运输方式之一。公路运输的特点是：机动灵活、速度快、装卸方便、路网分布密，一般适用于短距离运输，而且可以进行门对门的直接运输。但它的运输能力较小，受道路气候影响较大，运费也较铁路、水路高，燃料消耗大。随着公路的扩展和质量的提高，汽车技术的进步和大型卡车的增多，公路运输将逐步成为短途运输和高档工农业产品运输的最重要的形式。

③水路运输。水路运输是最经济的一种运输方式。它的特点是：运输

能力大、投资少、运费低，但速度比铁路慢，且受自然条件的限制，常常不能直接运抵收货单位，需要港口中转，适用于沿江沿海地区运送大批量物资。**我国河流多，海岸线长，发展水运的条件很好，应大力发展水陆联运，以充分挖掘水运的潜力。**

④管道运输。这是一种新型的现代化运输方式，它的特点是：能够不间断地、均衡地进行运输，效力高，运输能力大，运输成本低，物资耗损小，且建设投资省，施工期短，占用耕地少，不受自然条件的影响，管理使用比较方便。但管道运输的货物品种受到限制，它适用于原油和天然气等流体物的运输。

⑤航空运输。这是一种速度快、省时间、能保证急需物资运输的运输方式。但飞机运载能力小、成本高，且受气候条件的限制，只适用于远距离、小批量的贵重及急需物资的运输。

上述五种运输方式虽然各有特点，但在保证生产资料连续不断地从生产地区到消费地区的运输中，它们又是相互联系、合理分工和相互补充的。

(2) 物资运输形式

物资运输形式，是指物资从生产者手中转移到消费者手中的运送形式。物资的运输形式主要有以下几种。

①直达运输。直达运输是指一种货物根据生产者与消费者之间的订货合同，通过一种运输方式直接运送到消费者手中的运输形式。这种运输形式越过了不必要的中转仓库，减少了转运环节，能够充分利用运输线路、运输设施和运输能力，速度快、耗损少、费用低、手续简便，便于消费者对生产者和运输部门的监督。

②中转运输。中转运输是指一种货物根据生产者与流通企业之间的订货合同，通过一种运输方式送到流通企业的仓库，再转运到消费者手中的运输形式。中转运输有两种：一种是物资从发运地到收货地不能一次直接运达，必须中途变换运输方式或运输工具，而又不能办理联运的情况下采用的中转运输；另一种是物资从发运地到收货地虽可一次直达，但为了节约运费和加速物资流转，而采取合装整车发运到适当的地点进行的中转运输。

③联运。联运形式是指货物从发送地点直到收货地点的运输全过程

中，由两种或两种以上运输方式衔接运送的运输形式，如铁路与水路联运、铁路与公路联运、铁路与海运和公路联运等。联运形式有利于促进各种运输方式的协作配合，充分利用各种运输方式的运输能力，减少货物在途的停歇时间，加快货物运输，节省运输费用，手续简便，只办一次托运手续即可完成全部运输过程。

④专业化运输。专业化运输形式的专业化是指运输工具的专业化。一些运输工具专门用于某种货物的运输，如水泥车专门用于运送水泥产品，油罐车专门用于运送石油和石油产品等。**专业化运输形式特别适用于对运输有特别要求的产品，它对于保障安全、保护易损货物、节省包装等，有着重要的意义和作用。**

⑤集装箱运输。集装箱运输是指把适合集装箱运输的货物装入集装箱，以集装箱作为运输单元在各种运输工具上进行货物运输的一种现代化运输形式。由于集装箱能把零星的货物汇成一组大的单位使物资集装单元化，加之它在运输过程中采用装卸机械作业，可减少换装造成的货物破损，保证货物运输安全，节省货物包装材料，简化货运作业手续，提高装卸作业效率，提高货物运送速度，加速车船周转，可以利用车船装载能力，降低流通费用，便于实现作业机械化与自动化以及管理现代化。所以，这是一种新型的、高效率的运输形式。

此外，还有其他一些运输组织形式，如“四就直拨”运输等。所谓“四就直拨”，是就工厂直拨、就车站直拨、就码头直拨、就仓库直拨的简称。就工厂直拨，是指工厂生产的产成品完成出厂检验后，不经过中间仓库，而从工厂直接调拨给用户。就车站直拨，是指从外地运来的货物，在车站允许占用货位的时限内，经车站验收后，不经过中间仓库，就在车站进行分配调拨，直接送往用户。就码头直拨，是指从外地经水路运来的货物，在船上或船边验收后，随即安排其他运输工具进行换装，直接运送给用户。就仓库直拨，是指某些库存物资，发货时不通过中间环节层层调拨，而是直接从仓库调拨给用户。以上四种调拨方式，可减少中间环节，节约劳动消耗，加速物资周转，保证及时供应。

（3）运输方式选择标准

每一种运输方式都有其特定的运输线路、运输工具、技术运营特点、经济性能和合理的使用范围。其具体内容可以参考有关的运输标准或物流手册。我们在这里仅从成本结构和运营特征上，对它们进行粗略的比较(见表6－14和表6－15)。

表6－14　各种运输方式的成本结构

运输方式	固定成本	变动成本
铁路	高（设备、轨道等）	低
公路	高	适中（燃料、维修等）
水路	适中（船舶、设备等）	低
航空	低（飞机）	高（燃料、劳动、维修等）
管道	最高	最低

表6－15　各种运输方式的营运特征（分数越低越好）

营运特征	铁路	公路	水路	航空	管道
速度	3	2	4	1	5
可行性	2	1	4	3	5
可靠性	3	2	4	5	1
能力	2	3	1	4	5
频率	4	2	5	3	1
合计得分	14	10	18	16	17

对具体的运输企业来说，其选择标准包括以下主要内容：

- 取货、运输、送货的服务质量良好，即准确、迅速、安全、可靠；
- 门到门运输服务费用合理、低廉；
- 能够及时提供运输车辆和运输状况等业务的查询、咨询服务；
- 货物丢失或损坏时，能够及时处理有关索赔事项；
- 正确填制提单、货票等运输凭证；
- 与企业保持长期的真诚合作关系。

在评价过程中，可以根据其运输合同的实际履行情况，对上述因素按重要程度进行打分，按照总分（加权处理）多少判别优劣顺序，然后决定选择与否，如何选择、接洽。操作时可参考表 6－16。

表 6－16

评估因素	重要程度	承运绩效	等级判定
运输成本	1	1	1
中转时间长度	3	2	6
可靠性	1	2	2
运输能力	2	2	4
可达性	2	2	4
安全性	2	3	6

注：等级判定＝重要程度×承运绩效

重要程度：1——高度重要；2——适中；3——较低

承运绩效：1——好；2——一般；3——较差

3. 物资运输合理化的实现

运输合理化是从物流管理系统的总目标出发，运用系统工程的方法对运输活动的全过程进行综合分析，力求用最少的时间、最少的环节，走最短的距离，花最少的费用，安全无损地把商品从生产地运往消费地，以达到最佳的社会经济效益。**实现运输合理化，是运输管理的主要目的和任务，直接关系到系统的经济效益和社会的经济效益**。合理运输，对节约运输费用，降低物流成本，加快物流速度，提高物流效益，降低库存和资金占用，节省运力等都有着重要的现实意义。这不仅是运输管理，而且是整个物流管理的重要内容。

（1）不合理的运输形式

合理运输是针对不合理运输而言的。不合理运输是指由于管理体制、水平等原因，造成运力浪费、时间增加、费用超支等问题，未能达到现有条件下最佳水准的运输形式。主要有以下几种。

①起程或返程空驶。因调运不当、货源计划不周、未采用运输社会化体系而形成空驶。

②对流运输（相向运输/交错运输）。是指同一种货物或彼此之间可以

相互替代的货物在同一线路上做相反方向的运送，并且与对方运程的全部或部分发生重叠交错的运输。

③迂回运输。由于计划不周、地理不熟、组织不当等原因，本可以选取短距离运输，却选择路程较长的路线进行运输。

④重复运输。本来可以直接将货物运送到目的地，但却在中途其他场所卸下，再重复装运；或者，同品种货物在同一地点一面运进、一面运出。

⑤倒流运输。货物从销售地、中转地向产地、起运地回流运输。

⑥过远运输。舍近求远，从过远处调运物资，人为拉长货物运输距离。

⑦运力选择不当。选择运输工具时，未能利用其优势，如弃水走陆（增加成本）、铁路和大型船舶的过近运输、运输工具承载能力不当等。

⑧托运方式选择不当。**如可以选择整车运输却选择了零担，应当直达反而选择了中转运输，应当中转却选择了直达等，未能选择最佳托运方式。**

（2）运输合理化的内容与方法

运输合理化是一个系统分析过程，常采用定性与定量相结合的方法，对运输的各个环节和总体进行分析研究。研究的主要内容与方法主要有以下几方面。

①提高运输工具实载率。实载率的含义有两个：一是单车实际载重与运距乘积和标定载重与行驶里程乘积的比率。在安排单车、单船运输时，它是判断装载合理与否的重要指标；二是车船的统计指标，即在一定时期内，车船完成的货物周转量（吨公里）占车船载重吨位与行驶公里乘积的百分比。提高实载率，如进行配载运输等，可以充分利用运输工具的额定能力，减少空驶和不满载行驶时间，减少浪费。

②减少动力投入，增加运输能力。在运输设施固定的情况下，尽量减少能源、动力投入，如多挂车皮、拖带、挂车等，可以大大节约运费、降低单位货物的运输成本。

③发展社会化运输体系。即实行专业化分工，打破一家一户自成体系的运输方式，统一安排运输，如“一条龙”服务、“一票到底”的做法等，可以形成规模效益。

④实行中短距离分流，以公路运输代替铁路运输。即通过技术论证，找出经济运输里程，充分发挥公路和铁路各自的优势，提高运输效益。

⑤尽量发展直达运输。**利用批量优势，实行整车运输，一次性到达，可以大大减少中间环节，减少成本。**

⑥“四就”直拨运输。“四就”是指通过预先筹划，不需要入库，直接将货物就厂、就站（码头）、就库、就车（船）分送给顾客。这样可以以最少的中转次数完成货物运输。

⑦发展特殊运输技术和工具。利用高科技手段，发展如专用车、车皮、挂车等特种运输工具和集装箱等先进运输方式，减少货损，提高周转速度。

⑧进行必要的流通加工。主要针对货物本身特性，进行适当加工，提高运输效率，如冷冻食品、预先捆扎、适当包装等。

（3）发展综合运输体系

所谓综合运输体系是指各种运输方式在社会化的运输范围内和统一的运输过程中，按其技术经济特点组成分工协作、有机结合、连续贯通、布局合理的交通运输综合体。

①综合运输体系的内涵。首先，综合运输体系是在上述五种运输方式的基础上建立起来的，随着经济的发展、科学技术的进步，运输过程必然要由单一方式向多样化发展，运输工具也不断向现代化方向发展，因此，运输生产本身就要求把多种运输方式组织起来，形成统一的运输过程。综合运输体系是生产力发展到一定阶段的产物。

其次，综合运输体系是各种运输方式通过运输过程本身的要求联系起来的。各种运输方式在分工的基础上，有一种协作配合、优势互补的要求，即在运输生产过程中要求有机结合，在各个运输环节上要求连接贯通，以及各种交通运输网和其他运输手段的合理布局。从运输业发展的历史和现状上看，各种运输方式一方面在运输过程中存在着协作配合、优势互补的要求；另一方面，在运输市场上和技术发展上又存在相互竞争。如果没有这种内在的要求，或者这种内在要求受到限制，也就不可能建立和完善综合运输体系。

最后，综合运输体系表现为一种先进的运输经营体系或系统。它由三个子系统组成：一是有一定技术装备的综合运输网及其结合部系统，这是综合运输体系的物质基础。系统的布局要合理协调，运输环节要相互衔接，技术装备要成龙配套，运输网络要四通八达。二是采用各种运输方式的联合运输系统。**这个系统要实现运输高效率、经济高效率、服务高质量，充分体现出各种运输方式综合利用的优越性**。三是综合运输管理、组织和协调系统。这个系统要有利于客观管理、统筹规划和组织协作。上述三个方面构成了综合运输体系生产能力的主要因素。

②发展综合运输体系的意义。发展综合运输体系是当代运输发展的新趋势、新方向。当代运输的发展，出现了两大趋势：一是随着世界新技术革命的发展，交通运输广泛采用新技术，实现运输工具和运输设备的现代化。二是随着运输方式的多样化、运输过程的统一化，各种运输方式朝着分工协作、协调配合的方向发展。在世界范围内，把这两种趋势结合起来，成为当代运输业发展的新方向。发展综合运输体系是我国运输发展的新模式。我国传统的工业和交通运输管理基本上是以纵向联系为主的，各种运输方式的横向联系欠缺。由此往往导致该建设的项目没有及时建设，而不该建设的反而建成，形成浪费。运输业的建设从单一的、孤立的发展模式向综合的、协调的模式转变，无疑会给我国经济建设带来良好效果。

发展综合运输体系可增强有效运输生产力，缓解交通运输紧张的状况。交通运输是一个大系统，各种运输方式、各条运输路线、各个运输环节如果出现不协调，都不能充分发挥有效的运输生产力。多年来，我国交通运输出现种种不平衡状况，如有些线路压力过大，而有些线路运力得不到充分发挥；有些运输方式严重超负荷，而有些运输方式又不能充分发挥作用等，采取综合运输体系将有效地改变这一不协调、不平衡的现状。发展综合运输体系是提高运输经济效益的重要方法。按照各种运输方式的技术特点，建立合理的运输结构，可以使各种运输方式扬其所长、避其所短，既可扩大运输能力，又可提高经济效益。

(4) 合理调运

调运是运输管理中的普遍问题，合理调运就是指通过运输管理使运输费用最低。对调运问题来说，可以运用线性规划方法来处理。

第七章

现代库存管理

随着社会的发展、时代的进步和现代化技术在库存中的应用，人们对库存管理的认识也在发生着变化。近年来，人们又提出了“零库存”的概念。在21世纪的网络化时代里，应该以什么样的库存观念来加强和完善库存管理？对此问题，本章将给予解答。具体来说，本章重点阐述库存的含义和分类，库存管理的含义、作用，合理库存与最低库存的意义，库存过程、目标、要求及库存控制系统、库存成本最小化、库存管理分类法、存量控制方法，现代化仓储技术，网络时代生产库存管理过程等。

一、库存管理及其作用

无论是企业经营者，还是物流管理研究专家，都越来越重视库存管理的作用。有的企业家和研究专家甚至把物流管理定义为对静止或运动库存的管理。他们都十分强调要在企业经营过程中，认真做好库存管理工作。

1. 库存的含义和分类

（1）库存的含义

库存是指处于库存状态的物品或商品。库存与保管概念的差别在于前者是从物流管理的角度出发强调合理化和经济性，后者是从物流作业的角度出发强调效率化。库存具有整合需求和供给，维持各项活动顺畅进行的功能。在顾客订货后要求收到货物的时间（交纳周期）比企业从采购材料、生产加工到运送货物至顾客手中的时间（供应链周期）要短的情况下，为了填补这个时间差，就必须预先库存一定数量的该商品。例如，某零售商直接向生产厂家订购一定数量的商品并要求第二天到货，而生产厂家生产该商品需要花 5 天时间，运送需要花 1 天时间。如果生产厂家预先生产一定数量的这种商品并库存在物流仓库的话，则可立即满足顾客的要求，避免发生缺货或延期交货的现象。一般来说，企业在销售阶段，为了能及时满足顾客的要求，避免发生缺货或延期交货现象，需要有一定的成品库存。在采购生产阶段，为了保证生产过程的连续性，需要有一定的原材料、零部件的库存。**而库存商品要占用资金，发生库存维持费用，并存在因库存积压而产生损失的可能**。因此，既要防止缺货，避免库存不足，又要防止库存过量，避免发生大量不必要的库存费用。

（2）库存的分类

库存可从几个方面来分类。从生产过程的角度可分为原材料库存、零部件及半成品库存、成品库存三类。从库存物品所处的状态可分为静态库存和动态库存。静态库存指长期或暂时处于库存状态的库存，这是人们一般意义上认识的库存概念。实际上广义的库存还包括处于制造加工状态或运输状态的库存，即动态库存。

从经营过程的角度可将库存主要分为以下七种类型。

①经常库存。指企业在正常的经营环境下为满足日常的需要而建立的库存。**这种库存随着每日的需要不断减少，当库存降低到某一水平时（如订货点），就要进行订货来补充库存。**这种库存补充是按一定的规则反复地进行的。

②安全库存。指为了应对不确定因素（如大量突发性订货、交货期突然延期等）而准备的缓冲库存。

③生产加工和运输过程的库存。生产加工过程的库存指处于加工状态以及为了生产的需要暂时处于库存状态的零部件、半成品或成品。运输过程的库存指处于运输状态或为了运输的目的而暂时处于库存状态的物品。

④季节性库存。指为了满足特定季节中出现的特定需要（如夏天对空调的需要）而建立的库存，或指对季节性出产的原材料（如大米、棉花、水果等农产品）在出产的季节大量收购所建立的库存。

⑤促销库存。指为了对应企业的促销活动产生的预期销售增加而建立的库存。

⑥投机库存。指为了避免因货物价格上涨造成损失或为了从商品价格上涨中获利而建立的库存。

⑦存淀库存或积压库存。指因物品品质变坏不再有效用的库存或因没有市场销路而卖不出去的商品库存。

2. 库存的主要功能

一般来说，库存的功能有以下几个方面：

- 防止断档。缩短从接受订单到送达货物的时间，以保证优质服务，同时又要防止脱销。
- 保证适当的库存量，节约库存费用。
- 降低物流成本。用适当的时间间隔补充与需求量相适应的合理的货物量以降低物流成本，消除或避免销售波动的影响。
- 保证生产的计划性、平稳性以消除或避免销售波动的影响。
- 展示功能。

• 储备功能。在价格下降时大量库存，减少损失，以应灾害等不时之需。

关于仓库（库存）放在什么地方的问题，首先要考虑数量和地点。如果是配送中心，则应尽可能根据顾客的需要设置在适当的地方；如果是存储中心，则以尽可能减少向配送中心补充为原则，地点则没有一定的要求。当库存据点确定之后，则要考虑在各据点里都库存什么样的商品了。

3. 库存管理的含义与作用

(1) 库存管理的含义

库存管理是指在物流过程中对商品数量的管理。过去认为仓库里的商品多，表明企业发达、兴隆，现在则认为零库存是最好的库存管理。库存多，占用资金多，利息负担加重。但是如果过分降低库存，则会出现断档。

库存管理应该特别考虑下述两个问题。

第一，根据销售计划，按计划生产的商品在市场上流通时，要考虑在什么地方，存放多少。第二，从服务水平和经济效益出发来确定库存量以及如何保证补充的问题。

(2) 库存管理在企业经营中的作用

在企业经营过程的各个环节间存在库存，也就是说，在采购、生产、销售不断循环的过程中，库存使各个环节相对独立的经济活动成为可能。同时，库存可以调节各个环节之间由于供求品种及数量的不一致而发生的变化，把采购、生产和销售等企业经营的各个环节连接起来，起到润滑剂的作用。对于库存在企业中的角色，不同的部门存在不同的看法。例如，库存管理部门力图保持最低的库存水平以减少资金占用、节约成本。销售部门愿意维持较高的库存水平和尽可能备齐各种商品来避免发生缺货现象，以提高顾客满意度。采购部门为了降低单位购买价格，往往利用数量折扣的优惠，通过一次采购大量的物质来实现最低的单位购买价格，而这样不可避免会增大库存水平。制造部门愿意对同一产品进行长时间的大量生产，这样可以降低单位产品的固定费用，然而又往往会增加库存水平。

运输部门倾向于大批量运送，利用运量折扣来降低单位运输成本，这样会增加每次运输过程中的库存水平。总之，库存管理部门和其他部门的目标存在冲突，为了实现最佳库存管理，需要协调和整合各个部门的活动，使每个部门不仅以有效实现本部门的功能为目标，更要以实现企业的整个效益为目标。

高的顾客满足度和低的库存投资似乎是一对相冲突的目标，过去人们曾经认为这对目标不可能同时实现。现在，通过应用创新的物流管理技术，同时伴随改进企业内部管理和强化部门协调，企业可同时实现这一目标。

二、合理库存与最低库存

1. 合理库存的含义

合理库存是指以保证商品流通和社会再生产需要为限度的库存。合理库存是合理库存量、合理库存结构分布与合理库存时间的有机统一。

（1）合理库存量

合理库存量是指在新的商品（或生产资料）到来之前，能保证在此期间商品（或生产资料）正常供应的库存量。合理库存必须以保证商品流通正常进行为前提。影响合理库存量的因素有以下几点。

①社会需求量。库存量与市场需求有直接关系，为了满足消费的需要，要求有相应数量的商品随时可投放市场。在其他条件不变的情况下，库存量与市场需求量成正比。

②商品再生产时间。库存量必须与再生产时间相适应。在其他条件不变的情况下，库存量的大小与再生产周期的长短成正比。

③交通运输条件。商品从生产领域进入消费领域需要运输工具和运输时间，对于交通运输发达的地区和不发达地区，其运输时间是不同的。

④管理水平和设备条件。库存量的大小也受企业本身条件的限制。如仓库设备、进货渠道、中间环节、进货时间等，都会影响商品库存量。

(2) 合理库存结构

合理库存结构是指商品的不同品种、规格之间库存量的比例关系。社会对商品的需要既要求供应总量的满足，又要有品种、规格的选择，而且要求的结构也在不断变化，所以，确定合理库存数量的同时，还必须考虑不同商品其品种、规格在库存中的合理比例关系，以及市场变化情况，以便确定正确的商品库存结构。

(3) 合理库存时间

第一，库存时间受商品销售时间的影响。商品销得快，库存时间就短；商品销得慢，库存时间就长，甚至积压在库。所以，物流部门要随时了解生产、销售情况，促进生产、扩大销售，加速周转。第二，库存时间还受物品的物理、化学、生物性能的影响。**如果超过物品本身自然属性所允许的库存时限，物品会逐渐失去其使用价值**。因此，库存的时间还必须以保证物品安全，减少损失、损耗为前提。

(4) 合理库存网点

仓库网点的合理布局，也是合理库存的一个重要条件。就流通领域而言，在商品流通过程中，商业批发企业和零售企业为了完成销售任务，会分别进行一定数量的商品库存。由于批发和零售企业的经营特点和供应范围不同，对批发环节和零售环节的库存要求也有所不同。批发企业一般担负着经济区的供应任务，它要依靠一定的库存来调剂市场，起“蓄水池”的作用。所以，在批发环节，库存要大，要合理设置库存网点。零售企业处于流通渠道末端，网点分散、销售量小，因而在零售环节，一般附设小型仓库，但其库存量小，应勤进快销，加速周转。就生产领域而言，物资主要是分散库存在各工厂的仓库里，库存应适量，不宜过多，以免原材料大量积压。

2. 组织合理库存的重要意义

其一，组织合理库存可以减少对国家财富的占用。用于库存过程的物资是不增加价值的；相反，它是用于生产的财富的一种扣除。这种库存过程占用的物资越多，用于生产的财富就越少。所以，进行合理库存可以相对地减少库存过程中的资金积压，而增加用于生产的资金。

其二，组织合理库存可以缩短物资流通的周期，从而加速再生产的过程。由于社会再生产时间等于生产时间和流通时间之和，所以，组织合理库存能够相对缩短物资在流通领域内停滞的时间，加快物资周转，从而缩短整个社会再生产的过程。

其三，合理库存可以减少费用开支。**物资在库存期间不但不增加价值，而且需要花费一定的库存费用**。库存费用包括保管费、保险费和损耗价值。一般工业企业的库存资金占流动资金的80%左右。按一般规律，每年的库存费用要占到库存货物价值的25%左右。可见，组织合理库存既可以减少保管费用，降低库存性物质损耗，又可以加快资金周转，节约利息开支，是降低物流成本，提高物流经济效益的重要途径。

其四，组织合理库存可以减少不必要的中转环节，避免迂回，倒流运输，节约运力。

3. 最低库存

最低库存的目标涉及资产负担和相关的周转速度。通过整个物流系统进行存货配置的金融价值是物流作业的总负担。结合存货可得性的高周转率，意味着分布在存货上的资金得到了有效的利用。因此，保持最低库存的目标是要把存货配置减少到与顾客服务目标相一致的最低水平，以实现最低的物流总成本。随着经理们谋求减少存货配置的设想增多，类似“零库存”之类的概念已变得越来越流行。重新设计系统的现实是，作业上的缺陷一直要到存货被减少到其最低可能的水平时才会显露出来。虽然消除一切存货的目标很具吸引力，但必须记住，存货在一个物流系统中能够并且确实有助于实现某些重要的利益。当存货在制造和采购中产生规模经济时，它能提高投资报酬率。其目标是要将存货减少和控制在可能的最低水平上，而同时实现所期望的作业目标。要实现最低存货的目标，物流系统设计必须控制整个公司而不仅是某一个业务点的资金负担和周转速度。

4. 控制物流成本的主要途径

由于实际物流情况的复杂性和多变性，控制物流成本的方法也是多种多样、变化不定的，但一般都遵循以下几条原则。

(1) 加快物流速度，扩大物流量

全部物流成本可以大体划分为可变成本和固定成本两部分。前者如运输费、包装费、保管费等，它们随着物流量的变化而变化，即物流量增加时，物流成本的绝对值也随之增加，反之则减少。但它们的物流成本水平，即占物流成本数量的百分比相对比较固定。后者如工资、固定资产折旧费、管理费等，它们在物流量变动时，其绝对值通常保持不变或变化较小，即相对比较固定。**但其费用水平随物流量的变化呈现反比例关系，即物流量增加时，费用水平下降。**

根据这两种成本的特点，我们可以采取加快物流速度、扩大物流量的原理和方法，降低物流成本。当物流速度加快时，虽然可变成本也增加，但其幅度小于物流量增加幅度，而固定成本部分则与物流量成反比，即物流速度越快，物流量越大，其成本越小。从物流速度与流动资金需要量的关系来看，在其他条件不变的情况下，物流速度越快则所需要的流动资金越少，从而减少资金占用，减少利息支出，使物流成本降低。

(2) 减少物资周转环节

物资在从生产领域进入消费领域，到达消费者手中之前，需要经过许多相互区别而又相互衔接的周转环节。这些环节越多，物资的流通时间也就越长，物流成本也就必然相应地增加。因此，尽可能地减少流通环节和物流时间，尽可能地直达供货，尽可能地减少物资的集中和分散，就会使物流速度加快，从而减少物流成本。

(3) 采用先进、合理的物流技术

采用先进、合理的物流技术是减少物流成本的根本性措施。它不仅可以不断提高物流速度，增加物流量，而且可以大大减少物流损失。例如，先进、合理的装卸、运输机械，集装箱、托盘技术的推广（硬技术），科学、合理的运输路线、库存量（软技术）等都对减少物流成本具有十分重要的影响。

(4) 改善物流管理，加强经济核算

物流管理水平的高低是影响物流成本的最直接因素。虽然管理本身不直接产生效益，但它却能通过其他具体的物流执行部门对物流成本产生影响。**因此，加强物流管理，实现物流管理的现代化，是降低物流成本的最直接有效的方法**。在具体实施过程中，应采用岗位责任制方法，加强经济核算。对原材料消耗、资金、人员、物流各个环节的支出等层层分解，实行目标管理，是行之有效的好办法。

值得说明的是，降低成本并不意味着同时降低服务水平。如果在降低成本的同时，服务质量也随之降低，那么，由于成本降低所增加的利润就会被服务水平降低所带来的物流量减少而抵消，甚至成为负值。

三、库存控制及其目标方法

库存管理的关键是库存控制问题，库存控制的核心又是如何确定合理库存量的问题。很明显，如果库存量过大就会造成库存积压，不仅占用一定的流动资金，支付过多的利息，而且占库压库，增加保管费用，甚至造成物资的损耗；如果库存量过小，就会造成物质供不应求，企业停工待料，市场脱销，丧失销售机会。为了不缺货，就得增加订货次数，这样又会增加订货费用。所有这些都会影响物资流通的经济利益。因此，库存量必须控制在一个合适的水平上。

1. 对库存过程的控制

库存量的变化受到库存过程的影响，因此必须对库存过程进行控制。一个完整的库存过程，可以分为如下四个活动阶段。

一是订货活动阶段。订货活动阶段是从外出订货或发出订单开始，直到订货成交为止的整个活动过程。其作用是使物资的所有权从供方转移到需方。订货过程是商流过程。

二是进货活动阶段。进货活动阶段主要是把货物从供方运进需方仓库的过程。增加库存量属于物流活动。

三是保管活动阶段。保管活动阶段是从物资验收入库开始，直到对物资实行一系列的保管保养活动，是物流性质的活动。

四是供应销售活动阶段。供应销售阶段是出售物资的过程，是把出库物资送到消费者手中。在此阶段，库存量将逐渐减少。

从对上述四个阶段的活动分析可以看出：一是订货过程，使库存得到补充，库存量增加；二是供应销售过程是对库存的需求，使库存量减少；三是保管活动对库存量没有影响。**可以看到，对库存实行控制，就必须控制订货进货和供应销售这两方面**。但是，对销售实行控制，就会影响对用户的服务，降低用户的满意程度，从而减少用户，降低仓储的经济效益。因而对订货进货过程进行控制才是可行的。

库存过程控制的关键是对订货过程的控制，因此要制定一个适宜的订货进货策略，或者叫存储策略，主要是解决什么时候订货（每隔多少时间补充一次库存）、每次订货要订多少（每次补充多少库存），以及订货的方法等问题。衡量订货策略的好坏标准，是库存过程所支出的平均费用是否最低。

2. 库存目标及其协调

库存的问题不是孤立的，它和营销问题、仓库问题、材料运输问题、采购问题、财务问题等都有千丝万缕的联系，因此，物料管理所涉及的目标并不完全一致，有些甚至是互斥的。库存问题是企业内部不同职能部门间矛盾的根源，这种矛盾是由于不同的职能部门在涉及存货的使用问题上负有不同的任务而引起的。表7－1所列的是各部门对库存的典型态度。

由此看出，物料管理所涉及的目标并不是完全一致的，甚至不容易叙述清楚。其主要的目标是使库存投资最少，对用户的服务水平最高和保证企业的有效（低成本）经营。一些带有共性的次一级目标是单位成本低、存货周转率高、质量稳定、与供应商保持良好的关系以及保持供应持续不断等。很容易看出上述目标很不一致，有的甚至相互抵触。因此，要根据现实条件和环境的各种限制，把这些目标很好地协调起来，也就是所谓的“次级优化”。“次级优化”是用来描述以系统的目标为代价而使子系统最优化的术语。

表 7－1　各部门对库存的态度

部　　门	典型的反映
市场经营与销售	如果总是缺货或无足够的品种，我可不能用空空如也的货车去销售，那样我就不能保住我们的用户
生　　产	如果我按大批量生产，就可能降低单位成本，达到有效经营
采　　购	如果整批大量购进，就能降低单位成本
财　　务	我从哪里筹集资金来支付存货的货款？库存水平应更低些
仓　　库	我这里已经没有货位了，什么也不能再放了

3. 不同类型库存的不同要求

仓库有两种库存：计划库存和扩充库存，这两种库存的要求是不同的。

（1）计划库存要求

仓库主要强调商品流，而不管存货的周转率，所有入库的货物都必须至少保存一段时间。计划库存是指基本库存，存量可能得到不断的补充。计划库存的期限因物流系统的不同而不同，而物流系统的不同则依赖于其完成周期。**在物流系统中，计划库存必须提供足够的库存数量以使仓库能充分发挥其作用。**

（2）扩充库存要求

扩充库存是指超出了仓库正常操作所需的计划库存的那部分库存。在特殊情况下，客户可能在货物出运之前，要求将这些货物再多保存几个月的时间。这时，仓库就需要扩充库存了。因此，为了控制和衡量仓库搬运的绩效，必须仔细地按库存的类型区分存货的周转情况。

有一些商品，如季节性商品，要求库存到有季节需求的时候才出运。当大量的库存都要求与市场供需相适应的时候，周转率就非常低了。在这种情况下，物流系统中的仓储就要进行调整以适应季节的需要，于是就出现了对扩充库存的需求。**需要扩充库存的其他原因还包括不稳定的需求、商品调节、投机性购物以及减价等。**

当商品有不稳定的需求波动时，仓库也应该有安全库存以满足客户要求。例如空调，由于空调价格较贵，因而销售商更愿意库存小批量的货，但如果有持续高温天气出现，那么制造商只能在很有限的时间内来配送另外的空调。这时就需要扩充库存了。

商品调节（如催熟香蕉）有时也需要扩充库存，虽然食品配送中心通常都没有催熟间来使这些食品催熟到最佳质量状态。但是，这一过程也可以在仓库中完成。

仓库也要库存为了投机的目的而购来的商品。是否要购买这样的商品以及购买多少，要视具体的物品而定，而扩充库存则能对此起到调节作用。

扩充库存还常成为商品减价的理由。早期的销售商常因扩充库存而实行减价销售。此外，销售商也可能在一年中的某一时期进行减价销售。在这种情况下，仓库就可能超过计划库存。为此，诸如肥料、玩具或低档商品的制造商，就可能对一些非季节性库存实行减价，把库存的负担转嫁给销售商。

4. 库存控制系统

(1) 库存控制系统的任务

库存控制系统是解决订货时间和订货数量问题的常规联动系统。一个有效的系统要达到下列目的：

- 保证获得足够的货物和物料；
- 鉴别出超储物品、畅销品与滞销品；
- 向管理部门提供准确、简明和适时的报告；
- 花费最低的成本完成前述三项任务。

(2) 库存控制系统的内容

一个完整的库存系统所涉及的内容远不止是各种定量库存模型，还必须考虑以下六个极其重要的方面：

- 开展需求预测和处理预测误差；
- 选择库存模型；
- 测定存货成本（订购、库存、缺货成本）；
- 用以记录和盘点物品的方法；
- 验收、搬运、保管和发放物品的方法；
- 用以报告例外情况的信息程序。

（3）库存控制系统常见的种类

①连续库存系统。这个系统以经济订货量（EOQ）和订货点的原理为基础。连续库存系统要保持存货数量的记录，并在存货量降至一定水平时进行补充供应。

②双堆库存系统。其特点是没有连续的库存记录，属于固定订货量系统。**订货点由工作人员用肉眼来判定，当存货消耗一堆时便开始订货，其后的需求由第二堆来满足。**

③定期库存系统。在定期库存系统中，在储物品的数量要按固定的时间间隔进行检查。

④非强制补充供货库存系统。也称为最小最大系统，是连续系统和定期系统的混合物。库存水平均按固定的间隔进行检查，但订货要在库存余额已经降至预定的订货点时才进行。

⑤物料需求计划（MRP）库存系统。物料需求计划库存系统广泛地用于计划生产。由于属于材料和零件的物品被最终产品所耗用，故存货水准均根据用最终物品表示的需求量来得出。物料需求计划系统是一种派生的订货量系统。

这种系统的作用是按反工艺方向，并根据最终产品或主要装配件的计划完工日期，来确定各种零件和材料需要订购的日期和数量的。该系统在预先已知最终产品的具体需求量和某项物品的需求量按某种可预断的方式同其他物品的需求量联系在一起时，可得到良好的效果。

所有库存系统都有各自的优缺点，因此，适用范围也不同。例如，连续库存系统最适合于高价物品，对于这类物品要经常检查；双堆库存系统多用在由于作用小或单价低而无须经常检查的场合；定期库存系统适用于零售领域和供货渠道较少或货源来自中心仓库的场合。

5. 库存成本的最小化

在物流系统中增加仓库数目对平均库存的总体影响如图7－1所示。平均临时库存的减少在图中以线 $\bar{I}_1$ 表示。设定平均临时库存与网络中仓库数之间存在着线性关系。

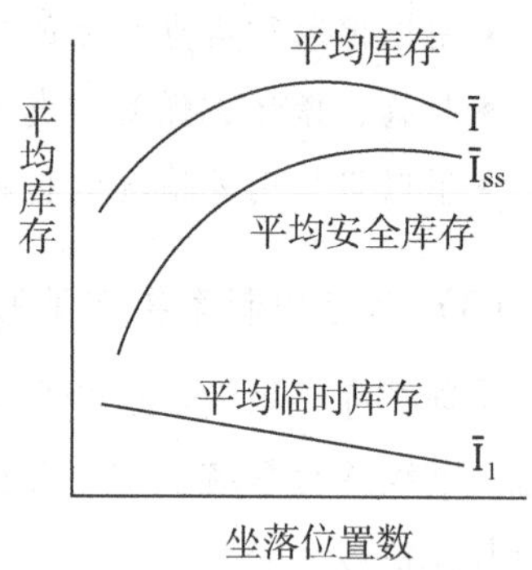

图 7－1　平均库存作为仓库坐落位置的函数

当仓库增加时，曲线 $\bar{I}_{ss}$（平均安全库存）上升，由于每一个设施的净增量是有限的，因此真实库存是以递减率增加的（为适量不确定性而增加的安全库存，仅与分配至那个仓库的需求有关，未扣去由于更短的补充周期而导致的安全库存的减少）。这样，用于维持客户服务绩效所增加的库存随着每一个新的仓库增加到系统中而减少。平均库存曲线代表了安全库存和临时库存结合的影响。观察结论是安全库存控制了临时库存减少的影响。对于整个系统而言，平均库存是安全库存加上订货量的一半再加上临时库存。这样，给定相同的需求及客户服务目标，随着物流系统中使用的仓库数量增加，全部库存以递减的速率增加。

6. 库存分类管理法

在库存管理中，运用 ABC 分类法把物资按照其种类、数量多少、价值高低及出入库繁简程度等加以分类。在一般情况下，将那些品种数量很少，而价值很大的物资分为一类，称为 A 类，实行重点管理；把那些品种数量很多，而价值很小的物资，分为一类，称为 C 类，实行一般管理。其余的物资介于两者之间，称为 B 类，根据情况，既可实行重点管理，也可实行一般管理。ABC 三类在数值比率上，大致有如下关系：

A 类：品种占 20% 左右，价值要占 70% 左右；

B 类：品种占 20% 左右，价值要占 20% 左右；

C 类：品种占 70% 左右，价值只占 10% 左右。

对于 A 类物资，要从订货、进货、保管、销售和配送等方面，进行合理安排与控制，这样就可以收到较好的经济效益。

ABC 分类管理方法包括两个步骤：一是如何进行分类，二是如何进行管理。

（1）如何进行分类

对库存物资通常按库存物资所占总库存资金的比例和所占库存总品种数目的比例这两个指标来分类。具体地说，A 类库存品种数目少，但资金占用大，即 A 类库存品种约占库存品种总数的 5% 至 20%，而其占用资金金额占库存占用资金总额的 60% 至 70%。C 类库存品种数目大，但资金占用小，即 C 类库存品种约占总数的 60% 至 70%，而其占用资金金额占库存占用资金总额的 15% 以下。B 类库存介于两者之间，B 类库存品种约占库存品种总数的 20% 至 30%，其占用资金金额占库存占用资金总额的 20% 左右。

以上按库存物质所占金额大小来分类的方法有一定的缺陷，例如，按金额来分类，可能出现某个品种被归为 C 类物资但却是生产过程中不可缺少的重要部件的现象。一旦发生缺货则会造成生产的停顿。**为了弥补按金额大小分类方法的不足，人们发展出了重要性分析方法**。这种方法的基本点是按照工作人员的主观认定对每个库存品种进行重要度打分，评出的分数称为分数值，再根据分数值的高低将物资品种划分为三至四个级别，即最高优先级、高优先级、中优先级、低优先级。

（2）如何进行管理

在对库存进行 ABC 分类之后，接着便是根据企业的经营策略对不同级别的库存进行不同的管理和控制。

①A 类库存。这类库存物资数量虽少但对企业却最为重要，是最需要严格管理和控制的库存。企业必须对这类库存定时进行盘点，详细记录及经常检查分析物资使用、存量增减、品质维持等信息，加强进货、发货、

运送管理，在满足企业内部需要和顾客需要的前提下维持尽可能低的经常库存量和安全库存量，加强与供应链上下游企业的合作，降低库存水平，加快库存周转率。

②B 类库存。这类库存属于一般重要的库存，对这类库存的管理强度介于 A 类库存和 C 类库存之间。对 B 类库存一般进行正常的例行管理和控制。

③C 类库存。这类库存物资数量最大但对企业的重要性最低，因而被视为不重要的库存。对于这类库存一般进行简单的管理和控制。比如，采购大量库存，减少这类库存的管理人员和设施，库存检查时间间隔长等。

7. 存量控制的方法

存量控制最常用的方法主要有三种。

（1）定量订购制

当存量达到某一基准（订购点）时，便开始发出请购单，请购定量（经济订购量）以补充库存，这种请购量固定而请购时期不固定的存量控制方法叫定量订购制。

定量订购制的经济订购量 = 平均每天使用量 × 一个生产周期的天数

（2）定期订购制

事先决定固定的期间，进行补充库存量，这种请购期固定而请购量不固定的存量控制方法叫定期订购制，订购量是当时的定期存量与最高存量的差额，因此订购量是不定的。

定期订购制的订购量 = 最高存量 − 已订未交量 − 现有存量

最高存量 =（购备时间 + 订购周期）×（耗用率 + 安全存量）

（3）复仓制

这种方法适用于 ABC 物料中的 C 类物料，即存量达到请购点时，即进行订购，将以前的存货用完后，再用现订购的物料。此种方法简单，但应注意遵守先进先出原则。

四、现代仓储技术

1. 自动化仓库

(1) 自动化仓库的优点

①自动化仓库可以节省劳动力，节约占地。由于自动化仓库采用了电子计算机等先进的控制手段，采用了高效率的巷道堆垛起重机，仓库的生产效益得到了较大的提高。往往一个很大的仓库只需要几个工作人员，节约了大量的劳动力。

自动化仓库的高层货架能合理地使用空间，使单位土地面积存放物资的数量得到提高。在相同的土地面积上建设的自动化仓库的库存能力是普通仓库的几倍，甚至十几倍。这样，在相同库存量的情况下，自动化仓库节约了大量的土地。

②自动化仓库出入库作业迅速、准确，缩短了作业时间。现代化生产要求物资能及时供应，流通迅速进行。自动化仓库由于采用了先进的控制手段和作业机械，采用最快的速度、最短的距离送取货物，物资出入库的时间大大地减少。**同时，仓库作业准确程度高，仓库与供货单位、用户能够有机地协调，这就有利于缩短物资流通时间。**

③提高了仓库的管理水平。由于电子计算机控制的自动化仓库结束了普通仓库繁杂的台账手工管理，仓库的账目管理以及大量资料数据通过电子计算机贮存，随时需要可随时调出，既准确无误，又便于情报分析。从库存量上看，自动化仓库可以将库存量控制在最经济的水平上。在完成相同的物资周转量的情况下，自动化仓库的库存量可以达到最小。

④自动化仓库有利于物资的保管。在自动化仓库中，存放的物资多，数量大，品种多样。由于采用了货架－托盘系统，物资存放在托盘或货箱中，使搬运作业安全可靠，避免了物资包装破损、散包等现象。自动化仓库有很好的密封性能，为调节库内温度、搞好物资的保管保养提供了良好的条件。在自动化仓库中配备有报警装置和排水系统，仓库可以预防和自

动及时扑灭火灾。

综上所述，自动化仓库的优点集中体现在经济合理上。它是采用现代科学技术、方法和手段在仓库管理中的集中体现，有利于以最少的劳动消耗获取最大的经济效益。

（2）自动化仓库使用条件

自动化仓库具有普通仓库不可比拟的优点。但是要建立和使用自动化仓库需要具备一定的条件。

①物资出入库要频繁和均衡。自动化仓库具有作业迅速、准确的特点。一般出入库频繁的货物使用自动化仓库较合适，否则自动化仓库的上述特点便不能得到充分的体现。自动化仓库要求均衡作业，出入库频率不可忽高忽低，否则，仓库作业停顿的时间过长或时紧时松都不利于自动化仓库发挥应有的效能。**应当看到，影响仓库作业频率和均衡程度的因素不在仓库本身，主要是受存货、供货和用货部门的支配**。因此，建立和使用自动化仓库时对此应有充分的考虑。

②对一些条件有特殊要求。由于自动化仓库使用高层货架，仓库的地坪承载能力要比普通仓库大几倍。建造这种具有相当承压的地坪，就必须考虑建库地址的地质状况。自动化仓库进行自动作业时，巷道堆垛起重机自动从货格中送取货箱和托盘，这一操作对货格的规格尺寸有严格的要求，以保证作业的吻合。巷道堆垛起重机在前进与后退、上升与下降时对水平和垂直偏差要求非常严格。从被存放的货物本身来看，则要求外部规格、形状不能变化很大。

③一次性投资大。要建造自动化仓库必须慎重考虑资金情况以及材料设备的供应。

④需要一支专业技术队伍。自动化仓库的设计、材料、资金的预算，以及对投产后经济活动的分析预测等，这些大量基础工作必须在建库前完成。从电子计算机的安装，仓库作业程序的编制、调试到运转以及出现故障后的排除，都要求仓库配备懂得电子技术的专门人员。其他，如机械设备的管理与维修等也需要懂技术的人才。

2. 电脑在现代库存管理中的作用

随着管理现代化的发展，人们越来越重视将各种先进的科学成果应用到管理中去。电子计算机不仅能够极大提高仓库的管理水平，而且对生产资料的生产和消费具有咨询意义。

(1) 电子计算机在仓储生产管理上的应用

无论是自动化仓库还是普通仓库都可以使用电子计算机进行仓储生产管理。

使用电子计算机进行管理，可以大大减少数据处理的层次和书面资料及文件的往来，取消庞杂的手工账册，提高仓储生产管理的及时性和准确程度。

采用电子计算机辅助仓储生产管理，一般要求它具备建账功能、入库功能、出库功能、查询功能、报表输出功能、出库结算功能等。

这些功能都可以被编成独立的子程序，由电子计算机贮存。需要仓库完成哪个作业项目时，便可调用相应程序由电子计算机完成。由于电子计算机的贮存能力大，除上述主要功能外，还可根据需要编制其他程序，如工资核算、成本核算等，以供仓储管理使用。

(2) 电子计算机对仓库作业机械的控制

在采用托盘货架的自动化仓库中，物资的入库、出库作业主要依靠巷道堆垛起重机来完成。电子计算机对堆垛起重机的控制有两种方式，即直接控制方式和电子计算机输出纸带或卡片的间接控制方式，前者能够实现完全的实时处理，因而控制水平最高。

电子计算机直接控制巷道堆垛起重机是通过卡片或键盘输入出入库信息，经巷道堆垛机上控制系统接收并控制其运行、升降及货叉机构的动作，以完成对托盘货物的存取的（如图 7－2 所示）。

(3) 电子计算机为仓库、用户、社会提供信息

电子计算机是现代化信息处理的有效手段。运用电子计算机进行信息处理可以达到及时、准确、适用、经济的要求。

电子计算机提供的信息可作为仓储计划制订的依据。要使仓储计划制

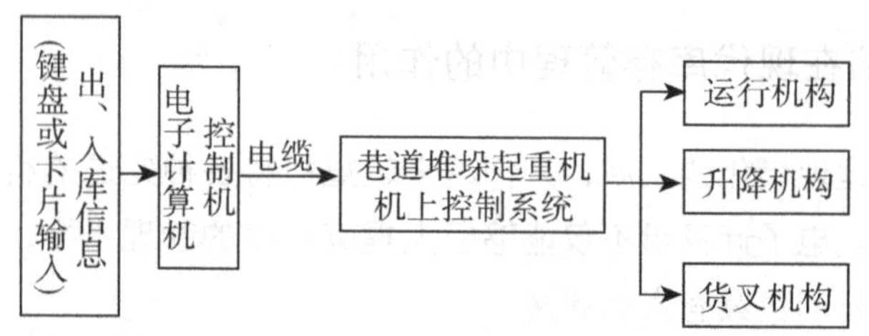

图7－2　电子计算机直接控制巷道堆垛起重机

订得比较准确、符合实际，就需要大量的可靠信息作为依据。电子计算机对仓储管理中发生的出库、入库物资的品种、数量、进货时间、出库频率以及库中结存等各类数据都有详细的记录。

通过电子计算机提供信息还可以对仓储生产过程进行有效的控制。在仓储生产过程中，计划任务情况、进度安排情况以及完成情况等这一系列信息是经常流动的，故称之为信息流。电子计算机能够把这些信息情况按每日、每周、每旬、每月统计反映出来，并可以做到随时需要随时反映。这些信息流可以用来对仓储作业进行有效控制。同时，通过这些信息流的反馈作用还可以对仓储活动的计划目标、实际情况进行对比，如有偏差或问题，电子计算机可以发出信息，通知管理人员进行调节和纠正。

3. 计算机模拟应用于仓储管理

计算机模拟是利用电子计算机来对一个客观系统（如仓库生产管理系统、库内外运输系统、库内外运输系统等）的结构和行为进行动态模拟。当改变输入数据时，可以在很短时间内得到各种不同的模拟结果，为管理人员进行科学决策提供定量化的依据和选择建议。

现在的电子计算机一般备有随机数发生器，它可以产生各种随机数，用这些随机数可以分别模拟出现实生活中各种概率事件的发生情况，并最终模拟出由许多概率事件（或因素）组合成的某种管理决策成功的概率或风险的大小。

在仓储管理中也存在着大量的随机事件，例如仓库生产调度中各作业环节的衔接问题，库内外运输与设备的配备问题，库、场规划与物资吞吐、库存相适应的问题，库内外运输路线的合理化问题等，都是一些随机事件或某些随机事件的组合，通过计算机可模拟出各种可能出现的情况，衡量出不同决策方案的得失间的比较值。对于比较简单的系统，可先建立数学模型，然后通过计算机运算，得出结果。但当情况比较复杂时，构建数学模型比较困难或根本不能构建合适的数学模型，则可利用计算机模拟来求解。

五、网络时代生产库存管理技术

1. 材料需求计划（MRP）

材料需求计划是依据市场需求预测和顾客订单制订产品生产计划，然后基于产品生产进度计划，组成产品的材料结构表和库存状况，通过计算机计算出所需材料的需求量和需求时间，从而确定材料的加工进度和订货日程的一种实用技术。这里“材料”一词是指在生产过程中所使用的各种资材，不仅包括与生产直接相关的原材料和零部件，还包括与生产间接相关的资材如燃料、机械工具、办公用品等。广义的材料概念还包括在制品和制成品。材料需求计划的基本目的是在合理利用、组织资源保持生产流程畅通的前提下维持最低的库存水平。

（1）MRP 的关键词汇

①独立需求和从属需求。所谓独立需求是指物品的需求与其他物品的需求没有关联，也不是从其他物品的需求中派生出的需求。企业的最终产品和为售后服务准备的零件是独立需求物品。所谓从属需求是指物品的需求与其他物品的需求有关联，或是从其他物品的需求中派生出的需求。

一般预测生产计划的对象是独立需求物品。

②终端物品。作为 MRP 对象的物品称之为终端物品。终端物品一般是独立需求物品。但在一个企业以订货生产的方式进行成品的生产，而以预测生产的方式进行部件生产的情况下，作为 MRP 对象的终端物品就不是作为独立需求物品的成品，而是组成该成品的部件。因此，可以成为终端物品的有产品部件和售后服务用零件。

③时间分段，时间段，计划期间。时间分段是指把连续的时间划分为若干个适当的小区间。每一个小区间称为时间段。MRP 系统的各项活动都以时间段为单位进行计划和管理。计划期间是指预测或者计划所覆盖的时间范围。因此，时间分段是把计划期间划分为若干时间段。**时间段的大小在同一个计划期间内可以是不一样的**。比如，在最近的一个月里时间段是 1 天，接下来的 3 个月里是 1 周，在其后的 1 年里是 1 个月。即越靠近实施点，时间段越短；反之，离实施点越远，时间段越长。

④指令和发出指令。指令是对采购或生产活动下达的指示。在指令中必须明确清楚地记载材料品名、交货日期、订购数量等具体内容。发出指令是将预先计划好的指令下达给生产现场或供应商的过程。

⑤总需求量和净需求量。总需求量是指完成生产计划所需材料的总数量。净需求量指从总需求量中减去该材料的可用库存（包括现有库存和在途库存）后的差额。在考虑安全库存的情况下，净需求量 = 总需求量 - 有效库存 = 总需求量 - （可用库存 - 安全库存）。如果在时间段内总需求量小于该材料的有效库存，则净需求量为零。

⑥批量。批量是指一次订货时的订购数量单位或生产制造过程中的一次加工数量单位。关于批量大小的确定有固定数量确定方式和固定期间确定方式。

⑦生产周期和交纳周期。生产周期是指从原材料投入开始到成品出产为止的全部制造时间。交纳周期是指从发出订货开始到收到物品为止的全部时间。

（2）MRP 的基本结构

MRP 的基本结构包括 MRP 的输入、MRP 的实行和 MRP 的输出等三个部分。该结构用来解决需求什么、需求多少、何时需求的问题，以便确定所需材料的生产或订货日程和进度，保证按生产进度的要求进行生产，同时维持最低的库存水平。

MRP 的基本输入系统主要由三部分组成：基本生产进度计划、材料清单和库存状态记录。

①基本生产进度计划。基本生产进度计划是指在每个时间段根据各种终端物品（一般是最终产品）的需求数量和需求时间，在平衡企业资源和

生产能力的基础上制定出的生产进度表。

②材料清单。材料清单也称为产品结构表。它表示产品组成结构和组成单位产品的原材料和零部件的数量。

③库存状态记录。库存状态记录是指有关材料库存水平的详细记录资料。这些资料包括现有的库存水平、在途库存、交纳周期、订货批量、安全库存、材料特性和用途、供应商资料等。这些记录是动态的记录，即在库存发生变化（如进货补充增加库存，生产使用减少库存等）时，需及时更新库存记录。**完整、正确、动态的库存信息是使 MRP 系统发挥作用，最终减少整体库存水平的保证。**

(3) MRP 的实行过程

狭义的 MRP 是指在完整准确的 MPS、材料清单和库存状况记录的基础上，通过计算求得每个时间段上各种材料的净需求数量，同时也确定材料订货的数量、订货时间、订货批量和零部件的加工组装时间等内容。具体的计算步骤如下：

- 计算总需求量；
- 计算净需求量；
- 材料订货（加工）批量和确定指令发出时间；
- 制订材料需求计划；
- 发出指令。

MRP 的输出也即 MRP 系统提出的报告。其报告分为两种：一种是基本报告，另一种是补充报告。

基本报告的内容主要有计划订货日程进度表，进度计划的执行和订货计划的修正调整及优先次序的变更。基本报告主要为采购部门和生产部门的决策提供依据。

补充报告的内容主要有：成果检验报告、生产能力需求计划报告和例外报告。

(4) 实施 MRP 系统的注意事项

为了使 MRP 系统顺利地运行，需要处理好以下几个主要方面的事项。

①必须使生产与营销紧密地结合起来，这是确保 MRP 有效性的基本条

件，因为通过 MRP 系统制订材料需求计划需要花大量的时间和资源。如果在时间段内销售信息经常发生变化，则需要不断修改 MRP。**这样不仅会花费大量的时间和资源，而且难以保证 MRP 的有效性。**

②正确及时的库存状况信息是保持 MRP 系统有效的重要条件。对库存状况信息进行及时、准确的更新极为重要。通常采用两种更新方法：一种是定期更新方式（regenerative system），另一种是及时更新方式（net-change system）。定期更新方式是每隔一定的时间更新库存数据（如每隔一周更新一次），根据更新后的结果来对 MRP 进行修正。这种方式成本较低，适用于较为稳定的系统，其最大的缺点是可能导致库存数据与实际库存状况相背离的情况发生，即库存状况和库存记录之间存在着时间差。及时更新方式是一旦发生库存变动的情况马上就更新库存数据的方式，这是一种连续更新方式，它适用于动态型系统。由于库存数据的及时更新往往会导致 MRP 的及时更新，它的优点是能及时反映实际情况并迅速做出反应，缺点是这种方式需要投入大量的资源（如计算机等信息技术设备和人员）和花费大量的时间，成本较高。

③材料清单、生产流程、工序能力、交纳周期等基本数据必须准确完备，并根据需求及时更新。只有这些基本数据准确完备才能保证 MRP 系统的顺利运行。

④必须与其他部门紧密联系，才能保证 MRP 目标的实现。MRP 必须与企业的销售系统、物流系统、采购系统、研究开发系统、财务系统、人事系统等紧密协作，才能有效地实现材料需求计划的基本目标，即在合理利用组织资源、保持生产流程畅通的前提下维持最低的库存水平。

2. 及时管理方式（JIT）

“库存就是浪费，消除库存就是消除浪费”，基于这样的认识，日本丰田汽车制造公司开发出了看板管理方式，又称为及时管理方式（Just－In－Time，简称为 JIT）。

及时管理方式就是系统中的活动只有在需要它发生的时候才能发生，具体来说，就是系统（以反复生产制造系统为例）的上一道工序的加工品种、数量和时间由下一道工序的需求确定，零部件供应商的交货品种、数量和交货时间由生产组装线的进度需求来确定，从而做到在生产过程中的每一个阶段或工序、制品的移动以及供应商的交货均能符合时间和数量要求，即在需要的时间及时供应所需求的数量。理论上说，在需要的时间及时供应所需要的数量就意味着在生产过程中的每一个阶段或工序上不会出现闲置的零部件（处于等待或库存状态的材料），从而也就不会产生库存，所以，及时管理方式往往被称为零库存管理方式。实际上，在实践中绝对的零库存往往是不可能的，但是，及时管理方式所采用的拉动概念具有重大的意义，**它强调及时服务、过硬品质，通过消除浪费使库存减少到尽可能低的水平。**

既然库存是浪费，就必须减少库存；随着库存水平的逐渐下降，原来被掩盖的问题将浮现出来，企业管理者就必须面对和解决这些问题。因此，及时管理方式的运作程序是逐渐减少库存以发现问题，在问题解决之后再进一步减少库存以发现新的问题，并设法加以解决的过程，如此不断循环往复。

（1）及时管理方式的构成

及时管理方式的管理系统由四部分组成：平准化生产、看板方式、消除浪费的具体措施、目标管理方法。

①平准化生产。多品种生产方式一般有两种：一种是混流生产方式，又称为平准化生产方式；另一种是生产线切换方式。为了及时对应市场变化，在及时管理系统中通常采用平准化生产方式。

②看板方式。为了实现需要的材料在需要时间供应必需数量的及时化管理目标，丰田公司采用看板作为前后作业之间的联系与沟通的工具。**看板按用途分为提料看板、生产看板、采购看板等。**看板的形状有长方形和三角形。看板上标示出相关作业所需的信息，后道作业向前道作业提取材料时必须出示提料看板，前道作业按看板所示的材料名、需要数量在需要的时间向后道作业发货，同时，前道作业按后道作业提示的看板指令进行生产，这样对后道作业而言，该看板是生产看板。看板的功能表现在以下六个方面：

- 提料和搬运信息；

- 生产指令信息；
- 防止过量生产和搬运；
- 目标管理的工具；
- 防止不良品的产生；
- 揭示存在问题的工具；
- 库存管理的工具。

为了保证看板功能的实现，在使用看板作业时必须遵守以下规则：

- 严格按照看板所示信息提取材料和搬运；
- 严格按照看板所示信息进行生产作业活动；
- 在没有看板的情况下，既不进行生产也不进行搬运作业；
- 看板必须与所表示的材料在一起；
- 绝不把不良品向下道作业移送；
- 尽可能减少看板的枚数，尽可能减少1枚看板的平均批量，这是因为减少看板的枚数、减少1枚看板的平均批量就是减少库存。

③消除浪费的具体措施。为了彻底消除浪费，一些公司列举出了生产过程中七种最大的浪费源，并采取措施设法加以清除，这七种最大的浪费源如下。

一是生产数量过多所造成的浪费。比如在生产制造过程中生产出的成品或半成品超过需求的数量，或提前生产出下道作业所需要的材料。

二是闲置等待所造成的浪费。比如上道作业没有在下道作业需要的时间提供材料，造成下道作业的设备和人员闲置等待。

三是库存所造成的浪费。特别是由从供应商采购的原材料或零部件所形成的库存，及时管理方式认为库存是一种浪费。

四是搬运所造成的浪费。搬运是一种不产生附加价值的活动，因此，应尽量减少搬运所造成的浪费。

五是生产制造流程所造成的浪费。不良的生产制造流程会造成生产加工周期延长，消耗更多的材料等，是一种结构性浪费。

六是人力资源的浪费。指没有对员工进行岗位培训，没有训练员工掌握多种技能，没有赋予员工生产现场处理问题的职责等。

七是不良品所造成的浪费。不良品不仅会增加企业的成本，而且会影响企业的信誉。

丰田公司针对这七种最大的浪费源，运用及时管理方式解决了问题。

④目标管理方法。所谓目标管理是指生产现场的所有工作人员具有及时发现生产过程中出现的问题，查明原因并加以改善的责任和能力。**具体的方法是在生产线每个工序上安装具有红、黄、绿三种颜色的指示灯。**亮绿灯表示生产线作业正常；亮黄灯表示该工序作业进度落后，需要支援，当黄灯出现后就会有其他员工（多能工）来支援，突破作业瓶颈；亮红灯表示该工序出现异常情况，要求停止生产线生产，这样就不会造成其他工序继续作业而导致出现大量在制品等待库存的现象。同时，各个工序共同协作来解决问题的方法的好处在于能赋予员工高度的责任心，有利于发挥团队精神，相互协作来解决问题，防止出现不良品，避免发生大量在制品库存等。

（2）及时管理方式成功的条件

及时管理方式成功的条件可归纳为以下几个方面。

①严格拉动的概念。及时管理方式要求严格按照拉动的概念，以最终需求为起点，由后道作业向前道作业按看板所示信息提取材料（商品），前道作业按看板所示信息进行补充生产。在生产流程的安排上，要求生产制造过程（可推广到整个供应链）保持平准化，即生产制造过程安定化、标准化和同步化。保证从原材料到成品的整个过程畅通无阻，不出现瓶颈现象，这样，不仅可以满足顾客的需求，提高顾客服务水平，而且可以实现低水平的库存，降低成本。

②重视人力资源的开发和利用。及时管理方式要求重视人力资源的开发和利用，这包括重视对员工的培训使其掌握多种技能成为多能工。同时要求给予作业现场员工处理问题的责任，做到不将不良成品移送给下道作业，确保产品的质量，做到零缺陷。及时管理方式还要求企业的所有员工（包括管理者）具有团队精神，共同协作解决问题。

③小批量生产。及时管理方式要求小批量生产。小批量生产的优势在于能减少在制品库存，降低库存、维持成本、节约库存空间、易于现场管理，当质量问题发生时，容易查找和重新加工。在生产进度安排上允许有

一定的弹性，可按需求进行调整，对市场需求的变化能做出迅速及时的反应。同时，小批量生产要求在变换产品组合时，生产线的切换程序简便化和标准化，进而使生产切换速度加快，为此要求供应商能小批量、频繁、及时地供货。

④与供应商长期可靠的伙伴关系。及时管理方式要求与供应商建立长期可靠的合作伙伴关系。及时管理方式要求供应商在需要的时间提供需要的数量。具体来说，就是要求供应商以小批量频繁地进行运送，严格遵守交货时间。同时要求供应商稳定地提供高质量的零部件以便节约检验时间，保证最终产品的质量。进一步，要求供应商能对订货的变化做出及时、迅速的反应，具有弹性，因此，必须挑选出少数优秀的供应商，并与之建立长期可靠的合作伙伴关系，分享信息情报，共同协作解决问题。

⑤高效率、低成本的物流运输方式。及时管理方式要求高效率、低成本的物流运输装卸方法，要求供应商小批量、频繁运送。但是小批量、频繁运送将增加运输成本。为了降低运输成本，及时管理方式要求积极寻找集装机会。进货集装运送是指把来自多个供应商的小批量货物集中起来作为一个运输单位进行运送的方法，这样不仅可以保证按时交货，还可以节约运输成本。另外，需要采用使小批量物品的快速装卸变得容易的设备。

⑥决策层的支持。及时管理方式要求企业最高决策管理层的大力支持。与视库存为企业资产，认为库存是经营所必需的传统管理方法不同，及时管理方式视库存为企业负债，认为库存是浪费。采用及时管理方式要求对企业整个体系进行改革甚至重建，这需要大量投资和花费很多时间，也存在较大的风险。如果没有最高决策管理层的支持，企业不可能采用及时管理方式；即使采用了，也可能由于部门间不协调或投入资源不足，不能发挥及时管理方式的优势。因此，及时管理方式要求企业最高决策管理层的大力支持。

3. 企业资源计划（ERP）

企业资源计划（Enterprise Resource Planning，ERP）就是在 MRP Ⅱ 的基础上通过前馈的物流和反馈的信息流、资金流，把客户需求和企业内部的生产活动，以及供应商的制造资源整合在一起，体现完全按用户需求制造的一种供应链管理思想的功能网链结构模式。ERP 管理是一种全新的管理方法，它通过加强企业间的合作，强调对市场需求快速反应、高度柔软性的战略管理以及降低风险成本、实现高收益目标等优势，从集成化的角度管理供应链问题。ERP 的特征包括四个方面：一是超越了 MRPⅡ的范围和集成功能；二是支持混合方式的制造环境；三是支持动态的监控能力，提高业务绩效；四是支持开放的客户机/服务器计算环境。

在管理技术上，ERP 在对整个供应链的管理过程中更加强调对资金流和信息流的控制，同时通过企业员工的工作和业务流程，促进资金、材料的流动和价值的增值，并决定了各种流的流量和流速（如图 7－3 所示）。供应链管理还包括以下主要内容：战略性供应商和用户伙伴关系管理，供应链产品需求预测和计划，全球节点企业的定位设备和生产的集成化计划跟踪与控制，企业内部与企业之间的材料供应与需求管理，基于供应链管理的产品设计－制造管理，基于供应链的用户服务和物流管理，基于 Internet/Intranet 的供应链交互信息管理。

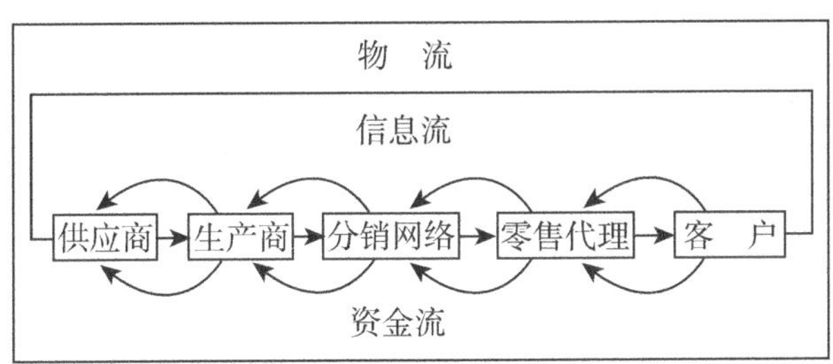

图 7－3 企业 ERP 管理价值链

ERP 已打破了 MRPⅡ只局限在传统制造业的格局，并把它的触角伸向各行各业，如金融业、高科技产业、通讯业、零售业等，从而使 ERP 的应用范围大大扩展。为给企业提供更好的管理模式和管理工具，ERP 还在不断吸收先进的管理技术和 IT 技术，如人工智能、精益生产、并行工程、Internet/Intranet、数据库等。**未来的 ERP 将在动态性、集成性、优化性和广泛性方面得到更大的发展。**

第八章

物流成本管理

“物流是降低成本的宝库”，物流与成本有着密切的联系。物流成本管理是以成本为手段的物流管理，具体指通过成本去管理物流，通过对物流活动的管理降低物流费用。须记住，物流成本管理不是管理物流成本。本章重点阐述物流成本管理的含义、特征、作用，物流管理的基本思路，物流成本管理的内容、方法等。

一、物流成本管理：以成本为手段的物流管理

加强对物流费用的管理，对降低物流成本、提高物流活动的经济效益具有非常重要的意义。所谓物流成本管理不是管理物流成本，而是通过成本去管理物流，可以说是以成本为手段的物流管理，通过对物流活动的管理降低物流费用。

1. 物流成本管理的含义与特征

（1）物流成本管理的含义

物流成本是指产品在空间位移（含静止）过程中所耗费的各种劳动和物化劳动的货币表现。具体地说，它是产品在实物运动过程中，如包装、装卸、运输、库存、流通加工等各个活动中所支出的人力、财力和物力的总和。

物流成本是以物流活动的整体为对象的，是唯一基础性的、可以共同使用的基本数据。可以说物流成本是进行物流管理，使物流合理化的基础。如能准确地计算物流成本，就可以运用成本数据大大提高物流管理的效率。

（2）物流成本管理的特征

从当今企业的物流实践中反映出来的物流成本管理具有以下特征。

其一，物流在企业财务会计制度中没有单独的项目，一般所有成本都列在费用一栏中，较难对企业发生的各种物流费用做出明确、全面的计算与分析。

其二，在通常的企业财务决算表中，物流费核算的是企业对外部运输业者所支付的运输费或向仓库支付的商品保管费等传统的物流费用，对于企业内与物流中心相关的人员费、设备折旧费、固定资产税等各种费用则与企业其他经营费用统一计算，因而，从现代物流管理的角度来看，企业难以正确把握实际的企业物流成本。**发达国家的一些先进企业的实践经验表明，实际发生的物流成本往往是外部支付额的5倍以上。**

其三，对物流成本的计算和控制，各企业通常是分散进行的，也就是说，各企业根据自己不同的理解和认识来把握物流成本，这样就带来了一

个管理上的问题，即企业间无法就物流成本进行比较分析，也无法得出产业平均物流成本值。例如，不同的企业外部委托物流的程度是不一致的，由于缺乏相互比较的基础，无法真正衡量各企业的相对的物流绩效。

其四，在一般的物流成本中，物流部门完全无法掌握的成本很多，例如，保管费中过量进货、过量生产，销售残留品的在库维持以及紧急输送等产生的费用都是纳入其中的，从而增加了物流成本管理的难度。

其五，从销售关联的角度来看，物流成本中过量服务所产生的成本与标准服务所产生的成本是混同在一起的，例如，很多企业都将销售促进费算在物流成本中。

其六，物流成本中各项目间存在着彼长此消的关系。即某些项目成本的削减，可能引起其他项目成本的增加，因此，物流成本间各项目是相互关联的。

其七，物流成本削减具有乘数效应，例如，如果销售额为 100 万元。物流成本为 10 万元，那么物流成本削减 1 万元，不仅直接产生了 1 万元的利益，而且因为物流成本占销售额的 10%，所以，间接增加了 10 万元的利益，这就是物流成本削减的乘数效应。

其八，由于物流成本是以物流活动全体为对象的，所以，它是企业唯一的、基本的、共同的管理数据。

综合以上物流成本特点可以看出，对于企业来讲，要实施现代化的物流管理，首要的是全面、正确地把握包括企业内外发生的所有物流成本在内的企业整体物流成本，也就是说，要削减物流成本必须以企业整体成本为对象。此外，在努力削减物流成本时还应当注意不能因为降低物流成本而影响对用户的物流服务质量，特别是流通业中多频度、定时进货的要求越来越广泛，这就要求物流企业或部门能应对流通发展的这种新趋向。例如，为了符合顾客的要求，及时、迅速地配送发货，企业需要进行物流中心等设施的投资，显然，如果仅为了削减物流成本而节省这种投资，就会影响企业对顾客的物流服务质量。

由于物流成本没有列入企业的财务会计制度，如不进行特别计算，不容易把握。日本早稻田大学的西泽修教授据此提出了“物流成本冰山理论”。

2. 物流成本的构成

物流成本主要包括以下几个部分：

- 从事物流工作人员的工资、奖金及各种形式的补贴等；
- 物流过程中的物质消耗，如包装材料、电力、燃料等消耗，固定资产的磨损等；
- 物资在运输、保管等过程中的合理损耗；
- 属于再分配项目的支出，如支付银行贷款的利息等；
- 在组织物流的过程中发生的其他费用，如有关物流活动顺利进行的差旅费、办公费等；
- 一切由产品空间运动引起的费用支出都是物流费用。

对物流成本的分析和研究是探讨物流合理化的强有力的方法。

3. 物流成本管理的作用

加强对物流成本的管理对降低物流成本，提高物流活动的经济效益具有十分重要的意义。

首先，通过对物流成本的设计，可以了解物流成本的大小和它在生产成本中所占的地位，从而提高企业内部对物流重要性的认识，并且可以从物流成本的分布情况，发现物流活动中存在的问题。

其次，根据物流成本计算结果，制订物流计划，调整物流活动并评价物流活动效果，以便通过统一管理和系统优化降低物流费用。

再次，根据物流成本计算结果，可以明确物流活动中不合理环节的责任者。

总之，如能准确地计算物流成本，就可以运用成本数据大大提高物流管理的效率。

二、物流成本管理的基本思路

物流成本管理，同企业的经营、经济效益有着十分重要的关系。从宏观角度上看，物流成本管理对发展国民经济，提高人民生活水平都具有重要意义。

1. 实施物流成本合理化管理的内容

物流成本合理化管理主要包含以下内容。

（1）物流成本预测和计划

成本预测是对成本指标、计划指标事先进行测算平衡，寻求降低物流成本的有关技术经济措施，以指导物流成本计划的制订。**而物流成本计划是成本控制的主要依据。**

（2）物流成本计算

在计划开始执行后，对产生的生产耗费进行归纳，并以适当方法进行计算。

（3）物流成本控制

对日常的物流成本支出，采取各种方法进行严格的控制和管理，使物流成本以最低的限度，达到预期的物流成本目标。

（4）物流成本分析

对计算结果进行分析，检查和考核成本计划的完成情况，找出影响成本升降的主客观因素，总结经验，发现问题。

（5）物流成本信息反馈

收集有关数据和资料并提供给决策部门，使其掌握情况，加强成本控制，保证规定目标的实现。

（6）物流成本决策

根据信息反馈的结果，决定采取能以最少耗费获得最大效果的最优方案，以指导今后的工作，更好地进入物流成本管理的下一个循环过程。

2. 控制物流成本的具体方法

当今国际上企业针对物流成本控制的计算方法大致有三种：形态别物流成本控制、机能别物流成本控制和适用范围别物流成本控制。

（1）形态别物流成本控制

所谓形态别物流成本控制是指将物流成本按支付运费、支付保管费、商品材料费、本企业配送费、人员费、物流管理费、物流利息等支付形态来进行归类。通过这样的管理方法，企业可以很清晰地掌握物流成本在企业整体费用中处于什么位置，物流成本中哪些费用偏高等问题，这样，企业既能充分认识到物流成本合理化的重要性，又能明确控制物流成本的重点在于管理哪些费用。

这种方式的具体方法是，在企业月单位损益计算表“销售费及一般管理费”的基础上乘以一定的指数，得出物流部门的费用。物流部门是分别按“人员指数”“台数指数”“面积指数”“时间指数”等计算出物流费的。一般在此基础上，企业管理层通过比较总销售管理费和物流部门费用等指标，分析增减的原因，进而提出改善物流的方案。

（2）机能别物流成本控制

机能别物流成本控制是将物流费用按包装、保管、装卸、信息、物流管理等机能进行分类，通过这种方式把握各机能所承担的物流费用，进而着眼于物流不同机能的改善和合理化，特别是算出标准物流机能成本后，通过作业管理，能够正确设定合理化目标。其具体方法为，在计算出不同形态物流成本的基础上，再按机能算出物流成本。当然，机能划分的基准随着企业业种、业态的不同而不同，因此，按机能标准控制物流成本时，必须使划分标准与本企业的实际情况相吻合。

按不同机能控制物流成本的特点是在算出单位能别物流成本后，企业管理层再计算出各机能别物流成本的构成比、金额等，并将其与往年数据进行对比，从而明确物流成本的增减原因，找出改善物流成本的对策。

（3）适用范围别物流成本控制

所谓适用范围别物流成本控制是指分析物流成本适用于什么对象，以此作为控制物流成本的依据。例如，可将适用对象按商品别、地域别、顾客别、负责人别等进行划分。当今先进企业的做法是，按分公司营业点别来把握物流成本，有利于对各分公司或营业点进行物流费用与销售额、总利润的构成分析，从而正确掌握各分支机构的物流管理现状，及时加以改善；按顾客别控制物流成本，有利于全面分析不同顾客的需求，及时改善物流服务水准，调整物流经营战略；按商品别管理物流成本，能使企业掌握不同商品群物流成本的状况，合理调配、管理商品。

3. 物流成本管理中应注意的问题

一是必须将物流成本明确化，并设置恰当的计算基准，但更为重要的是明确计算物流成本的目的。如不明确计算目的，计算物流成本也没有什么用处。另外，应找出最适合目的的计算方式。

二是企业过去大多只是简单地认为物流成本下降就会带来效益。因此，企业领导一味要求降低成本。**过去，有些企业认为物流是一种没有效益的活动，因而总是认为必须使之合理化以降低成本，这种观点是有问题的**。不应该把物流只看作需要支付的费用，而应把它当作资源加以有效地利用，也就是将物流成本看作一种生产要素。

应当利用物流成本资源促进销售，争取顾客。为确保收益，必要时可以考虑加大物流成本，争取销售目标的实现。应该说现在已经进入了物流活动可以产生收益的时代。

三是应当从与物流服务的关系着眼考虑物流成本。不从一定服务水平下的物流成本能取得多少收益着眼，而只是一味强调降低成本是毫无意义的。应当在维持物流服务水平的前提下，降低物流成本。我们往往看到有人张口闭口说物流服务应与物流成本保持平稳，但这句话并没有告诉人们该去怎么做。应该充分地考虑物流服务水平，然后在一定的服务水平的前提下考虑如何降低成本。

四是物流成本要在销售和生产之后进行计算，有些成本是物流部门无法管理的。也就是说，物流成本之中，包含着物流部门能够管理和不能管理的两种成本。物流部门无法管理的这种成本，也大多由物流部门负责，这对其管理部门来说，是有问题的。

五是物流预算也是在生产计划和销售计划的基础上做出的，生产、销售出了问题，一般会直接导致物流的预算和实际出现差异。应当想出办法，当预算出现差异时，能够指明是物流的责任，还是生产或销售的责任。

六是为降低物流成本，一般都建立物流成本委员会进行研究。多数企业的物流成本委员会清一色地由物流部门成员组成。

这种组成使降低成本受到限制。因物流大多是由生产和销售的结果产生的，委员会应当有销售和生产部门的成员参加，以便通盘考虑生产和销售方面的因素。**无论是在经营、管理和业务哪个层次设立的物流成本委员会，都应当吸收销售和生产部门的人员参加。**

七是在基层，销售部门常常打乱物流部门的规定，搞紧急运输或例外运输。关于这个问题，物流部门应在事前让销售部门清楚地了解，按标准物流服务水平运输费用是多少，超过标准其费用又该是多少。如果不这样做，物流服务水平的规定将成为废纸。物流部门应努力向各部门、各阶层随时提供与交货条件、商品搭配情况有关的运输费用等准确的物流成本信息。今后必须分别在销售部门推销员中建立物流成本责任制。

八是在物流管理方面，国外企业已经达到掌握实际情况来进行成本核算、成本管理的阶段，但多数企业还未达到评估物流成绩、分析物流盈亏的阶段，今后，企业应积极进行成果评估和物流盈亏的分析。

最后，应该指出的是，过去企业只是把目光局限在如何掌握物流成本上。掌握物流成本确实非常重要，但今后应当把重点转移到如何运用物流成本上来。

三、降低物流成本的要求与对策

1. 降低物流成本的基本要求

(1) 着眼流通全过程降低物流成本

对于一个企业来讲，控制物流成本不单单是本企业的事，即追求本企业物流的效率化，而应该考虑从产品制成到最终用户整个供应链过程的物流成本效率化，亦即物流设施的投资或扩建与否要视整个流通渠道的发展和要求而定。

在控制企业物流成本时，有一个问题是值得注意的，即针对每个用户

成本削减的幅度有多大。特别是当今零售业的价格竞争异常激烈时，零售业纷纷要求发货方降低商品的价格，因此，作为发货方的厂商或批发商都在努力提高针对不同用户的物流活动绩效，例如将原来 1 日 1 次的商品配送，集约成 1 周 2 次的配送等。但问题是如果厂商或批发商不能明确测定出这种个别成本削减幅度有多大，进而以价格下降的形式转化成对用户的利益，最终势必会影响用户对厂商和批发商的信赖。

（2）提高对顾客的物流服务来降低成本

随着当今食品业界价格竞争的激化，有效客户反应（ECR）等新型供应链物流管理体制不断得到发展与普及。这种新型的物流管理体制使得用户除了对价格提出较高的要求外，更要求企业能有效地缩短商品周转时期，真正做到迅速、准确、高效地进行商品管理。要实现上述目标，仅仅本企业的物流体制具有效率化是不够的，它需要企业协调与其他企业（如部件供应商等）以及顾客、运输业者之间的关系，实现整个供应链活动的效率化。也正因为如此，追求成本的效率化不仅是企业中物流部门或生产部门的事，同时也是经营部门以及采购部门的事，亦即将降低物流成本的目标贯彻到企业所有职能部门之中。

提高对顾客的物流服务是企业确保利益的最重要的手段，从某种意义上来讲，提高顾客服务是降低物流成本的有效方法之一，但是，超过必要量的物流服务不仅不能带来物流成本的下降，反而有碍于物流效益的实现。

为了既保证提高对顾客的物流服务，又防止出现过剩的物流服务，企业应当在考虑用户产业特性和商品特性的基础上，与顾客方充分协调、探讨有关配送、降低成本等问题，从而相互促进在提高物流服务的前提下寻求降低物流成本的途径。

（3）构筑现代信息系统降低物流成本

借助于现代信息系统的构筑，一方面使各种物流作业或业务处理能准确、迅速地进行；另一方面，能由此建立起物流经营战略系统。具体来讲，通过将企业定购的意向、数量、价格等信息在网络上进行传输，从而使生产、流通全过程的企业或部门分享由此带来的利益，充分应对可能发生的各种需求，进而调整不同企业间的经营行为和计划，这无疑从整体上控制了物流成本发生的可能性。**也就是说，现代信息系统的构筑为彻底实现物流成本的降低，而不是向其他企业或部门转嫁成本奠定了基础。**

（4）加强配车计划管理

一般来讲，企业要实现效率化的配送，就必须重视配车计划管理、提高装载率以及车辆运行管理。

所谓配车计划是指与用户的订货相吻合，将生产或购入的商品按客户指定的时间进行配送的计划。

对于发货量较多的企业，需要综合考虑并组合车辆的装载量和运行路线。也就是说，当车辆有限时，在提高单车装载量的同时，要事先设计好行车路线以及不同路线的行车数量等，以求在配送活动有序开展的同时，追求综合成本的最小化。另外，在制订配车计划的过程中，还需要将用户的进货条件考虑在内。在提高装载率方面，先进企业的做法是，将本企业拟配的商品名称、容积、重量等数据输入到信息系统中，再根据用户的订货要求计算出最佳装载率。

削减配送成本的另一途径是追求车辆运行的效率化。提高车辆运行效率的一个有效方法是建立有效的货车追踪系统，即在车辆上搭载一个全球定位系统（GPS），通过这种终端与物流中心进行通信，一方面，对货物在途情况进行控制；另一方面，有效地利用空车信息，合理配车。

（5）控制退货成本降低物流成本

退货成本也是企业物流成本中一个重要的组成部分，它往往占有相当大的比例。退货成本之所以会成为某些企业主要的物流成本，是因为随着退货，会产生一系列的物流费、因退货商品损伤或滞销而产生的费用，以及处理退货商品所需的人员费等各种事务性费用。

控制退货成本首先要分析退货产生的原因，一般来讲退货可以分为由于用户的原因产生的退货和本企业的原因产生的退货两种情况。通常认为用户的原因所产生的退货是不可控的，但事实上并非如此。要杜绝此类情况发生，就必须及时掌握本企业产品在店里的销售状况，对于销售不振的商品应及时制定促销策略；而季节性产品或新产品，应在销售预测的基础上，根据掌握的当天的销售额来确定以后的生产量，也就是说利用单品管理建立起实需型销售体制。

由企业本身的原因产生的退货是企业很容易解决的问题，只要企业改变片面追求销售的目标战略、改革营业员绩效评价制度，就可以控制退货。

（6）利用一贯制运输和物流外委降低成本

降低物流成本从运输阶段上讲，可以通过一贯制运输来实现，亦即针对从制造商到最终消费者之间的商品搬运，利用各种运输工具的有机衔接来实现，以运用运输工具的标准化以及运输管理的统一化，来减少商品周转、倒载过程中的费用和损失，并大大缩短商品在途时间。

在控制物流成本方面，还有一种行为是值得我们注意的，那就是物流的外委，或称第三方物流或合同制物流。它是利用企业外部的分销公司、运输公司、仓库或第三方货运人执行本企业全部或部分的物流管理或产品分销职能的一种方式。

一个物流外委服务提供者可以使一个公司从规模经济、更多的门对门运输等方面实现运输费用的节约，并体现出利用这些专业人员与技术的优势。外委的利益不仅局限于降低物流成本上，企业也能在服务和效率上得到许多改进，如增强战略行动的一致性、提高顾客反应能力、降低投资需求、带来创新的物流管理技术和有效的渠道管理信息系统等。

2. 降低物流费用的主要对策

在考虑物流和销售的权衡问题时，进行物流合理化的方法有两种：一是以变更为顾客服务水平为前提的物流合理化；二是以为顾客服务水平作为依据以推论的事实、材料来改善物流活动能力的合理化。

从降低物流费用的角度看，第一个方法的效果好，但这一方法有关变更为顾客服务的水准问题，必须和销售部门进行沟通协调。第二个方法虽然可以由物流部门单独进行，而这一方法的合理化是有限度的，但在合理化后还留有充分余地的初期阶段，可以期待有明显的效果。

各个企业物流合理化，往往采取从第二个方法着手，再转到第一个方法的顺序。**在销售或生产优先时，组织实力强的企业，遵循这种顺序进行物流的合理化，阻力少，也实用。**

下面列举各企业为降低物流费用所实施的一些合理化对策：

(1) 降低运费的对策

①按照商物分离，缩短物流经路。

②扩大由工厂直接发送。

③减少运输次数。

④提高车辆的装载效率。

⑤设定每一顾客的最低订货量。

⑥实施计划运输。

⑦推进共同运输。

⑧选择最佳运输工具。

(2) 降低保管费（仓库费）的对策

①减少库存量。

②加强仓库管理，排除无用的库存。

③重新配置库存时，有效、灵活地运用库存量。

(3) 降低包装费的对策

①应用价格低的包装材料。

②包装简单化。

③包装作业机械化。

(4) 降低装卸费的对策

①减少装卸次数。

②导入集装箱和托盘，由机械化来实现省力化。

这些合理化对策，可以单独实施，也可以同时实施。实施时，要充分掌握费用的权衡关系，必须在降低总的物流费用中研究其合理化的效果。

(5) 合理化对策归纳

上述合理化对策可进一步归纳如下。

①关于物流经路整备的合理化——缩短物流经路、扩大由工厂直接发

送、削减仓库据点。

②关于扩大运输批量的合理化——减少运输次数、提高装载效率、设定最低订货量限额、实施计划运输、推进共同运输。

③关于库存量适当化的合理化——加强库存管理、适当配置库存量。

④关于物流作业省力化的合理化——机械化、集装箱化、托盘化。

⑤根据确立物流信息系统的合理化。

第九章

第三方物流管理

随着电子商务的兴起和发展，第三方物流也应运而生，成为物流产业中的新秀。第三方物流是在电子商务环境下，在传统物流基础上衍生的，有着广阔的发展前景。第三方物流及其管理越来越被业内所重视，成为物流管理的重要内容。本章主要阐述第三方物流的概念、特征及其与电子商务的关系，以及第三方物流的运作特点和第三方物流公司的管理模式等物流管理的基本知识。

一、第三方物流：物流专业化的形式

1. 第三方物流的含义

第三方物流是指由物流劳务的供方、需方之外的第三方去完成物流服务的物流运作方式。第三方就是指物流交易双方的部分或全部物流功能的外部服务提供者。在某种意义上，可以说它是物流专业化的一种形式。这种物流服务形式是建立在现代电子信息技术基础上的、企业之间的联盟关系。所以，通俗地说第三方物流其实就是把不属于自己企业“拿手”的送货、贮藏和发货到每个门店这样的“细致”活儿交给更专业的物流公司来做。**这样，物流公司和商业企业自身都能发挥自己最大的能量，把擅长的工作做到最好**。这个物流公司不是商业企业自己的，而是一个合作者，对于厂家和零售商而言，它是第三方，所以这种先进的物流技术就叫作第三方物流。

对第三方物流概念的理解要把握以下几个方面。

(1) 第三方物流是建立在现代电子信息技术基础上的

信息技术的发展是第三方物流出现的必要条件，信息技术实现了数据的快速、准确传递，提高了库存管理、装卸运输、采购、订货、配送发送、订单处理的自动化水平，使订货、包装、保管、运输、流通加工实现一体化；企业可以更方便地使用信息技术与物流企业进行交流和协作，企业间的协调和合作有可能在短时间内迅速完成；同时，电脑软件的飞速发展，使混杂在其他业务中的物流活动的成本能被精确计算出来，还能有效管理物流渠道中的商流，这就使企业有可能把原来在内部完成的物流作业交由物流公司运作。常用于支撑第三方物流的信息技术有：实现信息快速交换的 EDL 技术、实现资金快速支付的 EFT 技术、实现信息快速输入的条形码技术和实现网上交易的电子商务技术。

(2) 第三方物流是合同导向的一系列服务

第三方物流有别于传统的“外协”，外协只限于一项或一系列分散的物流功能，如运输公司提供运输服务、仓储公司提供仓储服务。第三方物流则根据合同条款的规定，提供多功能甚至全方位的物流服务，而不是满足临时需求。

（3）第三方物流是个性化物流服务

第三方物流服务的对象一般都较少，只有一家或数家，服务时间却较长，往往长达几年。这是因为需求方的业务流程各不相同，而物流、信息流是随价值流流动的，因而要求第三方物流服务应按照顾客的业务流程来制定。

（4）企业之间是联盟关系

依靠现代电子信息技术的支撑，第三方物流企业之间充分共享信息，这就要求双方相互信任、合作双赢，以达到比单独从事物流活动所能取得的更好效果；而且，从物流服务提供者的收费原则来看，他们之间是共担风险、共享收益的关系；再者，企业之间所发生的关联并非一两次的市场交易，在交易维持一定时期之后，可以相互更换交易对象。在行为上，各自既非采用追求自身利益最大化的行为，也非完全采取追求共同利益最大化的行为，而是通过契约结成优势互补、风险共担、要素双向或多向流动的中间组织，因此，企业之间是物流联盟关系。

2. 第三方物流的特征

依靠现代电子信息技术为支撑的第三方物流是电子商务的支点，其特征有如下几个方面。

（1）信息化

电子商务时代，物流信息化是电子商务的必然要求。物流信息化表现为物流信息的商品化、物流信息收集的数据库化和代码化、物流信息处理的电子化和计算机化、物流信息传递的标准化和实时化、物流信息存储的数字化等。因此，条码技术（Bar Code）、数据库技术（DataBase）、电子订货系统（Electronic Ordering System，EOS）、电子数据交换（Electronic Data Interchange，EDI）、快速反应（Quick Response，QR）及有效的客户反映（Effective Customer Response，ECR）、公司资源计划（Enterprise Resource Planning，ERP）等技术与观念在我国的物流中将会得到普遍的应用。信息化是一切的基础，没有物流的信息化，任何先进的技术设备都不可能应用于物流领域，信息技术及计算机技术在物流中的应用将会彻底改变世界物流的面貌。

（2）自动化

自动化的基础是信息化，自动化的核心是机电一体化，自动化的外在表现是无人化，自动化的效果是省力化，另外还可以扩大物流作业能力、提高劳动生产率、减少物流作业的差错等。物流自动化的设施非常多，如条码/语音/射频自动识别系统、自动分拣系统、自动存取系统、自动导向车、货物自动跟踪系统等。

（3）网络化

第三方物流的网络化有两层含义：一是物流配送系统的计算机通信网络，包括物流配送中心与供应商或制造商的联系要通过计算机网络来进行，另外与下游顾客之间的联系也要通过计算机网络通信，比如物流配送中心向供应商提出订单这个过程，就可以使用计算机通信方式，借助于增殖网（Value Added Network，VAN）上的电子订货系统（EOS）和电子数据交换技术（EDI）来自动实现，物流配送中心通过计算机网络收集下游客户的订货的过程也可以自动完成；二是组织的网络化，即所谓的公司内部网（Intranet）。比如，我国台湾地区的电脑业在20世纪90年代创造出了“全球运筹式产销模式”，这种模式的基本点是按照客户订单组织生产。生产采取分散形式，即将全世界的电脑资源都利用起来，采取外包的形式将一台电脑的所有零部件、元器件、芯片外包给世界各地的制造商去生产，然后通过全球的物流网络将这些零部件、元器件和芯片发往同一个物流配送中心进行组装，由该物流配送中心将组装的电脑迅速发给订户。**这一过程需要有高效的物流网络支持，当然物流网络的基础是信息和互联网。**

物流的网络化是物流信息化的必然，是电子商务下物流活动的主要特征之一。当今世界互联网等全球网络资源的可用性及网络技术的普及为物流的网络化提供了良好的外部环境，物流网络化不可阻挡。

（4）智能化

智能化是物流自动化、信息化的一种高层次应用，物流作业过程中大量的运筹和决策，如库存水平的确定、运输（搬运）路径的选择、自动导向车的运行轨迹和作业控制、自动分拣机的运行、物流配送中心经营管理的决策支持等问题都需要借助于大量的知识才能解决。在物流自动化的进程中，物流智能化是不可回避的技术难题。**好在专家系统、机器人等相关技术在国际上已经有比较成熟的研究成果**。为了提高物流现代化的水平，物流的智能化已成为电子商务下物流发展的一个新趋势。

（5）柔性化

柔性化本来是为实现“以顾客为中心”理念而在生产领域提出的，但要真正做到柔性化，即真正地能根据消费者需求的变化来灵活调节生产工艺，没有配套的柔性化的物流系统是不可能达到目的的。20 世纪 90 年代，国际生产领域纷纷推出弹性制造系统（Flexible Manufacturing System，FMS）、计算机集成制造系统（Computer Integrated Manufacturing System，CIMS）、制造资源系统（Manufacturing Requirement Planning，MRP）、公司资源计划（ERP）以及供应链管理的概念和技术，这些概念和技术的实质是要将生产、流通进行集成，根据需求端的需求组织生产，安排物流活动。因此，柔性化的物流正是适应生产、流通与消费的需求而发展起来的一种新型物流模式。这就要求物流配送中心要根据消费需求“多品种、小批量、多批次、短周期”的特色，灵活组织和实施物流作业。

3. 电子商务呼唤第三方物流

电子商务将成为 21 世纪的主流商务工具，它将像杠杆一样撬起传统产业和新兴产业。在这一进程中，电子商务呼唤第三方物流，第三方物流将给电子商务这个杠杆一个支点。

用“成也配送，败也配送”来形容电子商务与物流的关系是再恰当不过的了。信息技术的发展与普及，正在改变过去的生产、交易以及生活方式，流通体制也发生了重大的变化，电子商务、连锁经营、电视直销等新的流通方式的逐步发展，对物流产业发展提出了更高的要求。

当我们庆幸终于可以实现网上订货、网上支付的同时，也无可奈何地抱怨在网上订了货，货款也被划走，可是货却迟迟不来。为了送货，有的网站动用了EMS，有的网站动用了快递公司，有的网站甚至打起了居委会大妈的主意。这些都是电子商务在网上购物过程中遭遇的尴尬。

再看看电子商务在公司供应链上的表现：众所周知的世界直销大王——戴尔电脑公司目前面临的最大问题也是物流方面的难题，在收到顾客的要货订单后，如何及时采购到电脑的各种零配件，电脑组装好了以后如何及时配送到顾客手上，这些都需要一个完整的物流系统来支持，而迅速成长起来的戴尔公司缺乏的也正是这个。电子商务的运作实践证明，电子商务是信息传送保证，物流是执行保证。没有物流，电子商务只能是一张空头支票。

都说电子商务将成为公司决胜未来市场的重要工具，但如果没有第三方物流体系作为电子商务的支点，恐怕电子商务什么事也干不了。

对于B to C电子商务交易模式，当一位顾客在网上商店购物时，我们不可能事先得知他是本地顾客，还是远程顾客。这种跨区域购物，如果没有发达的配送系统，将使跨区域物流遇到阻碍或增加物流成本，最理想的解决方法是由第三方帮助卖方完成商品的送货。例如，一位上海的顾客在北京的网上商店购买的商品，如果配送系统发达，可以直接由该商店设在上海的配送中心送货，或者由上海的第三方配送中心送货，而不必从北京千里迢迢送货。

第三方物流就像完善的邮政系统，当我们寄信时，只要将信投入信箱，另一方就可收到，而不必关心信的递送过程。采用第三方物流模式有很多优点：首先，网上商店的优势是投资少、收益高、经营灵活。网上商店一般都是新建的公司，这些公司在成立初期，不可能大力投资建设自己的配送网络；如果由第三方物流公司利用它们完善的网络系统，为网上商店提供向顾客送货服务，那么，网上商店可以节省大笔的费用，第三方物流公司的专业送货也比网上商店更为迅速、更有保证。其次，如果出现跨区域物流，网上商店利用处于异地的第三方物流公司送货，则跨区域送货可轻易完成。因此，只有当第三方物流非常发达的时候，网上购物才会得到迅速发展。

对于 B to B 电子商务交易模式，物流成本在商品交易成本中占很大比重，尤其在跨国交易中，没有良好的物流系统为双方服务，这种成本增加的幅度会更大。而各自组建自己的物流系统，不仅难度很大，而且双方在出入境时仍然会存在衔接不紧密的问题。**跨国性的第三方物流公司可以给双方提供最佳的服务，实现门到门的送货**。EDI 通过信息将交易双方联系在一起，而第三方物流公司则是通过物流将双方联系在一起。

可以预见，随着电子商务发展日趋成熟，跨国、跨区域的物流将日益重要。没有物流网络、物流设施和物流技术的支持，电子商务将受到极大抑制；没有完善的物流系统，电子商务虽然能够降低交易费用，却无法降低物流成本，电子商务所产生的效益将大打折扣。与之相适应，第三方物流模式将成为一种必然选择。

二、第三方物流的运作特点

1. 以合作双赢为宗旨

电子商务将导致一场比工业革命更深刻的革命，这是一次高科技和信息化的革命。它一方面把商店、产品、广告、订货、购买、货币、支付、认证等实物和事务处理虚拟化、信息化，使它们变成脱离实体而能在计算机网络上处理的信息；另一方面又将信息处理电子化，将所有信息都通过计算机网络用计算机、电子邮件、文件传输、数据通信等电子手段来处理。电子商务强化了信息处理，弱化了实体处理，用信息处理来控制指挥实体处理，使实体处理更科学化、效率化。这样做将会充分发挥信息对经济发展的价值，充分利用人类的知识和智慧，更科学合理地组织运用有限的资源，创造最大的经济效益。如果说工业革命强化了人的体力（手脚等），创造了一个产业经济的话，那么这一次革命则强化了人的智力（脑子），创造的则是一种信息经济，实际上就是知识经济，是一种高科技经济，人们又最直观地叫它网络经济。

这场革命必然导致产业大重组，从根本上改变公司内部运作、外部合作与交流的机制，前所未有地提高整个社会资源的运行效率。产业重组的结果，实际上使得社会上的产业只剩下两类行业，一类是实业，包括制造业和物流业；一类是信息业，包括广告、订货、销售、购买、服务、金融、支付和信息处理业等。在实业中，制造业和物流业二者相比，制造公司会逐渐弱化，而物流公司会逐渐强化。

制造公司会越来越弱化，主要是因为随着经济的发展，绝大多数产品供大于求。**即使一个产品暂时短缺，由于高科技和高生产力水平，再加之趋利竞争，这个产品产量会迅速上升，很快由短缺变为剩余。**所以，越往后，就越难找到一个公司能长期不变地只生产其固有的产品。而且，随着人们生活水平的提高，需求越来越个性化、高档化，商品的寿命周期越来越短，制造公司的产品就必须越来越随之迅速地变化。今天生产这个产品，说不定明天就改产另外的产品；今天这个公司还能存在，说不定明天就不能存在了。于是，柔性公司应运而生，其基本特征是，公司的组织结构是由一些最基本的功能单元按产品生产的需要临时组合起来的，它能随时根据产品品种规格产量的变化而变化。随着这种公司的增加，特别是虚拟公司的增加，制造业的公司实体不得不随时变化，时大时小，时此时彼，甚至时存时亡，也就是说越来越弱化。

物流公司会越来越强化，这是因为：在电子商务环境里，消费者在网上的虚拟商店购物，并在网上支付，现实的商店、银行没有了，而物流公司非但不能省，任务反而加重了。它不但要把虚拟商店的货物送到用户手上，而且还要从生产公司及时进货入库。物流公司既是生产公司的仓库，又是用户的实物供应者。由电子商务环境下物流运行图（如图 9－1 所示）可以看出，在电子商务环境下，随着绝大多数的商店、银行虚拟化，商务事务处理信息化，多数生产公司柔性化，整个市场剩下的就只有实物物流处理工作了。物流公司成了代表所有生产公司及供应商对用户的唯一最集中、最广泛的实物供应者，是进行局域市场实物供应的唯一主体。可见电子商务把物流业提升到了前所未有的高度，电子商务为他们提供了空前发展的机遇。第三方物流必然和电子商务有机结合、协同运作，以合作双赢为宗旨。

2. 以客户满意为主导

第三方物流公司必须根据客户的要求来进行代理配送。而客户委托公

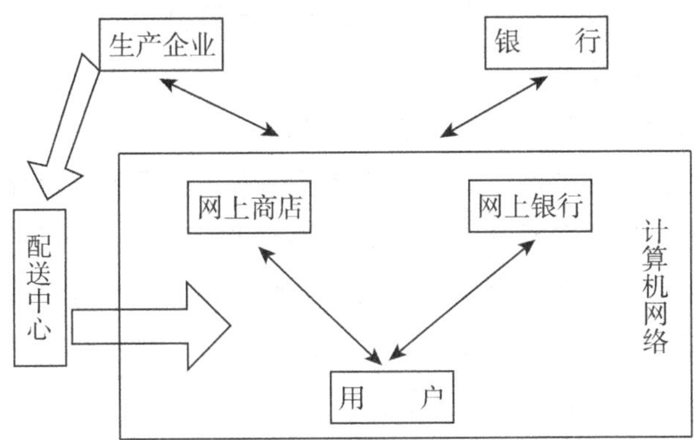

图 9-1　电子商务环境下物流运行图

司代理配送，正是因为客户对公司的信任。**如果这种代理不建立在信誉的基础上，公司将失去商机，而客户也将另寻合作伙伴。**

客户对第三方物流公司的要求都相当高，因为客户（制造厂商）把第三方物流公司的代理配送系统当作自己的物流系统一样对待。它通常要求提供尽善尽美的服务。

一是要提供24小时的全天候准时服务。主要包括：保证客户公司中外业务人员、驻各地区和国家办事处及双方有关负责人通讯联络24小时畅通，保证运输车辆24小时运转，保证各配送中心24小时提货、交货。

二是要求服务速度快。公司对提货、操作、航班、派送都有明确的规定，时间以小时计算。

三是要求服务的安全系数高，要求对运输的全过程负全责，要保证航空输送的各个环节都不出问题；一旦某个环节出了问题，将由服务商承担责任，赔偿损失，而且当过失达到一定程度时，将被取消做业务的资格。

四是要求信息反馈快。要求第三方物流公司的电脑与客户公司联网，做到对货物的随时跟踪、查询、掌握货物输送的全过程。

面对客户的高要求、高标准，第三方物流公司应有个全面、周详的运作规划。以中外运空运公司的主要做法加以说明。中外运空运公司为摩托罗拉公司提供第三方物流服务。中外运空运公司与摩托罗拉公司之间的良好合作伙伴关系正是建立在中外运空运公司严格执行摩托罗拉公司的要求的基础之上的。中外运空运公司的主要做法如下所述。

第一，制定科学规范的操作流程。摩托罗拉公司的货物具有科技含量高、货值高、产品更新换代快、运输风险大、货物周转以及仓储要求零库存的特点。为满足摩托罗拉公司的服务要求，中外运空运公司从1996年开始设计并不断完善业务操作规范，还将其纳入了公司的程序化管理。对所有业务操作都按照服务标准设定工作和管理程序进行，先后制定了出口、进口、国内空运、陆运、仓储、运输、信息查询、反馈等工作程序，每位员工、每个工作环节都按照设定的工作程序进行，使整个操作过程井然有序，提高了服务质量，减少了差错。

第二，提供24小时的全天服务。针对客户24小时服务的需求，实行全年365天的全天候工作制度，周六、周日（包括节假日）均视为正常工作日，厂家随时出货，该公司随时有专人、专车提货和操作。在通讯方面，相关人员从总经理到业务员实行24小时的通讯畅通，保证了对各种突发性情况的迅速处理。

第三，提供门到门的延伸服务。普通货物运输的标准一般是从机场到机场，由货主自己提货，而快件服务的标准是从门到门、从桌到桌，而且货物运输的全程在管理者的监控之中，因此收费也较高。对摩托罗拉公司的普通货物虽然是按普货标准收费的，但提供的却是门到门、库到库的快件式服务，这样既提高了摩托罗拉公司货物的运输及时性，又保证了安全。

第四，提供创新服务。从货主的角度出发，推出更新、更周到的服务项目，最大限度地减少货物损失，维护货主的信誉。

为保证摩托罗拉公司的货物在运输中减少被盗，在运输中间增加了打包、加固的环节；为防止货物被雨淋，又增加了一项塑料袋包装；为保证急货按时送到货主手中，还增加了手提货的运输方式，解决了客户的急、难问题，让客户感到在最需要的时候，中外运空运公司都能及时快速地帮助解决。

第五，充分发挥中外运空运公司的网络优势。经过50年的建设，中外运空运公司在全国拥有了比较齐全的海、陆、空运输与仓储、码头设施，形成了遍布国内外的货运营销网络，这是中外运空运公司发展物流服务的最大优势。通过中外运空运公司网络，在国内为摩托罗拉公司提供服务的网点已遍布98个城市，实现了提货、发运、对方派送全过程的定点定人及信息跟踪反馈，满足了客户的要求。

第六，对客户实行全程负责制。作为摩托罗拉公司的主要货运代理之一，中外运空运公司对运输的每一个环节负全责，即从货物由工厂提货到海、陆、空运输及国内外的异地配送等各个环节负全责。对于出现的问题，积极主动协助客户解决，并承担责任和赔偿损失，确保了货主的利益。

3. 以现代信息技术为支撑

电子商务的高度科技化、网络化、高速化要求代理配送必须与之相呼应。以现代信息技术的使用为支撑的第三方物流公司能够适应电子商务的要求。

眼下做电子商务的ICP比比皆是，无论形式是B to B、B to C或是C to C，无论阻力和难度有多大，电子商务确实吸引了太多的投资者和创业者。或许公司已经解决了客户源、订货、付款等诸多问题，但如果没有丰富的物流经验与手段，没有庞大的送货网络，只会使公司陷入困境。利用高度发达的现代信息技术，则可以有效地弥补自己的弱势。

(1) MIS——管理信息系统

管理信息系统主要包括零库存、商业电子数据交换、电子订货系统、电子转账系统、信用卡服务以及使上述功能彼此协调，得以顺利实现的商业增值服务网络。其中，POS系统，即信用卡服务系统，其运行的核心是信息管理。跟踪顾客消费行为的最有效技术，就是目前商业现代化管理中最为流行的POS系统。在该系统下，商店在建立顾客档案的时候都会给顾客分配一个顾客号，顾客到收款台结账时，收款员就会把顾客号通过POS机输入到计算机系统中，这样，每个顾客采购商品的时间、种类、数量都会在计算机里有详细的记载。**商家就会根据这些信息，对顾客的购买行为进行分析，从而为顾客提供更有价值的服务。**POS系统并不仅仅是消费者在现代商场中常见的POS收款机或电子算盘，这是硬件部分，而真正的POS系统是指具有优化的方案、实用的软件和硬件、强大的财力和技术后盾的信息管理系统。POS 系统提高了收款效率，实现了单品管理，提高了信息处理效率，作为其核心功能，它使我们随时掌握顾客信息，进行有针对性的服务，继而开拓市场。

（2）EDI——电子数据交换

EDI 是一种以电子方式交换数据的技术，即将业务文件按一个公认的标准从一台计算机传输到另一台计算机的电子传输方法。由于 EDI 大大减少了纸张票据，常常也被称为“无纸贸易”或“无纸交易”。目前，EDI 在西方应用得十分普遍，中国也正在大力推广 EDI 技术。据统计，美国有 90% 以上的商品出厂通过 EDI，一些大型公司已普遍应用 EDI 与供应商和销售商联网。在日本，实现 EDI 的公司已超过 5 万家，新加坡等国的 EDI 发展也很快，欧共体亦成立了专门机构来加快 EDI 进程。

（3）EOS——电子订货系统

EOS 是指将批发、零售商场的发生的订货数据输入电脑，即刻通过电脑通信网络连接的方式将资料传送至总公司、批发商、商品供货商或制造商处。EOS 能处理从新商品资料的说明直到会计结算等所有商品交易过程中的作业，可以说，EOS 涵盖了整个商流，使得零售业与批发业间正确、迅速地传送订货资料，科学地处理流通业的情报流程和业务处理。正是靠这种不延迟的订货送货业务系统，批发商才能掌握好时间随时提供商品情报，使批发商及零售商两者确认好进货价格等条件，并能将订货情报既正确又迅速地送到批发商处。

（4）WAN——商业增值网

商业增值网是一种有效的网络服务机制，它可以帮助用户支持多种用途的计算机联网信息处理和提供资源共享功能，已为众多国家和地区所采用。商业增值网的引入使得商业电子化中一系列环节得以便捷地实现。**增值网络最主要的特点是将点对点的通信结构发展为多点对中心的通信结构**。这种通信结构使得在整个过程中由不参与商业行为的增值网络中心担任第三方，一旦发生纠纷，增值网络中心会提供一份公正的资料作为仲裁依据。这一结构为各公司传送商业资料提供了有力的保障。

上述几大系统作为电子商务的几个大的支柱体系，将整个商业的流通运作过程沟通起来。

正是上述电子技术方式，使电子商务的任何一笔交易都能够顺畅地完成交易、配送、转账支付、资料加值及传送过程。因此，我们应充分利用这些电子技术方式，使电子商务不断向前发展。

阳光网达就是应用高科技来成功运作的。

阳光网达针对 B to B 和 C to C 等电子商务模式，充分利用互联网、无线通信、条形码等现代信息技术，通过代理的形式，在全国 25～30 个主要城市范围内，对物流系统实行统一的管理和提供规范的服务，从而改善了现有物流体系规模小、技术手段落后的状况，形成一个全国性、快速的、以信息技术为基础的专门服务于电子商务的物流体系，使物流配送从电子商务网站日常业务中剥离出来。而采用由阳光网达提供的功能更为强大的第三方物流，也就是所谓的“电子商务第三方物流系统”使企业更加专注于核心业务，同时它也为网上购物个人隐私权提供了全程保证。**阳光网达在“门到门”的基础上精益求精，更提出“门到人”的口号，最大限度地解决了个人隐私权的问题。**

从客户的角度论，无论是消费习惯还是支付安全，对网上支付的接受都是一个需要假以时日的过程，因而，货到付款仍然是目前主要的网上购物支付方式。阳光网达为合作伙伴（电子商务网站）专门配置了货到付款的服务体系，从而为电子商务提供了切实保障。

阳光网达的技术准备在业界同行中也堪称领先。公司站点 www.e－960.com 网站于 2000 年 3 月底开通，被用于服务揽收、用户查询等信息交互服务；公司使用电子商务在线连接软件工具替代传真、电话等传统手段；公司还综合利用无线通信、条码等先进信息技术，实现商品投递过程中的全程跟踪与查询。

4. 以网络资源为基础

作为第三方物流公司，在运作中非常重要的一点就是必须充分利用网络资源。在电子商务的背景下，第三方物流公司注定要以网络资源为基础与网络结下不解之缘。

(1) 以经营信息开发为主导

在欧美各国，物流公司利用因特网扩大经营范围，提高经济效益的成功案例比比皆是。例如，美国的FE公司开发了一套叫作NetReturn的返回式信息管理系统，依靠互联网获取客户及产品的信息。顾客加入这套系统时仅需供应商打电话获取一个返回授权即可。FE公司利用互联网的强大功能进行公司经营计划制订、信息收集整理、客户状态追踪等活动。当公司经营计划发生变化的时候，该系统会自动地发出提醒或警告。

又如，恒达公司过去经常为物流设备闲置问题而苦恼。当设备闲置时，公司仿佛能听到租金计费的“滴答”声在耳边回响。为此，公司开发了可以实现在线订货的装置，最大可能地降低闲置时间。同时，恒达公司利用其强大的物流网络，也可及时地向铁路系统提供装运设备和服务信息，消除了铁路系统的大量货车闲置时间，使铁路系统也成了互联网的受益者。

在国内物流公司互联网的荒漠中，中国华通集团难能可贵地改变了公司经营观念，走在了前列。该公司首先利用互联网资源，在业内创办了一份专业物流刊物——《世界后勤服务动态》，报道世界最新物流服务动态，刊载世界物流理论探讨，采集国外物流公司的成功经验与失败案例，引导业内各公司放开眼光，转变经营思想，提高物流技术水平，早日与世界物流接轨。目前国内一些公司还没有认识到通过开发互联网上的信息资源，以求得新的发展的意义。这主要是因为绝大多数物流公司长期以来受计划经济体制的影响。**面对新一轮的信息技术革命，国内物流公司若求生存，就需要进行以公司的经营信息开发为主导的观念更新。**另外，我国物流公司利用互联网进行业务往来的客观条件也不够成熟，缺少必要的物质条件与客户条件。前者是由于国内网络自身发展起步较晚的原因，后者是因为目前大多数国内用户尚不能完全接受互联网作为商业用途的事实。然而，我国物流公司应当积极地为客户创造各种网上机会，建造互联网站点，发布公司信息及收集客户需求。这样做虽然会造成公司经营费用的一时增加，短期内达不到预期效果，但是“智者赚明天，愚者赚今天”，从长远观点来看，互联网必将提高我国物流公司的市场竞争能力，并可促进国际物流一体化的早日实现。

（2）有效利用互联网

目前，国外公司十分重视互联网资源的有效利用，几乎成了公司提高经营效率的第三利润源泉。ABF 公司利用互联网开发了一套在线费用查询系统。通过高速互联网技术，顾客查询信息能够得到及时响应，包括详细的服务项目和价位表在内的各种交互内容都得到加密技术和密码的保护。对于较复杂的查询，该系统以电子邮件和电话的形式进行回复。公司同时发布了该系统的客户端工具 ABFToolkit，它以桌面工具条的形式对 ABF 在线费用查询系统进行导航，以方便顾客在个人电脑上查询，该客户端软件被放在公司的主页上（http://www.abfs.com/），供免费下载。

企业除了利用自己开发的软件系统通过互联网来获取信息，互联网自身的信息同样可以利用，著名的 EL 公司就是这样一个独具慧眼的公司，更让人猜不透的是它利用的不是万维网，而是毁誉参半的网络新闻组。网络新闻组是众多互联网服务形式之一，作为互联网的主要公告牌，其提供的信息虽最混乱但也最新。很多物流公司上网多年，却从来没去过网络新闻组。

其实，网络新闻组有很多有价值的物流商业信息，虽然它们都深埋于多达 2 万种分类信息当中，并且还有成千上万的垃圾信息在干扰，但这都不能成为物流公司忽略它的理由。EL 公司利用网络新闻组，先于其他公司获得大量有价值的信息，并且迅速地把它转化为公司决策及商业行为，果断地占领乃至开拓新的市场。商业贵在先机，物流公司对信息的要求就是一个“新”字，而这正是 EL 公司利用网络新闻组最大的收益。

我国一些大的物流公司也开始利用互联网来获取信息，虽然同国外多年先进的做法相比还很不成熟，但也充分显示了我国物流公司利用互联网的能力与意识。比如，国内一家物流公司利用互联网，从代表了世界范围内后勤储运合作关系延伸大趋势的美国 Monlo 与 NIKE 的签约中得到启示，开始寻找新的经济增长点。该公司在大范围内开展跨行业的经营活动，同数家外资公司签订了类似的合同，获得了经济效益。

在有效利用互联网技术方面，我国同世界还存在很大的差距。尤其是在互联网信息服务形式的选择上，我国物流公司除了关注互联网网站信息之外，还应当多注意网络新闻组。

(3) 加强信息管理与互动

国外物流公司在运用网络技术方面具有得天独厚的技术优势。相比而言，我国的网络技术尚不成熟，物流公司应该针对具体国情，着重注意以下几个方面的问题。

①通用数据的利用。最近几年，由于参与了互联网，物流业发生了戏剧性的变化，开创了通用数据的新纪元。通用数据是互联网上信息流通的标准形式，RFIDED、ERP、SCPS 等数据采集和交换系统层出不穷。因为有了互联网这个大数据库，物流公司第一次有了取之不尽、用之不竭的各类数据。同时，物流公司也可以委托 ISP（互联网服务器提供商）把自己的数据扩充到互联网中，只要支付一定的初装费和服务费，ISP 就会在自己的服务器上划出属于该公司的一片空间，使其成为互联网数据结构的一个有机组成部分。我国物流公司在互联网上运用数据的利用方面尚是个空白，对各种数据采集形成的测试仍停留在理论阶段，对客户/服务器这种最有效的互联网信息管理模式也未能投入规模化使用。**因此形成了通用数据不能通用的局面，严重影响了物流公司之间的信息交流与合作**。国内物流公司对通用数据的开发利用将迈出我国物流赶超世界水平的重要一步。

②加强信息的时效性管理。众所周知，在信息爆炸的时代，公司信息的时效性应该放到各项信息管理工作的首位。对于其他公司而言，互联网可能是一个巨大的电子信息出版媒体，但是对于物流公司来说，它更像一个充满着无尽数据与服务的奇妙仓库。这个仓库库存的东西不属于某个公司，却属于某个时段，他人用了你仍旧可以用，但是今天不用明天就不见得能用了。我国虽然已经拥有 1 000 多万互联网用户，可目前信息产业结构存在严重的不合理。在发达国家，信息产业与信息量的比例平均为 1∶11，而在我国却只有 1∶1.5，信息严重匮乏。在这种情况下，我国物流公司最需加强的就是信息的时效性管理。

③通过旗帜广告取得信息交流的主动权。**最主动利用信息的方式就是信息发布**。未来我国物流公司最有效的宣传方式之一是互联网上的旗帜广告。物流公司的旗帜广告看起来就像街边的广告牌，虽然它看上去更小，但能够吸引更多的注意力。如果物流公司经常接触互联网，又关心物流公司动态的话，那么很可能已经见过瑞得物流公司的旗帜广告了。该广告可

以毫不费力地把你带到瑞得物流公司主页上，并且又能让你毫不费力地知道关于瑞得物流公司的一切。此外，旗帜广告的另一个优点在于价格便宜。物流公司可以自己做旗帜广告，然后找互联网旗帜广告交换组织，比如 www. bannerexchange. com 协助进行宣传，该宣传完全免费。其代价是要在本公司的主页上刊登其他公司的旗帜广告。如果不想使其他公司的广告影响本公司网站的宣传效果，那么可以找互联网广告服务公司解决问题，比如 www. sybergold. com。我国物流公司可以利用集良好宣传效果与低廉制作成本于一身的旗帜广告，取得公司信息交流的主动权。

三、第三方物流公司的管理模式

第三方物流公司来自于传统物流公司的分化，继承传统物流公司先进的管理经验对第三方物流公司的管理尤为重要。第三方物流公司脱离不了传统物流公司，而且有的管理特征成为它们发展的基石。在电子商务条件下发展第三方物流公司，对其输送系统的要求更高。建立高速高效的输送管理体系是第三方物流公司生存的基础，如果没有像沃尔玛、西尔斯那样的高素质管理体系，如何适应电子商务时代更迅捷、更灵活、更莫测的市场变幻？在电子商务条件下，第三方物流公司的管理模式主要有以下几种。

1. 电子化管理模式

飞速发展的计算机网络，日益开放的全球技术经济市场使公司不可能再固守一隅以求得生存，这是一个生死攸关的战略转折点。随之而来的全球电子商务发展把第三方物流推向了技术化、科技化、信息化。

第三方物流公司从问世开始就注定了是电子时代的电子化产物。电子化管理在传统公司的成功证实了第三方物流公司对电子化管理推崇的正确性。

（1）TEEMS 的提出

物流公司对高科技的应用始终走在前列。

条形码（BC）、全面质量管理（TQM）、电子数据处理（EDP）和管理信息系统（MIS）都是公司对诸多市场压力的战术反应。全面公司电子化管理方案TEEMS的提出，正是因为大家深刻地认识到，单从某些方面出发永远解决不了公司需解决的问题。

TEEMS（Total Enterprise Electronic Management Solutions）——“开思/DRP——公司分销体系资源计划管理系统”正是定位于解决公司最关心的物资流通问题的管理信息系统，结合了适合于公司分销体系的先进管理模式和最新信息技术手段，以两个阶段的应用模式，很好地解决了公司面向市场时面临的各种管理问题。

（2）TEEMS的成功

21世纪初，以电话、电视、电工闻名的TCL集团，其营销网络分布在全国各地，实行三级管理，分为7个大区、28个分公司、150个经营部和办事处，有着近4 000人的营销队伍，并有数千个授权经销商。庞大的营销体系让TCL领导层一致认为：营销网络信息化管理是公司取得可持续发展的基本条件，也是公司实现飞跃必练的内功。在经过详细规划和局部试点后，TCL与北京开思软件公司合作，实施了开思TEEMS的分销资源计划系统（开思/DRP)。该系统着重于分销管理，分为系统控制、库存账务、报账、采购、销售、应收/应付、储运、用户服务、市场信息等模块，可以实现营销活动的一体化信息管理，并逐步在TCL整个营销网络的各个分公司、经营部全面铺开局域网建设，从而使每一个分公司、经营部的内部管理更加规范有效。同时期，北京开思软件公司为上海汽车销售集团提供了TEEMS产品和服务。其中上海汽车销售集团管理信息系统涵盖了上海汽车销售集团120多家分公司、近1 000家经销点、125个仓库、5列运输专列、4艘海轮、若干内河运输船和大批运输卡车的管理，使上海汽车销售集团全面实现了信息化管理，成为全球范围内继美国通用汽车公司、日本丰田汽车公司之后第三个实现库存定置定位电子化管理的公司。此系统使上海汽车销售集团的管理达到了国际先进水平。

（3）揭开TEEMS的神秘面纱

开思/DRP第一阶段“分销业务计划与决策分析系统”（简称DRP-1）

主要侧重于分销体系各层次日常发生的最关键业务数据的收集和分析，从而让公司高层领导和管理部门及时掌握和控制销售过程的动态，如各级分销点的库存情况、销售信息（销量、价格、销售速度、产品品种销售比例等）、基本财务情况、销售计划的完成情况、代理商/经销商的成绩、竞争对手的同比情报等，并在此基础上加以多角度、科学化的分析，从而决策公司战略部署，包括地区配送商品数量、品种的确定，销售任务的确定，销售价格等竞争手段的确定。分销业务计划与决策分析系统（DRP-1）利用设置在各分销点的独立PC业务软件和位于销售总部的局域网络，通过Internet方式实现“离线分步式”的数据采集方式，将公司关心的关键业务数据实时地汇集到总部，经过科学的数据分析和对比，再发布到总部局域网或互联网Web站点上，供公司领导和各级管理部门及时掌握销售和市场动态。分销点的系统和总部的系统可以通过Internet进行数据交换，并且不要求实时在线连接，从而大大节省了系统运行费用；分销点系统可以是简单的独立PC，全系统投资规模很小；全面支持Web方式访问，从而满足了移动式办公需求，为领导提供随时随地的决策支持；系统具有良好的扩展性，从而满足了公司应用增长需求；系统应用界面美观、简捷易操作，特别适合业务人员使用。

开思/DRP的第二阶段“分销体系与资源运营管理系统”（简称DRP-2）更加注重对各级分销点业务全过程的管理和监控。从全面管理角度出发，对多种多样的销售模式和核算形式实时地管理，包括销售处理、库存、财务核算和结算、采购等，从而准确地进行全业务过程控制和管理，保证公司运营的成果和利润。

DRP-2提供了分销点或总部销售业务的各个环节处理和管理，包含销售、销售核算、库存、采购、采购核算、总账和报表、售后服务、市场、运输、电子商务支持等。从销售业务面向的各种销售方式出发，DRP-2能很好地处理批发、零售（有订单或无订单）、协议销售、代销、经销、赊销等多种结算方式，并对复杂多变的销售业务流程实现多方位控制，如业务流程单据会经常出现的修改、作废、违约、失效、退货、换货等情况。通过管理手段帮助公司增强经营灵活性和竞争优势。配合销售业务过程，DRP-2还实现了库存和财务等方面的实时核算，特别是对客户和代理商的应收账管理。全方位加强客户管理（如客户信誉度管理），从而保证了公司的风险控制和利润实现。**售后服务中的客户请求、维修过程和费用等也得到了很好的控制和管理**。市场管理工作包括了对代理商业绩和竞争对手情报的收集和分析。

另一方面，在公司内部也加强费用预算和核算、销售人员业绩考核、库存准确率等方面的管理，进一步挖掘公司利润潜力，确保规模增长时费用增长低于利润增长的速度。DRP－2 各子系统之间是紧密联系的，所有数据一旦正确地进入系统，就被系统自动传递到其他需要利用这些数据的子系统，并被准确地加工成用于下一步业务处理的数据。系统数据的高度集成性保证了工作和管理效率的提高。虽然 DRP－2 提供了大量复杂的销售业务处理过程管理，但考虑到公司应用人员的需求，系统特别设计了易于学习和操作的用户界面，并分别针对一般业务人员和公司领导，提供业务处理和经营决策等不同层次的强大功能。为帮助公司规范业务行为，缩短实施周期，尽快见到应用效果，开思公司专门总结和规划了一套独特的行之有效的“工作点”实施方法和配套服务，从而保障了公司应用的成功性。同时，与 DRP－1 无缝连接后，可以构造成整个分销体系的全面管理信息系统，从而最终保障公司分销体系的成功运营和长期利润的获得。

（4）TEEMS 的远景

随着竞争环境的变化，特别是互联网技术的突飞猛进和供需关系的深化，我们不难看到过去从属于公司分销体系的供需链管理、客户关系管理已经提升到了公司信息系统非常重要的位置，人力资源管理、公司形象管理、公司信息门户也不断凸现，整个公司信息系统呈现扁平化、专门化、集成化的趋势，驾驭这一切变化正是全面公司电子化管理方案的着眼点。

TEEMS 就是要为大型管理信息系统的实现和升级提供良好的逻辑架构，而不是仅仅把性能优良的模块生硬地捆绑、挂接和拼凑到一起。

第三方物流公司正是看中了 TEEMS 的这一点。第三方物流公司在电子商务中要以电子化的方式生存和发展，全面电子化管理模式与电子商务高速、高效衔接在一起，使公司得到了竞争力的阶段性进步。**电子化是第三方物流公司的有力武器，是它们进军未来的有力支持。**

从根本意义上说，TEEMS 是咨询、方案与服务的保证，TEEMS 构造了一个易于扩展的系统架构，从而真正满足了物资流通应用系统不断发展的实际需求。

2. 系统化管理模式

第三方物流公司的管理要有一个系统来支持，管理技术与管理手段都要有系统做保证，物流的系统化将是第三方物流公司“取之不尽”的源泉。

（1）物流系统的作用

物流系统的作用归纳起来有以下几点：

- 将商品在适当的交货期内准确地向顾客配送；
- 对顾客的订货要尽量满足，不能使商品脱销；
- 适当地配置仓库、配送中心，维持商品适当的库存量；
- 使运输、装卸、保管等作业自动化；
- 维持适当的物流费用；
- 使从订货到发货的信息流畅通无阻；
- 把销售信息迅速地反馈给采购部门、生产部门和营业部门。

良好的物流系统将使物流系统的作用发挥到良好的水平，使物流系统的各方面作用和大于各个单独作用的散漫组合。

然而，如果物流系统建立得不合理，不仅会降低作用合力，而且将有可能产生由于相互抵消作用而导致公司走入恶性循环的恶果。

（2）物流系统化的物质基础要素

物流系统的建立和运行需要有大量技术准备手段，这些手段的有机联系对物流系统的运行有决定意义，对实现物流和某一方面的功能也是必不可少的。主要包括以下几个方面。

①物流设施。它是组织物流系统运行的基础物质条件，包括物流站、场，物流中心、仓库、线路，建筑、公路、铁路、港口等。

②物流装备。它是保证物流系统开动的条件，包括仓库货架、进出库设备、加工设备、运输设备、装卸机械等。

③物流工具。它是物流系统运行的物质条件，包括包装工具、维护保养工具、办公设备等。

④信息技术及网络。它是掌握和传递物流信息的手段，根据所需信息水平不同，包括通信设备及线路、传真设备，计算机及网络设备等。

⑤组织及管理。**它是物流网络的“软件”，起着联结、调运、运筹、协调、指挥其他各要素以保障物流系统目的实现之作用。**

(3) 物流系统化的内容

物流系统化的内容主要有以下几项。

①大量化。随着消费的多样化、产品的多品种化，多数顾客往往频繁地进行订货预约，要求迅速交货。在接受订货的公司中，为了尽可能地使发货的批量变大，故采取最低限额订购制，以期降低成本。

大型超市、百货店从制造厂或批发商那里进货，把向各店铺个别交货的商品，由中间区域设置的配送中心集约起来，再大批量地送往各店铺，并按照顾客的订货量，采用减价供货制。

②民主化。在同一地区或同一业种的公司中，谋求物流共同化的情况比较多，尤其在大城市，由于交通过密，运输效率大大降低，积极参加共同配送的公司越来越多，各种销售业，面向百货店、大型超市的共同配送的例子不胜枚举。不少小规模的公司，也共同出资建立“共同配送中心”，全面地使装卸、保管、运输、信息等物流功能协作化。

③短路化。过去，很多公司的商品交易过程是按照制造厂—一次批发—二次批发—零售商—消费者的渠道进行的，商品经由的各个阶段都有仓库。现在，销售物流可以不经由中间阶段，而直接把商品从制造厂送至二次批发或零售商，使物流路线缩短，提高了商品的移动速度，压缩了库存量。

④自动化。公司在过去的运输、装卸、配送、保管、包装等物流功能中，引进了各种机械化、自动化的技术。在运输等方面，由于运用托盘、集装箱而发展起来的单位载荷制，提高了货物分拣机械化水平的技术；在保管方面，由于高层货架仓库发展为自动化仓库，大大提高了保管的效率。

⑤信息化。物流系统中的信息系统是指公司从订货到发货的信息处理结构。在公司活动中，信息是控制生产和销售系统相结合的物流作业系统

的组成部分，因此，物流信息的系统化、效率化是物流系统化必不可少的条件。

近年来，由于计算机性能的提高，以及数据通信技术的进步和通信回路的开放，信息处理的速度大大提高了，远距离贸易双方的信息交换变得容易起来，有力地推进了物流信息的系统化，实现了从订货到发货的信息处理。

(4) 第三方物流的系统化

电子商务的扩展给物流业带来的是第三方物流公司的发展。随着第三方物流公司对信息化的升级管理，与之相关的系统化内容也相应地得到了发展。“大量化”不仅在商品的内容、形式上得到了扩充，在服务的范围上也得到了扩大；公司的合作建设也更加丰富，管理方式走向“立体交叉式”管理；商品的流程不仅缩短了，而且速度越来越快，流通形式也越来越多样化；管理的升级使运输、保管也更加方便、安全、有效……

这一个综合系统的发展随着电子商务不断前进，其系统化管理也在不断发展。系统化管理就是一个保持第三方公司不“断流”的源泉，绝不能让它在某个“阶段”断开从而导致公司的衰竭。

3. 后勤管理模式

物流是指计划、执行与控制原材料和最终产品从产地到使用地点的实际流程，并在营利的基础上满足顾客的需要。物流的目标是管理供应链，即从供应商到最终用户的价值增加的流程。因此后勤工作的任务是协调供应商、采购代理、市场营销人员、渠道成员和顾客的活动。

对第三类物流公司来讲，后勤工作成为公司正常运作的有力支持。通过后勤工作的协调活动，第三方物流公司能合理安排代理配送业务活动过程中的各个环节，对于公司协调与厂商、消费者之间以及公司协调自身运作有着不可估量的作用。**随着电子商务的发展，顾客的需求不断升级，后勤工作也必须做出相应调整以占领市场份额。**

(1) 第三方物流服务用户提出更高要求

进出口商在向货运代理人和第三方物流商寻求增值服务的同时，他们还有着更高的要求——即要求服务商完全掌握从原料的采购到制成品的运送整个制造过程的每一个环节，对遍布世界各个出口市场的通关程序了如指掌，并能做出相应计划以使他们免于海关施加在他们头上的重税和罚款。有一个至高的要求是永远一样的，即要求第三方物流商具有应付并处理繁杂事务的能力，正如位于美国圣迭哥的 Solar Turbines 公司运输经理布雷斯顿·琳达所说："及时运送是至关重要的，最糟糕的事情莫过于接到客户的电话，报怨他们的货物还没收到，不知出了什么事。"对于 Solar Turbines 这样向 80 多个国家出口机械（包括向边远地区运送石油和天然气勘探设备）的公司来说，第三方物流商必须通晓他们的运作情况。

一些货主还希望代理商们与他们在海外的客户进行接触，比如生产打印机的 Encad 公司的物流经理杰尼·卡拉盛邀其服务商与他一道对海外客户进行专访，以使这些服务商们对该公司 60 多个出口市场国家的海关运作有所了解。

在美国出口商拓展新的出口市场时，一般来说他们不太愿意在建立分拨设施和雇佣海外员工方面投入太大，他们只是希望对当地实施有效的管理与控制。越来越多的出口商更希望他们的物流服务商拥有自己的仓储及分拨设施，并在这些国家建有自己的办事机构。

通信设备制造商 Pulse Engineering 公司的国内及国际运输经理米歇尔·罗密欧说："你们（物流服务商）是我们公司的延伸，我们希望你们成为我们的业务伙伴。"该公司与那些离自己的客户市场邻近的第三方物流服务商进行合作，在订单签订若干小时内，产品就能及时送到客户手中。

一般来说，货主更愿意与物流服务商签订全程服务合同，并承担额外的不可预见的服务费用。

但也有一些进出口商还是宁愿物流商提供诸如缮制进出口单据之类的基本服务。经纪和代理商们认为这种方式过于目光短浅，因为货主在整个合同执行过程中，免不了有更深层次服务的需求。如果这些额外服务以单独形式计算，肯定会比一揽子合同方式计算成本要高。

进口商与出口商的需求有时是不同的，相比之下，进口商对技术的要求更高。在美国海关经纪公司很受瞩目，这是由于美国海关对进口公司对所报货品的分类及估价造成的错误十分头疼，难免对这些进口商罚以重金。

而鉴于这种情况，有些大型进口商指定专门物流服务商来解决这些问题，这样，他们就得以少向美国海关交纳罚金，但美国海关开始对那些没有能力解决这些问题的中小型进口公司下手。海关经纪公司备受青睐的原因就在于此。

由此看来，随着国际的交流与合作的发展，第三方物流公司面临的顾客的要求在不断提高。第三方物流公司如果能对这些不断升级的要求提供相应的服务，那么它们的前途会不可估量，而对这种高标准服务提供支持的正是公司的后勤工作。

（2）后勤工作管理

物流系统的后勤工作涉及很多方面的行动，对传统公司来讲，第一项工作是销售预测，以便在此基础上规划生产和存货水平。生产计划说明了采购部门必须订购的材料。这些材料经过运输到达厂内，再进入收货区，库存在原材料仓库中，原材料可加工为成品。成品存货是连接顾客订单和公司生产活动的纽带。顾客的订单可降低成品存货水平，而生产活动则随之增加。成品从装配线上下来，须经过包装、厂内库存、发货室处理、出货运输、销地库存和运交顾客与服务等程序。

而对于以代理配送为基本特征的第三方物流公司来讲，后勤工作减少了生产环节，在主要内容上也有了变化。第三方物流公司主要是通过信息管理供应链，它对后勤工作的管理也主要是集中在对信息的处理与分配上。它主要依靠计算机、POS 终端、互联网、统一产品编码、卫星定位、电子数据交换、电子资金转移等新技术来进行系统化的信息管理。

对传统公司来讲，物流是营销领域的课题，管理物流的成本是最关键的。**对于物流公司尤其是第三方物流公司来讲，物流已从细化功能转化为专门功能，管理物流的过程也就是传统意义上的管理物流成本。**后勤管理就是通过对过程的管理来做到与市场紧密相连，通过随时的信息交流而做出供应链上一系列相关的变化。所以，后勤管理是一个从市场到公司的逆向过程。

(3) 后勤管理的实质

不论是对于传统的公司，还是对于物流公司和第三方物流公司，后勤管理只是形式与内容的不同，实质并没有变迁。

传统的物流观念从工厂里的货物出发，努力发现将货物送交到顾客手中的低成本方法。但营销人员更喜欢市场后勤管理的观念。这种观念以市场为出发点，由此上溯至工厂。下面是市场后勤学的一个实例：

一家软饮料制造商发现顾客喜欢 6 瓶装的软饮料。零售商对这种 6 瓶的包装也显示了很高的热情，因为这种包装可以更快地搬上货架，顾客每次的购买量也随之增多。生产商因此可以设计适合放在货架上的 6 瓶装包装，而后又按照生产 6 瓶装软饮料的需要重新设计了工厂。

这就是后勤管理的实质：通过市场来确定资源的分配。

对于第三方物流公司来讲，后勤管理就是通过对信息的采集、分析来了解市场动态，以便在第一时间调整公司的各个环节与之相适应。后勤管理的逆向管理原则是每个第三方物流公司必须坚持的。代理配送对市场的变化要求更高，它要求公司时刻关注市场，跟随市场，适应市场，只有运用后勤管理对其变化做出相应调整，才能把握住市场的信息流向，后勤管理才能真正发挥作用。

4. 全过程管理解决方案

全过程控制是物流管理的核心问题。供应商必须全面、准确、动态地把握散布在全球（或全国）各个中转仓库、经销商、零售商以及汽车、火车、飞机、轮船等各种运输环节之中的产品流动状况，并以此为根据随时发出调度指令，制订生产和销售计划，调整市场策略。对于大型商业机构而言，没有全过程的物流管理就根本谈不上建立有效的分销网络和供应配送体系。

信息系统是支撑全过程物流管理的最重要的基础之一。传统的进销存管理软件、运输管理软件、仓库管理软件等，大多数以单据打印和统计报表为设计目标，无法解决供应商、仓储、运输乃至相关的增值服务之间的信息交流问题，因而无法满足物流管理的需求。

北京英泰奈特科技有限公司与IBM公司合作，采用IBM公司的主流平台产品和Internet/Intranet开放技术，面向第三方物流服务商、运输公司、仓储物流中心、制造业大型公司分销管理部门、商品流通公司等机构，推出了面向供应链管理的物流信息管理系统解决方案，并成功地为中外运空运公司及中外运空运公司分公司、广东宝供储运有限公司等多家物流公司建立起物流信息系统；为国内很多大中型公司在全国范围内建立起产品分销网络管理系统。

在这一面向全过程物流管理的解决方案中，有效地支撑全球化的供应链，增强供应链中合作伙伴之间的相互交流是根本目标。该方案凝聚了国内外物流领域的成功商业模式，凝聚了英泰奈特对现代物流管理的深刻理解、在物流领域中丰富的服务经验、在Internet/Intranet电子商务等领域中的坚实基础。

英泰奈特推出的物流信息系统以运输和仓储为主，管理取货、集货、包装、仓库、装卸、分货、配货、加工、信息服务、送货等物流服务的各环节，控制物流服务的全过程。系统建立在IBM DB2 UDB平台上，采用的开发工具是IBM公司的WebSphere套件和VisualAge for Java。它的特色如下所述：

- 开放性：基于Intranet技术，采用浏览器，客户端无须分发、培训，将系统维护的工作量降到最低；
- Web上的EDI：在Internet环境中实现安全的、标准的EDI交换；
- 安全性：使用SET技术保证信息传递过程中的安全性；
- 平台无关性：使用Java技术，实现系统的跨平台。

该系统功能如下：

①集中控制功能提供对物流全过程的监控，并通过对各环节数据的统计与分析，得出指导公司运营的依据。

②车货调度管理功能解决运输过程中的货物配载、车辆调度、车辆返空等问题。**该系统可以充分利用集装箱的运输空间，更合理地进行车辆的调度，并能圆满地解决大运输集团中各分公司的车辆返空问题。**

③仓储管理功能包括货物的入库管理、出库管理和在库管理三部分。其中在库管理是指对库中作业的管理，通过对出入货物数量的计算，可以

得出准确的货物结存量；此系统还可以根据物流订单信息进行库存的预测管理。统计报表是物流信息系统中最主要的信息输出手段，是公司领导和客户了解业务状况的依据。此系统可以提供动态的统计报表功能和决策支持系统，也可以提供多种固定的统计报表。

④财务管理功能管理物流业务中和费用相关的各种数据，并建立物流系统和专业财务系统的数据接口。

⑤客户查询功能为客户提供灵活多样的查询条件，使客户可以共享物流公司的信息资源。

⑥客户管理功能由托运人管理、收货人管理和中间承运人管理三部分组成。

⑦电子数据交换功能使用电子数据交换技术完成不同的信息系统之间的数据对接和传送。

⑧链接功能可以实现托运人、物流经营主体、物流经营人之间数据的无缝连接。

⑨接口功能实现此系统和其他控制系统之间的接口。

此外，该系统还具备安全加密、密码修改、运输路线选取等其他功能。

此系统服务于“以客户为中心”的思想，提高了物流公司的客户服务能力，为物流公司带来许多实际利益。其效果体现在以下几个方面：

①有效地管理各个业务环节，提供各环节的信息与数据，保证运输、仓储等各环节之间的协调一致，提高物流的经济效益。

②及时掌握运营状况，提高物流公司对非正常业务的处理能力。

③明确各环节经营人的责任和义务，提供结算功能。

④提供实时的客户查询功能，实现物流信息的“客户共享”，增强物流公司和客户间的合作伙伴关系。

⑤向客户提供货物流动库存的统计报表，以帮助客户制订生产计划。

⑥提供各种接口，实现物流系统和 GPS 系统、POS 系统以及其他生产、销售系统的对接，建立完整的商品供应链闭环。

第十章

物流企业的经营战略

根据经营环境的状况制定正确的经营战略是企业决策管理中的头等大事，它直接关系到企业活动的绩效以及市场发展的潜力。同样，作为物流企业或企业物流总部，在进行物流综合管理的过程中，也必须充分关注经营环境的变迁，在环境对应的基础上，制定出合理的物流发展战略。本章重点阐述物流经营战略管理的基本知识——物流的经营环境和经营战略、物流市场的经营战略及物流经营战略的制定等。

一、物流的经营环境和经营战略

目前，物流的经营环境正处在一个巨大的变革期，这种环境上的变化对物流的影响十分深远，而且这种环境变革仍在持续之中。不断延续的环境变化已成为物流企业在战略上不断求新、求变，追求竞争优势的压力和动力。

1. 物流需求高度化发展要求制定科学的经营战略

在整个经营环境的变化之中最为重要的因素是货主物流需求不断向高度化方向发展。这表现为追求在必要的时间配送必要量、必要商品的多频度少量运输或Just-In-Time运输这种高水准的物流服务将逐渐普及，并成为物流经营的一种标准。相反，原来那种大量生产、大量销售体制下产生的大量输送将会越来越少，进而对物流企业原有的利益格局产生冲击；也就是说，大量运输所产生的利益在物流企业的财务中的比例会越来越少，而原来依靠大量运输来支撑收益的企业在经营中变得越来越不稳定。**所以，积极制定、推广高服务水平的物流战略是企业物流发展的必然趋势。**

结合我国交通运输业的发展状况看，近几十年来，我国的经济保持适度快速增长，虽然这在总体上为运输生产平衡发展奠定了基础保障，但由于经济结构和产品结构的调整，经济成分逐步实现多样化，对运输市场的货源结构产生了明显作用，也制约了传统运输市场需求的增长。作为交通运输部门和企业，只有进一步面向市场，加强运输市场的调查研究，开拓思路，强化营销，重视改善物流服务水平和提高运输质量，开拓深加工、高附加价值、小品类货物和集装箱、冷藏、散装等货类运输，才能弥补大宗货物运量的衰减，扭转物流企业经营效益下滑的颓势。

物流需要高度化、小型化、高附加价值的发展，这在实践上可以从国际集装箱的生产和贸易上得到反映。长期以来，集装箱运输一直是物流运输的一种重要方式，所以，世界上集装箱的生产与出口一直方兴未艾。但是进入21世纪以后，集装箱生产面临着产品结构调整的局面，生产企业纷纷陷入困境，原因就在于货主运输服务的需求发生了改变，随着生活价值多样化、产品多样化，以及市场营销全球化、当地化、即时化的发展，高附加价值、技术型集装箱运输逐渐取代了原来无差异的集装箱运输，而成为集装箱运输服务的主流，因此，相应的集装箱生产也面临调整。在标准箱不景气的同时，冷藏箱、40 英尺箱以及特种箱出口量上升很快，原因正如我们所说的那样是物流运输方式的变革带来的影响。这种情况反映在世界冷藏货运量中集装箱货轮比重增加。在国际冷藏商品的运输中，运载冷藏集装箱的集装箱货轮不断挤占常规冷藏船的货运业务。国际冷藏运输协会执行理事莱坦尼说："冷藏集装箱货运业所占市场份额有了很大增加，重要原因使它们能提供混装运输公司所不能提供的一些相当重要的环境控制技术。芒果是一个例子，向日本运输鲜樱桃又是一个例子。"在全世界每年 4 000 万吨的海上冷藏货运量中，集装箱货轮载运量占 40% ~50% 。

以上实践的发展，都从不同的侧面反映出开发高附加价值、高服务水平的物流战略和物流设施，是企业在激烈的市场环境中求生存和发展的唯一途径，因此，物流高度化发展的动向及特征应该得到物流企业的充分重视和研究。当然还应当指出的是，在物流服务高度化发展过程中，物流服务的价格在进一步下降，特别是随着 20 世纪 90 年代全球范围内泡沫经济的崩溃和 90 年代末亚洲金融危机的爆发，更使以价格破坏为背景的降低物流成本的要求愈益强烈，所以，企业在制定经营战略时，必须兼顾高服务水准与低成本化。

2. 物流企业间竞争加剧更加突显经营战略的重要性

经营环境对战略的影响除了需求方面的因素外，供给方面也有相当大的作用，这主要表现在从事物流经营的企业之间竞争日益激化。一方面参与竞争的企业越来越多，正如我们在前面所提到的，目前物流作为企业战略管理的一个组成部分已为大多数企业所共识，因而，原来那种完全商物分离的做法逐渐被摒弃，取而代之，厂商、零售商、批发商不同阶段，以及同一阶段不同类型的企业都在积极开拓物流业务，建立自身独特的物流系统，从而使物流竞争的范围越来越广。另一方面，随着物流技术与手段的发展，物流竞争的程度也越来越深。这种竞争程度上的变化既反映在物流服务的多样化即外延上，又反映在物流服务的高技术、高效率，即内涵型发展上。所有这些都使物流竞争比此前任何时期都要激烈，更需要在战略上来指导物流活动。具体考察物流活动中两大主要功能——运输和仓储的发展，便可以清楚地了解物流企业的竞争动向和战略调整的意义。

首先，从运输企业经营来看，如果以 X 轴表示法人/团体以及家庭/个人维度，Y 轴代表高度人际沟通与高度机械化，则如今运输企业的发展逐渐从以高度机械化为基础的产业服务向公共服务（店铺直送等）、从特定企业服务向家庭服务方向（家庭配送等）发展（如图 10－1 所示）。**这种经营发展趋势使企业相应的经营手段和战略也发生了调整**。诸如，原来的宅急便或店铺直送主要是以高密度人口、产业的中心城市为目标市场，原因在于高密度的中心城市物流量相对集中，因而有利于企业实行大量配送，降低成本。然而，随着经营竞争加剧以及提高物流质量的呼声不断增强，目前一些发达国家开始出现宅急便、直送等物流业务向人口、产业密度并不高的中小城市发展、普及。适应物流服务的这种转变与发展，又进一步触动了物流企业组织的变化，即向全国网络化的物流连锁型企业发展，从而使企业在适应物流高度化发展的同时，实现竞争优势。目前，在配送服务中还出现了多重服务一体化或整体服务（total service）的发展动向，亦即配送服务不仅从事商品传递活动，还附带实行分拣、简单包装、代收货款等业务。

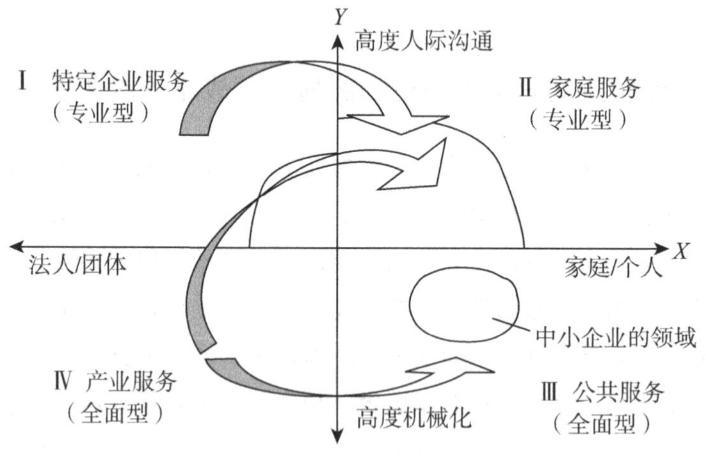

图 10－1　运输企业的发展动向

其次，从仓库企业的竞争发展看，如果以 X 轴为法人/企业以及家庭/个人维度，Y 轴代表专属化或一般化，则仓库企业的动向如图 10－2 所示。

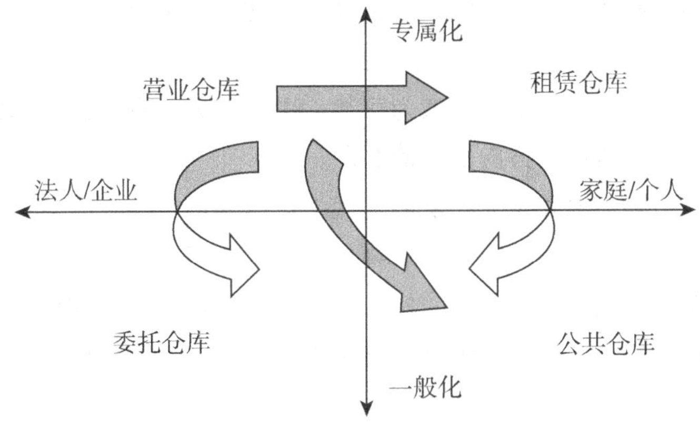

图 10－2　仓库企业的发展动向

这里需要特别强调的是委托仓库与公共仓库的发展是当今仓库企业经营战略的一个最为显著的变化，它已成为物流共同化或建设共同物流中心的基础。委托仓库的基本要素如下：

- 多数企业的在库都在同一场所保管；
- 共同备货、配送，提高运输配送效率；
- 中心拥有包装机能；
- 注重小单位或小宗货物分拣；
- 以 VAN 为基础，实现企业间信息系统网络化；
- 开发物流软件，通过充实软件，为顾客提供服务；
- 在最后阶段，将不同业种、多数企业的物流集中，在统一管理下，通过调达物流、库内作业、销售物流一元化，不仅进行数量上的处理，而且对应多品种、少量型物流，为货主提供高效、高生产性的仓储系统；
- 以信息以基轴，通过构筑作为企业机能的调达、销售、物流、财务等综合系统，为货主提供服务。

大体上讲，委托仓库的子系统除了有进货管理、在库管理、输配送管理、装卸管理、包装管理系统外，还配有安全报警等其他系统。委托仓库的发展战略对于仓库企业取得竞争优势具有重大的意义。尽管委托仓库有多种类型，但最具代表性的仍是共同集配、共同保管型的仓储系统，借助这种系统通过地区间共同往复输送，提高输送效率。与此同时，促进厂商、批发商、零售商以及其他货主运输、配送成本的合理化，特别是对于量贩店来讲，委托仓库取代了原来的量贩店在库、集货机能，通过信息网络连接使店里补充系统的建设成为可能。**由此可见，仓库企业本身正面临着向高度化、高价值化方向发展的要求。**

从上述运输、仓库企业的发展现状中可以看出，现代企业的竞争已彻底改变了原来简单搬运、保管式的物流机能，转而越来越体现出服务的差异化、纵深化和网络化，显然，作为物流企业在这种竞争加剧、不断变化的市场环境中，如果不能事先制定出明确、富有弹性的发展战略，是不可能在未来的竞争中生存和发展的。

还需要指出，以上我们谈的竞争对战略的影响是从产业发展的角度来看的，事实上，当今企业竞争中的另一类现象也值得我们充分关注，那就是竞争无地域性发展。原来物流企业的竞争是局限在各国国内进行的，如今随着国际经济以及多国籍企业经营的展开，物流服务业越来越无国界限制，特别是世界贸易组织所推进的服务贸易自由化，更使物流市场竞争具有国际化的特征，这无疑给本来就具竞争性的物流经营带来更深刻的影响，使竞争范围更加宽广。从我国的物流市场看，随着改革开放的不断深入，航空货运市场如今竞争日趋激烈，从 1998 年下半年开始，来自欧洲、美洲和亚洲等地的航空公司都在中国国内空运市场投入了更大的运力。日本货运航空公司、韩国航空公司已于 1998 年进入上海，美国联邦快递公司也进入了上海市场。1999 年以来，又有汉莎货运航空公司、卢森堡货运航空公司进入我国市场，法国航空业也增加了到我国的货运运力。这都表明物流服务的竞争已是一种国际企业的竞争，**所以，没有统一、合理的经营战略，将无法在国际竞争中取胜。**

3. 经济可持续发展的要求也需要物流企业制定合理的经营战略

随着多频度、小单位配送以及企业物流的广泛展开，如何有效地协调物流效率与经济可持续发展的关系，也是促使物流企业强化战略研究的重要因素。物流功能的广范围、纵深化发展以及物流需求的高度化延伸，带来的一个直接效应是物流量的急剧膨胀；但是，物流量的巨大化往往会阻碍物流效率提高，这主要是因为它对社会和周围环境可能会产生两方面的负面影响。具体来说，巨大的物流量在没有有效管理和组织的情况下，极易推动运输、配送车辆及次数增加，而车辆、运行次数上升带来的结果首先是城市堵车、交通阻滞现象日趋严重，特别是在大都市、中心城市，原来交通状况就比较严重，如果再不断增加路面负荷，更容易产生效率低下以及各种社会问题。任何城市都具有空间的有限性和效率性。城市地理学与城市经济学的研究证明，城市本身在一定的技术条件下有其理想规模，再大就会产生规模不经济，而分配给交流运输系统使用的土地，包括道路和站场也有一定比例，一般占总土地面积的15%～25%较为合理，对于一个发展中城市而言，交通运输用地偏少会造成道路网不足。从社会发展的角度看，进一步扩大路网固然重要，但最有效地利用路面则是交通运输体系发展战略最为主要的原则。所以，在战略上合理安排、管理物流不仅关系到企业自身物流效率的高低，也关系整个社会持续发展的问题。例如，丁敏才（Dimitrou）在对发展中国家城市交通问题所做的研究中表明，造成城市运输体系效率低下的原因可以归结为九个方面，即迅速增长的交通量、缺乏维护良好的运输设施、居住空间结构与运输系统不匹配造成低效率、运输技术的不适当混合与错用、无效的交通管理与执法、公共交通服务不足、城市贫民阶层特有的交通问题、高事故率、薄弱的人才培训系统等，上述几个方面的要素中有很多也与物流管理有着一定关联。输送车辆、次数增大对社会产生的另一个负面影响是环境破坏问题，即对社会产生了负的外部效应，特别是物流产业中货车运输已成为大气污染、噪音、振动等现象的元凶之一。如今，几乎所有的大都市都制定了限制汽车排放氮氧化合物（NOx）的规定，在这种状况下，应该使用什么样的适合环境的运输工具，以及如何安排共同配送等都是企业经营应当考虑的问题。所以说，经济的可持续性发展也要求物流企业制定合理的经营战略。

二、物流市场的经营战略

1. 竞争企业的战略类型

竞争企业的战略尽管有各种形式，但是，根据企业间一些共同的特征可以将战略划分为几种类型。在此，我们以物流服务的范围和机能整合性来分析物流企业的战略形式。物流服务的范围主要是指营业区域的广度、输送机构的多样性、保管流通加工等附带服务的广度等；另一方面，机能的整合性是指提供物流服务所必要的机能企业自身拥有多少。**物流服务所必要的机能除了物理输送机能外，还包括营业、集配、配车、保管、流通加工、信息、企划等各种机能。**

按照以上两个标准来划分，可以将物流企业分成四种类型（如图 10－3 所示）。第一种机能整合度高、物流服务范围广的企业属于物流业界的先驱，它是一种综合性物流企业，这种企业的业务范围往往是全国或世界规模，因而也被称为超大型物流业者（Megacarrier）。超大型物流业者因为能对应货主企业的全球化经营从事国际物流，因而，其服务能力倍受瞩目。

机能整合度高、物流服务范围较窄的企业，特征是通过系统化提高机能整合度来充分发挥竞争优势，例如宅急便公司、专业型物流企业、外航船运公司等都属于这种类型。这类企业集中于特定的物流服务，在从事这类服务中，企业拥有高水准、综合的物流服务机能，因此，在特定市场，其他企业难以与之竞争。

物流服务范围广、机能整合度低的企业是物流市场中的运输代理业者，运输代理型企业虽然利用各种运输机构提供广范围的输送服务，但实际上企业自身并不拥有运送手段，因此，它是一种特定经营管理型的物流企业。这类企业由于不用在输送手段上进行投资，因而能够灵活对应市场环境的变化；然而另一方面，在输送机能管理不充分的情况下，往往缺乏物流服务的信赖性。

机能整合度低、物流服务范围较窄的企业通常是以局部市场为对象，在特定市场从事特定机能的物流活动，这类企业也被称为缝隙型物流企业。

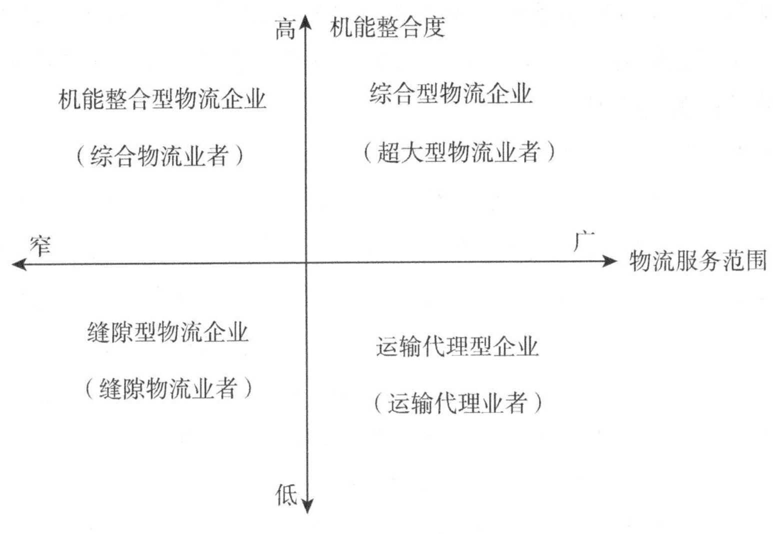

图 10－3　物流市场竞争者分析

2. 综合物流：先驱型企业的战略

综合物流的优点是能实现一站托运。随着货主企业业务活动范围的不断扩大，发货、入货范围逐渐延伸到全国或海外市场，在这种状况下，输送手段不仅涉及货车，而且还需联合使用铁路、航空、海运等各种运送手段。综合物流企业对应于货主复杂多样的物流需求从事一元化的物流服务。

如果综合型物流企业能实现物流服务供给中经营资源的共有化，就能达到效益的乘数效应，例如，建成集商品周转、流通加工、保管机能为一体的综合物流设施或实现输送、保管等物流机能的单一化管理等，从而极大降低综合物流业者的服务成本。但是，企业组织的巨大化也会存在间接成本增加、费用高昂的风险。

3. 系统化物流：机能整合型企业的战略

机能整合型企业经营战略的特点是以对象货物为核心，导入系统化的物流，通过推进货物分拣、货物追踪系统提供高效、迅速的输送服务。同时从集货到配达等物流活动全部由企业自身承担，实现高度的机能整合。但是，由于这种由特定货物为对象构筑的系统一般货物运输无法适应，因此，物流服务的范围受到限制。

从经营战略上来看，对于市场需求的变化采取特定市场集中型的战略十分有效，正因为如此，在机能整合型企业中，进一步限定对象顾客层的企业为数不少，即通过再细分市场，突出物流服务的特色来追求企业的效益。与进一步细分市场的战略相反，还有一部分企业采取从集中市场的战略转向多角化战略，其目的是分散对特定市场依存的风险，在特定市场成熟以后寻求新的市场。从目前实践发展的情况来看，大多数开展多角化战略的企业，都是活用既存经营资源开展关联事业的多角化。

无论是细分化的战略还是多角化的战略，对于机能整合型企业来讲，机能的内涵和服务质量是这类企业共通的基础和核心，机能的不断弱化和陈旧化将直接动摇企业在特定物流市场上的地位，所以，不断提高机能的整合度，发展机能的深度和广度是企业发展的根本战略。

4. 柔软性物流：运送代理型企业的战略

与机能整合型企业相对的是运输代理型企业，这类企业综合运用铁路、航空、船舶运输等各种手段，开展货物混载代理业务。运输代理型企业的最大优点是企业经营具有柔软性，物流企业可以根据货主企业的需求构筑最适合的物流服务。

目前常见的是为了保证货主企业物流的效率化而设立物流子公司，这类子公司虽然有的也拥有货车、仓库等物流设施，但大多数都是租用货车业者和仓库业者的设施来提供物流服务的。在后一种状况下，物流分公司作为运输代理业者接受货主企业的物流要求，同时由于自身并不拥有经营资源，因而可以彻底实行物流效率化，例如货车的大幅削减或物流中心的集约化可以很快实现。

从发达国家的发展来看，货主企业集中于本业，将不属于本企业主导的物流部门分离出去，进而利用外部的物流公司从事物流活动的情况逐渐在增加。针对这种情况，在欧美出现了用契约的形式明确货主物流效率的目标，进而全面承担货主物流的第三方物流业者（third-party logistics）。

第三方物流业者中既有自己拥有货车、仓库等资产的企业，也有自己不拥有任何物流设施而采取租赁经营的企业，两种类型的企业物流服务范围都很广，前者逐渐向机能整合型企业发展，而后者成为纯粹的货主物流代理业者。

作为运送代理型企业的经营战略主要是向无资产的第三方物流业者发展。**由于企业实质上并不拥有整合的物流机能，因而可以灵活、柔软、彻底地实现物流效率。**但是也正因为无资产而可能产生物流服务不稳定，企业应该建立并加强有效的输送机能管理体系，这其中的核心是信息系统的完善以及树立良好、柔软的企业间关系。

5. 差别化、低成本物流：缝隙型企业的战略

在经营资源数量和质量方面都受限制的中小企业，必须发挥在特定机能或特定物流服务方面的优势，在战略上实现物流服务的差别化和低成本化。

在从事单一物流服务的情况下，实现服务的差别化比较困难，例如运输服务，只要在货车、车库等设施达到一定水准的条件下，任何企业都能够参与，因此，这种无差别物流服务的企业只有不断降低物流费用，实现低价格竞争才能够生存、发展。通常的措施除了加强企业内管理外，还可以根据运输周期或货物特性实行弹性化的价格政策，例如，对繁忙期以外的货物运输或可以用机械装卸的货物运输实行运费折扣或优惠运输等。

尽管缝隙型企业较难达到差别化，但是也存在通过集中于特定顾客层提供附加服务，进而成功实现差别化的事例。目前这方面比较突出的物流服务主要有搬家综合服务、代收商品服务、仓储租赁服务以及摩托车急送等形式。例如，搬家综合服务除了从事专业化的搬家物流服务外，还替顾客从事清扫、整理、杀虫、垃圾处理等事务；在代收商品服务中，物流业者通过进行繁杂的代收商品、检品等业务，然后用货车进行配送，增加物流服务的附加价值；仓储租赁服务是目前兴起的新兴物流形式，它通过出租仓储、安全保管顾客存放的任何货物（大宗商品、书籍、字画、金钱等高价商品或贵重物）来突出物流服务的差别化。近年来在我国大都市出现

的小型保险柜租赁业务就是这种物流服务的具体表现形式之一。

此外，在差别化物流服务中，高效的商品多频度、少量共同配送也非常引人注目，它已成为企业物流差别化的有力武器并得到广泛推广。

三、物流竞争的国际化战略

1. 物流企业国际化战略的内容

电子商务的勃起，把物流企业推向了国际化竞争，面对世界经济的全球化，发展国际物流就是物流企业走向世界的战略。

(1) 国际物流

所谓国际物流，就是组织货物在国际的合理流动，也就是发生在不同国家之间的物流。国际物流的实质是按国际分工协作的原则，依照国际惯例，利用国际化的物流网络、物流设施和物流技术，实现货物在国际的流动与交换，以促进区域经济的发展和世界资源优化配置。

国际物流的总目标是为国际贸易和跨国经营服务，即选择最佳的方式与路径，以最低的费用和最小的风险，保质、保量、适时地将货物从某国的供方运到另一国的需方。国际物流是为跨国经营和对外贸易服务，使各国物流系统相互“接轨”，因而与国内物流系统相比，具有国际性、复杂性和风险性等特点。

国际性是指国际物流系统涉及多个国家，系统的地理范围大。这一特点又称为国际物流系统的地理特征。国际物流跨越不同地区和国家，跨越海洋和大陆，运输距离长，运输方式多样，这就需要合理选择运输路线和运输方式，尽量缩短运输距离，缩短货物在途时间，加速货物的周转并降低物流成本。

国际物流的复杂性主要包括国际物流通信系统设置的复杂性、法规环境的差异性和商业现状的差异性等。在国际的经济活动中，生产、流通、消费三个环节之间存在着密切的联系。由于各国社会制度、自然环境、经营管理方法、生产习惯不同，一些因素变动较大，因而在国际组织好货物从生产到消费的流动，是一项复杂的工作。

国际物流的风险性主要包括政治风险、经济风险和自然风险。政治风险主要指由于所经过国家的政局动荡，如罢工、战争等原因使货物可能受到损害或灭失；经济风险又可分为汇率风险和利率风险，主要指从事国际物流必然要发生的资金流动所产生的汇率风险和利率风险；自然风险则指物流过程中，可能因自然因素，如海风、暴雨等而引起的风险。

（2）国际化战略的内容

国际化战略就是要建立第三方物流公司的国际物流系统。

国际物流系统是由商品的包装、库存、运输、检验、流通加工和其前后的整理、再包装以及国际配送等子系统组成的。运输和库存子系统是物流系统的主要组成部分。国际物流通过商品的库存和运输，实现其自身的时间和空间效益，满足国际贸易活动和跨国公司经营的要求。

①运输子系统。运输的作用是将商品使用价值进行空间移动，物流系统依靠运输作业跨越商品生产地和需要地点的空间距离，创造了商品的空间效益。国际货物运输是国际物流系统的核心，商品通过国际货物运输作业由卖方转移给买方。国际货物运输具有路线长、环节多、涉及面广、手续繁杂、风险性大、时间性强等特点。运输费用在国际贸易商品价格中占有很大比重。国际运输主要包括运输方式的选择、运输单据的处理以及投保等有关方面。

②仓储子系统。商品库存、保管使商品在其流通过程中处于一种或长或短的相对停滞状态，这种停滞是完全必要的。因为，商品流通是一个由分散到集中，再由集中到分散的源源不断的流通过程。国际贸易和跨国经营中的商品从生产厂或供应部门被集中运送到装运港口，有时需临时存放一段时间，再装运出口，是一个集和散的过程。它主要是在各国的保税区和保税仓库进行的，主要涉及各国保税制度和保税仓库建设等方面。

从物流角度看，应尽量减少库存时间、库存数量，加速货物和资金周转，实现国际物流的高效率运转。

③商品检验子系统。由于国际贸易和跨国经营具有投资大、风险高、周期长等特点，使得商品检验成为国际物流系统中重要的子系统。通过商品检验，确定交货品质、数量和包装条件是否符合合同规定。如发现问

题，可分清责任，向有关方面索赔。在买卖合同中，一般都订有商品检验条款，其主要内容有检验时间与地点、检验机构与检验证明、检验标准与检验方法等。

④商品包装子系统。杜邦定律（美国杜邦化学公司提出）认为：63%的消费者是根据商品的包装装潢进行购买的，国际市场和消费者是通过商品来认识公司的，而商品的商标和包装就是公司的面孔，它反映了一个国家的综合科技文化水平。

⑤国际物流信息子系统。主要功能是采集、处理和传递国际物流和商流的信息情报。没有功能完善的信息系统，国际贸易和跨国经营将寸步难行。国际物流信息的主要内容包括进出口单证的作业过程、支付方式信息、客户资料信息、市场行情信息和供求信息等。

国际物流信息系统的特点是信息量大、交换频繁，传递量大、时间性强，环节多、点多、线长，所以要建立技术先进的国际物流信息系统。国际贸易中EDI的发展是一个重要趋势。我国应该在国际物流中加强推广EDI的应用，建设国际贸易和跨国经营的高速公路。

建立这些子系统后，第三方物流公司应用国际竞争战略就有了一个国际物流系统作为强有力的支持。

2. 国际化竞争战略的目标及实现条件

（1）国际化竞争战略的目标

国际贸易和经营的竞争要求国际物流系统的物流费用要低，顾客服务水平要高。所以，物流企业的国际化竞争战略目标就是建立完善的国际物流系统网络。

国际物流系统网络是指由多个收发货的“节点”和它们之间的“连线”所构成的物流抽象网络，以及与之相伴随的信息流网络的有机整体。

收发货节点是指进、出口国内外的各层仓库，如制造厂仓库、中间商仓库、口岸仓库、国内外中转点仓库以及流通加工配送中心和保税区仓库。国际贸易商品就是通过这些仓库的收入和发出，并在中间存放保管，来实现国际物流系统的时间效益，克服生产时间和消费时间上的分离，促进国际贸易系统的顺利运行的。

连线是指连接上述国内外众多收发货节点间的运输，如各种海运航线、铁路线、飞机航线以及海、陆、空联合运航线。这些网络连线是库存货物的移动（运输）轨迹的物化形式；每一对节点有许多连线以表示不同的运输路线、不同产品的各种运输服务；各节点表示存货流动暂时停滞，其目的是为了更有效地移动（收或发）；信息流动网的连线通常包括国内外的邮件，或某些电子媒介（如电话、电传、电报、EDI 等），其信息网络的节点则是各种物流信息汇集及处理之点，如员工处理国际订货单据、编制大量出口单证或准备提单/电脑对最新库存量的记录；物流网与信息网并非独立，它们之间是密切相连的。

第三方物流公司的目标是要完善这些“节点”和“连线”，通过它们的国际化而走向世界市场。

这样的战略目标就决定了第三方物流公司的国际化战略实质上就是中国在向世界打出自己的牌。

（2）实现战略目标的相关条件

①合理选择和布局国内外物流网点，扩大国际贸易的范围、规模，以达到费用省、服务好、信誉高、效益高、创汇好的物流总体目标。

②采用先进的运输方式、运输工具和运输设施，加速进出口货物的流转，充分利用海运、多式联运方式，不断扩大集装箱运输和大陆桥运输的规模，增加物流量，扩大进出口贸易量和贸易额。

③缩短进出口商品的在途积压，它包括进货在途（如进货、到货的待验和待进等）、销售在途（如销售待运、进出口口岸待运）、结算在途（如托收承付中的拖延等），以便节省时间，加速商品和资金的周转。

④改进运输路线、减少相向、迂回运输。

⑤改进包装，增大技术装载量，多装载货物，减少损耗。

⑥改进港口装卸作业，有条件时要扩建港口设施，合理利用泊位与船舶的停靠时间，尽力减少港口杂费，吸引更多的买卖双方入港。

⑦改进海运配载，避免空仓或船货不相适应的状况。

⑧综合考虑国内物流运输，在出口时，有条件要尽量采用就地就近收购、就地加工、就地包装、就地检验、直接出口的物流策略。

第三方物流公司的国际化战略是紧紧跟随全球经济一体化趋势的，当然，它要立足于本国。在取得本土相对优势的条件下再去走国际化战略路线，这是中国第三方物流公司的发展远景。